O IMPÉRIO UNIVERSAL E SEUS ANTÍPODAS

marcos del roio

O IMPÉRIO UNIVERSAL E SEUS ANTÍPODAS

a ocidentalização do mundo (e sua crise)

BOITEMPO

Direção-geral Ivana Jinkings
Edição e preparação Tulio Kawata
Coordenação editorial Thais Rimkus
Coordenação de produção Juliana Brandt
Assistência editorial Marcela Sayuri
Assistência de produção Livia Viganó
Revisão Maísa Kawata
Capa Antonio Kehl (a partir de ideia original de Mateus Rodrigues)
Diagramação Sandra Kato

Equipe de apoio Ana Beatriz Leal, Ana Slade, Artur Renzo, Bruno Ferreira, Carolina Peters, Davi Oliveira, Elaine Ramos, Giovanna Corossari, Higor Alves, Ivam Oliveira, João Lucas Z. Kosce, Letícia Akutsu, Luciana Capelli, Marina Valeriano, Mateus Rodrigues, Maurício Barbosa, Pedro Davoglio, Raí Alves, Renata Carnajal, Sofia Perseu, Tatiane Carvalho, Thais Caramico, Tulio Candiotto

CIP-BRASIL. CATALOGAÇÃO NA PUBLICAÇÃO
SINDICATO NACIONAL DOS EDITORES DE LIVROS, RJ

D375i

Del Roio, Marcos

O império universal e seus antípodas : a ocidentalização do mundo (e sua crise) / Marcos Del Roio. – 1. ed. – São Paulo : Boitempo, 2025.

ISBN 978-65-5717-465-4

1. História social. 2. Oriente e Ocidente – História. I. Título.

25-97292.0 CDD: 909
CDU: 908

Gabriela Faray Ferreira Lopes – Bibliotecária – CRB-7/6643

Este livro compõe a quinquagésima sexta caixa do clube Armas da crítica.

1ª edição: junho de 2025

BOITEMPO
Jinkings Editores Associados Ltda.
Rua Pereira Leite, 373
05442-000 São Paulo SP
Tel.: (11) 3875-7250 | 3875-7285
editor@boitempoeditorial.com.br | boitempoeditorial.com.br
blogdaboitempo.com.br | youtube.com/tvboitempo

SUMÁRIO

No exame dos problemas gerais da cultura, somos constantemente obrigados a efetuar incursões predatórias em regiões que o atacante ainda não explorou suficientemente. Estava fora de questão, para mim, preencher previamente todas as lacunas de meus conhecimentos. Tinha que escolher entre escrever agora ou nunca mais; e optei pela primeira solução.[1]

A história mundial vai do Oriente para o Ocidente, pois a Europa é, por excelência, o fim da história mundial, e a Ásia, o começo.[2]

O Ocidente é a época na qual os significados determinados pela razão delimitaram os confins da alma, fechando a abertura a qualquer outro sentido que não fosse aquele instituído pela ordem da razão. A verdade da razão resulta, nesse ponto, inscrita na sua potência, na capacidade de impor-se de sua perspectiva sobre outras perspectivas.[3]

Vem! Vou mostrar-te o julgamento da grande Prostituta que está sentada à beira de águas copiosas: os reis da terra se prostituíram com ela, e com o vinho de sua prostituição embriagaram-se os habitantes da terra.[4]

---

1 Johan Huizinga, *Homo ludens* (trad. João Paulo Monteiro, São Paulo, Perspectiva, 2000), p. 3.

2 George Wilhelm Friedrich Hegel, *Filosofia da história* (2. ed., trad. Maria Rodrigues e Hans Harden, Brasília, Editora da UnB, 1999), p. 93 (tradução modificada pelo autor).

3 Umberto Galimberti, "La ragione del'Occidente e lo sguardo clinico de Nietzsche", em Gian Mario Cazzaniga, Domenico Losurdo e Livio Schirollo (orgs.), *Tramonto dell'Occidente?* (Urbino, Quattro Venti, 1989), p. 51.

4 Apocalipse, 17:1-2, em *Bíblia de Jerusalém* (trad. Euclides Martin Balancin et al., São Paulo, Paulinas, 1980), p. 2.319.

PREFÁCIO

A derrubada do Muro de Berlim, em novembro de 1989, foi um marco político e ideológico de grande proporção. O colapso do "socialismo real" culminou com a desintegração da União das Repúblicas Socialistas Soviéticas (URSS) em 1991. Desse crucial acontecimento se permitiu que fosse mesmo declarado o fim da história. É claro que a história teria continuidade, mas essa expressão, até certo ponto arrogante, significava implicitamente que afinal, depois de mil anos, o Ocidente configurava seu império universal, que o capitalismo havia vencido, que não havia qualquer alternativa ao domínio do capital, o socialismo estava morto, o marxismo também. Os liberal-democratas insistiam que, com o fim da "guerra fria", a luta em defesa dos direitos humanos e da preservação do meio ambiente representariam o núcleo da ação política, com a pressuposição de que a democracia liberal tenderia a se espalhar pelo mundo. Imaginou-se que a utopia liberal estava mesmo prestes a se realizar com a configuração do *imperium mundi*.

Este livro foi escrito em 1994, há trinta anos, portanto. A situação era dramática para os que percebiam no socialismo a redenção do trabalho e da humanidade. Mas a desilusão dos que se julgaram vitoriosos não poderia ser maior. Na verdade, a fase posterior ao "fim da história" se mostrou uma fase de declínio do capitalismo, de crise orgânica do capital, de barbárie. A revolução científica e tecnológica, a ideologia e a política neoliberal não conseguiram recompor a hegemonia burguesa e conter o declínio da taxa de acumulação do capital. A militarização e a devastação ambiental só fizeram crescer, fazendo mais próxima uma catástrofe humana irreversível. Na sua luta para sobreviver, o capital ataca com toda a fúria a força antagônica em condições de contornar a barbárie tecnológica e gerar uma alternativa socialista emancipatória, que está constituída como classe subalterna e como povos colonizados. Classe ou grupos sociais subalternos, hoje acuados e subjugados, constituem ainda a única esperança para a humanidade. A situação é bem pior do que trinta anos atrás e a encruzilhada da sobrevivência ou quase extinção da humanidade está próxima. Talvez tenhamos que fazer como os marcianos do livro de Bogdánov, que optaram pelo socialismo por conta da grave crise ambiental que assolou a planeta[1].

---

[1] Aleksandr Bogdánov, *Estrela vermelha* (trad. Paula Vaz de Almeida e Ekaterina Vólkova Américo, São Paulo, Boitempo, 2020).

PRÓLOGO AO FIM DA HISTÓRIA

O discurso sobre um presumido "fim da história", nas mais diversas versões, teológicas ou filosóficas, é parte da tradição cultural intelectual do Ocidente. Sua nova entrada em cena, em fins do século XX, está associada à desintegração do socialismo de Estado (particularmente da União Soviética) e à representação ideológica da universalização do império liberal do Ocidente. Embora esse temário tenha uma considerável trajetória, a generalização e universalização da modernidade capitalista no fim do século XX concede-lhe um substrato concreto que não estava presente nas formulações precedentes[1].

Atualmente, a ideologia do fim da história na realização do império universal do Ocidente atende pelo nome de globalização neoliberal, coincidindo, desta vez, com o desenlace de um concreto processo sócio-histórico de longa duração. Ideologia e processo de ocidentalização do mundo parecem enfim convergir na universalidade do mercado capitalista e do individualismo egoico proprietário tal qual definidos pelo globalismo neoliberal, sem que qualquer alternativa pareça viável.

Na verdade, o objetivo do império universal vem sendo perseguido pelo Ocidente desde o século XI, quando sua vontade de domínio se condensou na instituição eclesial latina, feita poder nuclear da ordem social do feudalismo, necessitado de um poder estabilizador e propulsor da expansão externa. A identidade do Ocidente foi então definindo-se em torno do poder da Igreja, com a ruptura com a Igreja bizantina, com a sobreposição ao poder do imperador e dos reis, com a concentração e concepção hierárquica do poder em seu próprio

---

[1] Perry Anderson, *O fim da história: de Hegel a Fukuyama* (trad. Álvaro Cabral, Rio de Janeiro, Jorge Zahar, 1992).

interior e com a proposição, como corolário, do império universal da cristandade. Este deveria cobrir toda a Ilha da Terra, que tinha Jerusalém como centro, ou seja, toda a parte habitada por seres humanos, já que outras supostas ilhas seriam, se não desertas, povoadas por seres não humanos.

Nesse contexto é que se colocou a discussão sobre a existência ou não dos antípodas (literalmente, os que têm os pés do lado contrário, entendendo-se, porém, como aqueles que vivem do lado oposto), ao mesmo tempo que foi gestando-se a imagem do outro inferior e negativo – o subalterno –, projetada sobre tudo que significasse interposição ou resistência à realização do homogêneo *imperium mundi*. O subalterno a ser submetido até o extermínio ou a resignação, e ao qual, por definição, é negado um autônomo protagonismo sócio-histórico, é um grupo social interno ao Ocidente, essa formação sociocultural complexa e multifacetada, um bloco histórico, que pode ser um gênero (a mulher ou transgêneros), portadores de deficiência ou doença endêmica (o deficiente físico, o leproso, o louco), aderentes a uma religião (qualquer uma que não seja aquela definida pela Igreja de Roma) ou um estado social (os trabalhadores manuais pobres).

Como outro externo ao Ocidente configura-se o mundo natural e grupos socioculturais alheios ou oponentes, que têm sua externalidade definida pela religião, pela forma de organização do poder ou pela racialização que lhe seja endereçada. Durante o evolver histórico do Ocidente, o subalterno sofre um contínuo processo de recriação social e cultural, tanto no processo produtivo como por meio de instituições encarregadas da reprodução ideológico-cultural da ordem, ao mesmo tempo que compõe fragmentárias visões de mundo e formas de ação político-cultural de assimilação e resistência ao poder vigente.

Em função da significativa contribuição que oferece para a definição da identidade do Ocidente, a exposição que se segue ficará delimitada pela dimensão política da representação do subalterno presente nos autores "clássicos" da teoria política, dando ênfase à questão do Oriente enquanto representação política do outro externo. Embora tocando essa questão (no capítulo 1), aqui não se trata de mais uma obra sobre o Oriente imaginário (mitos, lendas, literatura, publicística ou campo específico do saber)[2], mas sim da análise do papel da negação e subalternização do outro na construção da identidade do Ocidente

---

[2] Edward Said, *Orientalismo: o Oriente como invenção do Ocidente* (trad. Rosaura Eichenberg, São Paulo, Companhia das Letras, 1990), e Thierry Hentsch, *L'Orient imaginaire: la vision politique occidentale de l'Est méditerranéen* (Paris, Minuit, 1988), por exemplo.

e do projeto do império universal, processo no qual a representação política do Oriente é um dos aspectos mais importantes.

O Oriente constitui a representação do outro por excelência do Ocidente, seu verdadeiro antípoda, seu complemento perverso, tido por inferior, desprezível, frequentemente perigoso, às vezes objeto de desejo, que oferece o risco de irromper no cerne do próprio Ocidente, conectando-se com o outro interno de características análogas. Assim é que negação e subalternização do Oriente, por meio de sua ocidentalização, é pressuposto mesmo da realização do império universal.

Esse Oriente, enquanto realidade e representação, se desdobra num Oriente interno, pois que originário da mesma matriz cultural greco-romano-cristã, considerada metade imperfeita pelo caráter "cismático" de seu cristianismo ou pelo regime político despótico (Bizâncio e Rússia), e num Oriente externo, detentor de riquezas sob controle de seres e culturas "inferiores" que podem e devem ser conquistadas, apesar de aparecerem eventualmente como temíveis (Turquia, Pérsia, Índia, China). Ainda dentro desse quadro de representações, a América surge como extremo Ocidente, desdobrado em dois pela difusão da modernidade e do individualismo proprietário: o setentrional, Ocidente aperfeiçoado e completo (Estados Unidos da América), e o meridional, Ocidente inferior e incompleto (Ibero-América). Antigas essas representações, pois, desde antes de Heródoto, Oriente e Sul eram julgadas partes inferiores pelas representações culturais do mundo geradas na orla do Mediterrâneo.

Com o declínio da ordem feudal, o projeto de império universal passou a ser propugnado por uma aliança entre a Igreja católica e Estados territoriais ibéricos que surgiram como resposta à crise e como instrumento de expansão do Ocidente, até que, com a emergência da modernidade capitalista, a partir do século XVIII, o propulsor do projeto de império universal passa a ser o Estado nacional. Num mundo dessacralizado pelo liberalismo, mercadores e soldados, além de padres e pastores, fazem-se acompanhar agora também de administradores e naturalistas. Ocorre, porém, que o princípio da universalidade é limitado pelo princípio da nacionalidade, de modo que a trajetória da modernidade é uma disputa entre Estados pela hegemonia econômica e política dentro do mercado capitalista que oferece os contornos do Ocidente e seu império sobre o mundo.

A cultura política do liberalismo, elemento constitutivo da modernidade capitalista do Ocidente, através do discurso da liberdade proprietária das coisas e da razão de si mesmo, que permite a formal igualdade de contratação no mercado, contribuiu para a continuidade desse projeto imperial de ocidentalização do planeta, tendo sido bem-sucedida em função de sua capacidade intrínseca de universalização cultural e pela força econômica e militar que a acompanha. Por conceber a liberdade a partir do indivíduo e de sua capacidade de se apropriar das coisas do mundo, o liberalismo vê o outro como limite e como obstáculo, o que enseja a reinvenção permanente da subalternidade, justificando a acumulação do capital e a ocidentalização universal, partindo de uma racionalidade instrumental que lhe é própria. Os conceitos de despotismo e de totalitarismo surgem na teoria política liberal como exemplos de representação negativa do outro, referidos na origem, em particular, ao ser do Oriente.

Como um grau de universalização maior que o mercado capitalista e a cultura liberal, mesmo de vertente democrática, nunca emergiu fora e contra o Ocidente, a alternativa a seu projeto de dominação só poderia ter sido construída pela ação político-cultural de sujeitos sociais submetidos e representados como subalternos no interior do próprio Ocidente. Tanto as heresias da época feudal, quanto os movimentos radical-democráticos de contestação ao individualismo proprietário, contavam, em gérmen, com um potencial de universalização sociocultural superior ao das camadas dirigentes do Ocidente, por não necessitarem da existência de subalternos, embora contassem com uma força de difusão muito menor, e apresentassem o risco de regressão socioeconômica. Ou seja, contavam com limitada capacidade de construção hegemônica.

Apenas com a emergência do movimento e da teoria comunistas, em meados do século XIX, a modernidade em vias de consolidação encarou uma visão crítica do mundo que tem no subalterno do Ocidente seu ponto de partida, que observa no outro a realização da liberdade. Ao estimular a resistência e a conformação de uma subjetividade social antagônica a partir das classes subalternas, a teoria comunista crítica, de inspiração marxiana, contesta a vontade de domínio do Ocidente moderno, cujo fundamento é a acumulação do capital. Ao mesmo tempo, passa a encarar o Oriente como elemento de emancipação, que deve ser dissolvido enquanto objeto de poder e representação negativa do Ocidente, ao convergir com o movimento de elevação das classes subalternas do núcleo do Ocidente. Portanto, ao criticar o projeto de império universal, a teoria comunista propugna a dissolução do próprio Ocidente, assim como do Oriente como sua representação negativa, na corrente comum das culturas humanas, por obra dos antípodas do império.

Numa aposta em seu poder explicativo e de instigação à iniciativa política, categorias geradas pela tradição teórica de origem marxiana serão abundantemente utilizadas no decorrer desta exposição, muito particularmente aquelas formuladas por Antonio Gramsci em seus *Quaderni del Carcere*[3], algumas delas redefinidas e ampliadas em seu significado. É o caso de bloco histórico, a ser usado como categoria explicativa do conjunto da modernidade capitalista do Ocidente, não ficando limitado a determinadas formações sociais particulares. Também as noções de hegemonia e revolução passiva serão utilizadas em seu mais amplo sentido, englobando segmentos ou o conjunto do Ocidente e suas áreas de expansão, já que só assim a ideia a ser desenvolvida, da hipotética realização do império universal do Ocidente liberal poderá ser entendida.

Como o universo categorial de Gramsci se articula fundamentalmente ao redor de uma filosofia da práxis, que se desdobra numa teoria da ação política crítica da modernidade capitalista, não há margem para uma interpretação teleológica do devir histórico. Não sendo suficiente essa observação, devemos lembrar (e como será abundantemente visto) que, por mais de uma vez, o Ocidente, tal como aqui definido, correu o risco de desagregação, pelo efeito mesmo de sua contraditoriedade, que aponta alternativas de desenvolvimento e indica a possibilidade tanto do fracasso como de formas variadas de realização do império universal. Nessa perspectiva, já que não existe uma natureza estática ou um *a priori*, o Ocidente só pode ser visto no processo histórico em que constrói e realiza sua essência, da qual a ideologia do império universal, em suas diversas facetas, é um elemento constitutivo e ativo.

O trabalho está dividido em cinco capítulos, o primeiro dos quais, de caráter introdutório e mais marcadamente histórico, ocupa-se da época feudal do Ocidente, da importância da Igreja de Roma para o surgimento do projeto do império universal da cristandade, até a revolução burguesa na Inglaterra. Servirá para demonstrar os traços distintivos e de continuidade histórica do Ocidente, os entraves à modernidade, a criação e a relação com o outro negativo interno, teologicamente produzido, e o início do processo de conquista e invenção do Oriente como entidade subalterna, essencial para a definição da própria identidade ocidental.

---

3 Antonio Gramsci, *Quaderni del Carcere* (org. Valentino Gerratana, Turim, Einaudi, 1975, 4 v.) [ed. bras.: *Cadernos do cárcere*, trad. Carlos Nelson Coutinho e Luiz Sérgio Henriques, Rio de Janeiro, Civilização Brasileira, 1999-2002, 5 v.].

O capítulo 2 é dedicado ao século XVIII, época de gestação da modernidade, quando o liberalismo emerge como visão laica explicativa do mundo que, além de justificar a propriedade privada, a partir desse paradigma, reinventa o outro interno do Ocidente e cria uma nova síntese teórica sobre a questão do Oriente, na qual desponta a noção de despotismo oriental formulada por Montesquieu. A emergência da modernidade capitalista ocorre em concomitância com a consolidação do feudalismo oriental nas terras germânicas e eslavas, significando que um novo Oriente interno havia se formado. Nesse momento, emerge também uma diversificada teoria política democrática que procura se adequar criticamente a essa modernidade em gestação.

O capítulo 3 ocupa-se da época de generalização e consolidação da modernidade capitalista, que perpassa o fim do século XVIII até 1870. Nesse período, uma das vertentes do liberalismo realiza o encontro com o temário da modernidade e da democracia, promovendo uma mudança na forma de encarar a questão do outro interno, agora o proletariado industrial. As questões russa e americana ganham importância e a questão do Oriente externo é a que menos sofre alterações, pelo menos até o surgimento de concepções francamente racistas. Ainda nesse capítulo, a formação da teoria comunista crítica, na obra de Marx e Engels, é rapidamente analisada em sua contraposição ao liberalismo e na nova forma de encarar a questão do Oriente. Segue até quando, já quase na virada do século XX, a teoria e o movimento socialista sofrem uma primeira intrusão positivista e se subalternizam diante do liberalismo, aceitando, sub-repticiamente, a ideia de império universal da "civilização ocidental", ameaçada pela "barbárie" oriental.

O capítulo 4 aborda a grande crise da modernidade e do bloco histórico do Ocidente, a Guerra dos Trinta Anos do século XX, que se entrecruza com revoluções encadeadas no Oriente, cujo epicentro é a Rússia. A análise recai então sobre a leitura da crise que incide sobre a teoria liberal e como esta, a partir de Max Weber, enfrenta sua própria crise, tendo em vista a recomposição da ordem social do Ocidente e de seu próprio poder de estabelecer e reproduzir uma hegemonia. A noção de totalitarismo, como representação do outro negativo, identificado nas massas mobilizadas e nos regimes políticos surgidos nos desdobramentos da crise do feudalismo oriental absolutista (stalinismo e nazismo), é crucial nessa circunstância de crise do Ocidente e da cultura liberal pela capacidade ideal de concentrar forças para a recomposição da hegemonia.

No capítulo 5, o mais extenso, é feita uma análise do como a teoria comunista e o movimento operário, como outro interno da modernidade capitalista, reagiram à crise, promovendo (por obra inicialmente de Lênin e Rosa Luxemburgo) uma refundação teórica contestadora da subalternidade, confrontando o isolamento da revolução na Rússia, até a derrota que permitiu a recomposição do Ocidente e do projeto de império universal, tendo então que suportar a reproposição da dualidade Ocidente/Oriente. Oferecendo-se como soluções alternativas para a crise do Ocidente e para a retomada do projeto de ocidentalização do mundo, diante do fracasso da revolução socialista, foram gestadas diferentes formas de revoluções passivas no século XX: o americanismo nos Estados Unidos, com sua variante europeia condicionada pelo reformismo social-democrata, e o corporativismo estatal dos fascismos, militarmente derrotado.

No Oriente, fruto de sucessivos fracassos que impediram a ocidentalização e também a revolução socialista capaz de iniciar a dissolução do Ocidente, surgiu o socialismo de Estado (ou stalinismo) como revolução passiva específica. Com o fim da Guerra dos Trinta Anos e a recomposição do bloco histórico do Ocidente, o império conformou-se em torno dos Estados Unidos, confrontando-se com o império do Oriente agregado ao redor da União Soviética, num embate entre duas formas de revolução passiva. Para a conclusão fica a questão do esgotamento dessa época de revolução passiva e a possível realização do império universal do Ocidente sob a égide do globalismo neoliberal (na verdade, a vertente conservadora e antidemocrática do liberalismo), como produto da generalização do individualismo e do mercado capitalista, na verdade, como a mundialização do capital, com as possíveis implicações advindas da ausência de uma força sociocultural antagônica à ordem e da desagregação do Oriente socialista como interposição.

As décadas decorridas desde a declaração do "fim da história", da declaração de que o império universal do Ocidente havia enfim se configurado, têm sido, de fato, décadas do avanço da barbárie e de claros sinais do ressurgimento do Oriente – a China, em particular – como possível força anteposta ao Ocidente, conduzido pelos Estados Unidos, cujo poder econômico declina e o investimento na força militar amplia a ameaça à humanidade. A crise estrutural do capital, que avança em paralelo à crise do império universal do Ocidente, coloca em risco a própria sobrevivência da Humanidade, enfim feita concretamente una.

* * *

Este trabalho fez uso de ampla bibliografia histórico-crítica, inevitavelmente incompleta e seletiva, de textos emblemáticos de autores considerados "clássicos" da teoria política das tradições liberal e marxista, além de uma diversificada e quase "casual" literatura teórica e interpretativa que é parte do debate contemporâneo. As referências a fontes foram reduzidas ao imprescindível, assim como foi deixada de lado a interlocução com autores consagrados que se aprofundaram em uma ou outra das questões aqui propostas e que perpassam quase um milênio de história. Exatamente essa amplitude espaçotemporal da questão abordada, assim como a enorme diversidade temática subjacente, dificultam a circunscrição deste trabalho dentro de um específico campo científico tal como a ciência política, estando antes colocado na intersecção das diversas abordagens que confluem para a análise da questão do poder e da representação ideológica: a antropologia política, a filosofia política, a economia política, a história das instituições e a história das ideias políticas.

Originalmente apresentado, em agosto de 1995, como tese de doutoramento junto ao Departamento de Ciência Política da Faculdade de Filosofia, Letras e Ciências Humanas da Universidade de São Paulo, este trabalho, agora parcialmente alterado e revisado, conta com alguns débitos que não podem deixar de vir a público. Antes de tudo, manifesto meu reconhecimento ao professor Paulo Sérgio Pinheiro, principalmente pela honestidade na colocação das críticas e divergências, que nem sempre acolhi, por convicção ou teimosia que fosse; agradeço também a Gabriel Cohn, por atos e palavras de estímulo; a Emir Sader e Gildo Marçal Brandão (*in memoriam*), pela disponibilidade e interesse; a Caio Navarro de Toledo, crítico fraterno, por mais essa vez; a Tullo Vigevani, pelo raro senso de coleguismo e pelas importantes sugestões; a Octávio Ianni (*in memoriam*), pela habitual generosidade na leitura crítica; e a José Luiz Del Roio, por alguns diálogos preciosos e verdadeiramente decisivos. Nunca é demais destacar, no entanto, que a responsabilidade pelos possíveis equívocos cabe exclusivamente ao autor.

1
AS ORIGENS DO IMPÉRIO UNIVERSAL DO OCIDENTE

A IGREJA E AS RAÍZES DO IMPÉRIO UNIVERSAL

O Ocidente atual, enquanto formação sociocultural projetada na história, tem raízes que se aprofundam até a Antiguidade próximo-oriental, reportando-se ainda fortemente à Antiguidade greco-romana. No entanto, os aspectos configurativos que o conduziriam à modernidade e ao domínio do mundo foram definidos apenas a partir de fins do século XI, com a maturação da ordem feudal. Nesse momento, a subtração do domínio direto das cidades das mãos da nobreza é de importância fundamental, tendo-se desenrolado o conflito entre a cidade e o campo, que culminou com a garantia da autonomia da vida urbana. Algumas cidades (como no norte da Itália) conseguiram espaços agrários, dentro de uma ampla tendência de fragmentação da soberania e autonomização das comunidades.

Em meio à intensa luta social pela posse da terra produtiva e pela extensão da autoridade, num momento de progresso técnico e crescimento demográfico, consolidou-se a subordinação dos camponeses e dos aprendizes do artesanato urbano à condição de servos, pela força e desapropriação administrativa. O permanente risco de desagregação da ordem por conta da violência social generalizada se acentuava diante da constatação de que o cristianismo havia deixado de ser uma religião mística e de oferecer uma visão cósmica do mundo capaz de dar motivação à vida social[1].

---

[1] Perry Anderson, *Dall'antichità al feudalesimo* (trad. Elena Brambilla, Milão, Mondadori, 1978), p. 155-66 [ed. bras.: *Passagens da Antiguidade ao feudalismo*, trad. Renato Prelorentzou, São Paulo, Editora Unesp, 2016].

Tornava-se então necessária uma nova garantia de coesão social, a fim de que se estabilizasse e se reproduzisse a ordem feudal, e esta foi oferecida pela Igreja de Roma, que, antes de mais nada, procurou se sobrepor ao instável império germânico, enquanto poder herdado da tradição pagã, submetendo a parte da nobreza que resistia à proposição do poder universal eclesiástico. É a ação político-cultural da Igreja, com o desígnio de estabilizar o feudalismo maduro, atenuando a tensão social, o ponto que simbolicamente demarca a origem do Ocidente atual e sua vontade de domínio. Diante da violência e do ceticismo generalizados, a Igreja se reestruturou e reforçou institucionalmente logo após concluir a ruptura política e cultural com o patriarca de Bizâncio (1054). A Igreja passa então a desejar a supremacia sobre as coisas deste mundo, gestando uma teologia racional e indicando como o indivíduo cristão estaria a partir de então comprometido com a vida terrena num grau não antes existente.

Objetivando concentrar poder e riqueza na alta hierarquia, por iniciativa do papa Nicolau II (1058-1061), a escolha de seus sucessores ficou restrita ao colégio cardinalício e teve início a luta pelo resgate da norma celibatária, ação reforçada por Alexandre II (1061-1073) e, principalmente, por Gregório VII (1073-1085). Foi através deste que o projeto de um império universal do Ocidente, sob domínio da Igreja latina, começou a germinar, como indicam as proposições feitas em seu *Dictatus Papae*, redigido em 1075. Nesse documento, afirmava entre outras coisas que somente o pontífice romano pode ser chamado de universal, somente ele pode usar as insígnias imperiais, a ele é lícito depor imperadores, suas sentenças não podem ser questionadas por ninguém e não deve ser julgado por ninguém, além de a Igreja estar isenta de erro. Foi precisamente imbuído dessa "autoridade" que o papa Urbano II (1088-1099) deu início ao ataque direto ao Oriente, com o fito de conquistar Jerusalém, meta já declarada no confronto que se desenrolava na península Ibérica contra os muçulmanos[2].

O Concílio de Latrão, convocado em 1122, pelo papa Calisto II, foi o primeiro reunido pelo pontífice, não pelo imperador, e definiu, entre outras coisas, que somente a própria Igreja poderia nomear bispos e abades. Com isso se confirmava a autonomia e superioridade do poder espiritual sobre o temporal. Para efetivar seu propósito de *imperium mundi*, a Igreja procurou canalizar a

---

[2] Jean Touchard, *História das ideias políticas*, v. 1: *Da Grécia ao fim da Idade Média* (trad. Mario Braga, Lisboa, Europa-América, 1991), p. 176 e seg.

violência intrínseca da ordem feudal para alguns objetos – vistos como o outro negativo –, a fim de evitar o risco de desagregação da dinâmica social. Embora, desde o surgimento da agricultura sedentária e da cidade, o homem social tenha se contraposto à natureza e ao princípio feminino, o Ocidente feudal redefiniu essa questão diante da necessidade de enfatizar a presença do outro negativo, do qual deveria se defender e depois dominar. Até fins do século XI, os homens da Europa mantinham diante do mundo natural uma "dependência com relação a um domínio florestal onde vão se introduzindo mais que explorando-o"[3] e de onde extraem insuficiente quantidade de recursos devido seu limitado instrumental técnico. A partir de então, o desenvolvimento das forças produtivas, associado ao crescimento demográfico, faz com que a natureza seja encarada como outro a ser dominado e transformado.

Na "revolução agrária" do século XII, cumpriu papel decisivo a ordem monástica cisterciense, organizada a partir de 1098, e que pregava a importância da vida austera e a valorização do trabalho na terra, demarcando uma ruptura com a tradição beneditina reformada de Cluny, que dispensava os monges do trabalho manual. A ordem de Cister esteve na primeira linha na luta, não só pela submissão da natureza, mas também pela submissão da mulher, contra a heresia e pela expansão da cristandade, ou seja, pela transformação da Igreja latina em poder nuclear da ordem feudal e pela conformação de uma relação assimétrica, de dominação do outro, que veio a ser traço distintivo do Ocidente. O mais destacado clérigo cisterciense foi Bernardo de Clairvaux (1090-1153), intransigente defensor de um império universal do Ocidente. Em seu *Líber de Consideratione*, defende que "o gládio espiritual e o gládio material pertencem, um e outro, à Igreja; mas o segundo deve ser manejado a favor da Igreja e o primeiro pela própria Igreja"[4], acabando por identificar todo e qualquer obstáculo à consecução do domínio universal da Igreja de Roma com a ação do diabo.

Essas ideias exerceriam grande fascínio sobre o papa Inocêncio III (1198-1216), que dirigiu sua política decididamente para a construção do *imperium mundi* sob a supremacia da Igreja. Para ele, o papa seria um ente intermediário entre o homem comum e a divindade, a quem caberia o governo do mundo. A pretensão de se conformar um império universal sob controle eclesiástico

---

[3] Jacques Le Goff, *La baja Edad Media* (trad. Lourdes Ortiz, México, Siglo XXI, 1971, coleção Historia Universal Siglo XXI), p. 16.

[4] Citado em Jean Touchard, *História das ideias políticas*, v. 1, cit., p. 209.

foi uma vez mais reafirmado, por Bonifácio VIII (1294-1303), em bula papal de 1302, que insistia que "os dois poderes, o espiritual e o temporal, estão em mãos da Igreja, o primeiro lhe pertence e o segundo deve atuar em seu proveito"[5], indicando a força da vontade de domínio do Ocidente.

Para que fossem contidos os cultos celtas da fertilidade com sua valorização do feminino, que, embora sobrevivessem desde o mundo antigo, estavam ganhando grande impulso com o florescimento da agricultura, era preciso que as pontes que ligam o poder biológico e curativo da mulher ao mundo natural fossem interrompidas. O fortalecimento do celibato e a progressiva redução do papel da mulher no interior da Igreja indicam um movimento de realce na inferiorização do feminino. A revivescência do patriarcalismo inferioriza a mulher e tenta excluí-la da Igreja, a menos que negue sua natureza, sendo responsabilizada, no limite da misoginia, pela perturbação da ordem social.

Nessa visão, por meio da feitiçaria, faz-se porta-voz do diabo para contestar a ordem social, reafirmando a sexualidade e o contato com a natureza, não sendo casual a emergência fortalecida da imagem demoníaca, nessa mesma época, como outro negativo da divindade, assim como do culto da Virgem e de santas pela Igreja, como contraponto necessário da negação do específico feminino. São principalmente as ordens mendicantes, particularmente os dominicanos, que, no correr do século XIII, quando já submetidas ao poder eclesial, tratam de difundir pela cristandade a imagem da mulher como fonte do mal e da desagregação da vida social[6].

À medida que se consolida a ordem feudal madura e a Igreja assume seu papel de mantenedora da coesão social, ampliando seu próprio poder, a heresia surge como resistência, opondo-se à opulência e à hierarquia eclesial. Surge ainda como instrumento de defesa da autonomia das comunidades agrárias, de ampliação da riqueza de setores da nobreza e, principalmente, das cidades que se fortaleciam. Contrapondo-se à tentativa da Igreja de estabelecer uma teologia definitiva e de unificar o rito, as seitas heréticas surgiram como movimentos de desagregação da ordem, devendo, por isso, serem implacavelmente combatidas.

A origem oriental do maniqueísmo, que fundamentava a visão teológica dos cataristas (ou albigenses), a mais influente das heresias, e sua visão ascética,

---

[5] Citado em Jacques Le Goff, *La baja Edad Media*, cit., p. 42.

[6] Mário Pilosu, *A mulher, a luxúria e a Igreja na Idade Média* (trad. Maria Dolores Figueira, Lisboa, Estampa, 1995).

igualitária e anti-hierárquica, que se apresentava como alternativa à Igreja romana, pretensa senhora do mundo, só agravava a situação, nesse momento em que o Ocidente lutava para definir sua identidade confrontando-se com o Oriente. Após o anátema, que permitia a escravização dos hereges, lançado pelo papa Alexandre III (1159-1181) em 1179, no Terceiro Concílio de Latrão, os cataristas foram implacavelmente perseguidos, até mesmo por exércitos mercenários, tendo resistido até 1244, quando os sobreviventes da última batalha foram encaminhados para a fogueira.

Teve grande importância ainda a pregação de Valdésio de Lyon (mais conhecido como Pedro Valdo), que defendia a comunidade de bens e a vida austera. Assim como outros movimentos declarados hereges, a ruptura dos valdenses com a hierarquia eclesial veio com a insistência na imposição do monopólio da pregação e na unidade do rito. Por decreto do papa Lúcio III (1181-1185), os valdenses foram excomungados e passaram a ser vítimas de perseguição oficial. Finalmente, em 1199, o papa Inocêncio III decreta a heresia crime de lesa-majestade[7].

A ameaça mais séria, no entanto, a mais antiga e duradoura, e também de origem oriental, desde fins do século XI, passou a ser considerada o judaísmo, a religião do povo deicida. Desde séculos convivendo nos interstícios da formação social euro-ocidental em gestação, os judeus passam a ser considerados e tratados como outro negativo conspirador e dissimulado, que envenena as águas. A mudança ocorreu quando o Ocidente inicia a agressão contra o Oriente árabe-muçulmano, em direção a Jerusalém. A partir daí, nenhum dos inimigos da religião cristã seria digno de compaixão ou clemência, e, pelo contrário, fazendo por merecer a aniquilação. Mesmo em regiões onde não há presença de judeus, eles são odiados e temidos, sentimento generalizado pelo discurso teológico difundido pela ordem mendicante dos dominicanos, encarregados da Inquisição. Note-se que a intolerância contra os judeus, nesse momento, não alcançou as "fronteiras" do Ocidente: na Ibéria, de um lado, e na Polônia, de outro, os judeus puderam se manifestar culturalmente e participar na vida sociopolítica em certa igualdade de condições com os cristãos[8].

---

[7] Nachman Falbel, *Heresias medievais* (São Paulo, Perspectiva, 1977), Grado Giovanni Merlo, *Eretici ed eresie medievali* (Bolonha, Il Mulino, 1989), e René Nelli, *Les Cathares: herésie ou démocratie* (Paris, Marabout, 1972).

[8] Jean Delumeau, "Os agentes de Satã: o judeu, mal absoluto", em *História do medo no Ocidente: 1300-1800* (trad. Maria Lucia Machado, São Paulo, Companhia das Letras, 1990).

Acrescentem-se ainda os leprosos, que com frequência eram identificados como aliados dos judeus, e os insanos, e temos os componentes do medo do outro no Ocidente, aos quais, no decorrer da crise do século XIV, seriam agregados os pobres. Mas a representação que unificava e insuflava todos os inimigos reais e imaginários do Ocidente era o diabo, que a partir do século XII aparece como uma entidade sempre mais aterradora e onipresente, à medida que a ordem social tem dificuldade em se sustentar. Para a promoção do diabo convergiram tanto a heresia catarista como a Igreja latina, que, ao se sentir ameaçada e cercada, reagia buscando fortalecer seu poder político-cultural.

A repressão contra o outro negativo, perigoso e temível, que ameaçava a ordem feudal, estava a cargo das instâncias locais da Igreja, que, utilizando o "braço secular", organizava expedições punitivas. A partir do último quarto do século XII, a interferência e centralização da repressão na alta hierarquia eclesial crescem paulatinamente, com o Terceiro Concílio de Latrão (1179), o Concílio de Verona (1184) e, principalmente, com o Quarto Concílio de Latrão (1215). A instituição da Inquisição surge nos desdobramentos deste último, incorporando as decisões anteriores e estatuindo outras, até que, em 1233, o papa Gregório IX (1227-1241) codifica o conjunto das prescrições repressivas, encarregando os frades dominicanos da responsabilidade diante do papa na defesa da pureza do dogma.

Assim, a repressão aos inimigos do Ocidente deixou de ser assunto de potentados locais, príncipes ou bispos, e, com a instituição da tortura, em 1252, acabava de ruir o edifício do direito romano-justiniano, que até então informara a cristandade. Nesse contexto, as ordens mendicantes cumpriram um papel estratégico na estabilização da ordem feudal, pois se, de uma parte, ficaram em parte encarregadas da repressão inquisitória (caso específico dos dominicanos), pelo seu voto de pobreza, vida austera e andarilha, atuaram diretamente sobre as mesmas camadas sociais nas quais floresciam as culturas que se opunham ao poder da Igreja, limitando sua propagação[9].

As universidades, articuladas à instituição eclesial e consolidadas nos séculos XII e XIII, também agiram no sentido de definir a identidade e reproduzir a ordem sociocultural do Ocidente, recebendo o impacto da cultura greco-árabe, resgatando a ligação com o Ocidente clássico original, fornecendo elementos para a disputa da Igreja com o império germânico e a própria definição do projeto de império universal da cristandade. É principalmente no

---

[9] Ricardo García Cárcel, *L'Inquisizione* (Milão, Fenice 2000, 1994).

espaço universitário que a teologia racional se configurou, contando com a filosofia como problemática disciplina auxiliar. Os *Livros de sentenças* de Pedro Lombardo, de meados do século XII, rompem com a tradição exegética da Bíblia ao propor o debate e a análise temática do texto.

São, no entanto, as obras de teologia sumária dos dominicanos Alberto Magno e Tomás de Aquino que, no correr do século XIII, amparados em textos de Aristóteles, consolidam a teologia, apesar da posição sempre refratária dos franciscanos, desde Boaventura, mais afeitos à tradição platônico-agostiniana. A censura, em 1277, de várias teses inspiradas na filosofia natural aristotélica marca uma tentativa de reafirmar a supremacia da teologia sobre a filosofia e também uma inflexão no pensamento teológico que, no século XIV, acoplado à crise feudal, por meio dos franciscanos, tenderá a valorizar o saber intuitivo e a "iluminação"[10].

Como a canalização da violência social e a justificativa do pessimismo por meio da negação do outro interno não se mostravam suficientes, já que a tensão e a dinâmica social internas da ordem feudal exigiam uma expansão externa para manter a coesão do Ocidente, foi promovida pelo capital mercantil das cidades italianas (Veneza, Pisa, Gênova) e pela nobreza franca, sob as bênçãos do papa, incursões contra o Oriente. O Ocidente sente necessidade de se expandir para controlar o medo do colapso interno, contornando a pressão demográfica. Para tal inventa um Oriente como imagem absolutizada do outro negativo, no próprio limite da negação da vida e da cultura. A invenção do outro negativo externo cumpriu um papel decisivo na configuração da identidade do Ocidente e como desafogo da violência social interna.

Se a cristalização da ruptura religiosa entre a Igreja latina e Bizâncio (1054), permitiu que Roma perseguisse a meta de tornar-se o poder nuclear da ordem feudal do Ocidente, a Bizâncio permitiu a expansão de sua influência pelos Bálcãs e pelo Cáucaso eslavo. Essa tendência acentuou-se pouco depois, em 1071, quando Bizâncio foi expulsa do sul da Itália pelos normandos apoiados pelo papa Alexandre II (1061-1073), ao mesmo tempo que o exército imperial bizantino sofria sua primeira derrota diante dos turcos. O vantajoso acordo comercial que deu a Veneza o papel de ponte entre Ocidente e Oriente no interior de Bizâncio, fez com que o império greco-cristão surgisse representado como um Oriente interno (e inferior), que serviria de passagem para a

10 Christophe Charle e Jacques Verger, *História das universidades* (trad. Elcio Fernandes, São Paulo, Editora Unesp, 1996).

penetração e conquista do Oriente externo – o mundo árabe muçulmano. Assim é que, no decorrer do século XII, as cidades setentrionais italianas passaram a controlar o comércio do Oriente, deslocando Bizâncio e estabelecendo-se em terras árabes[11].

O Concílio de Clermont-Ferrand (1095) fez a convocação para que todo o Ocidente feudal cristão participasse da submissão do Oriente, ainda mais então, quando Jerusalém caíra sob domínio turco seldjúcida. Num período de trinta anos, os ocidentais ocuparam a costa árabe da Ásia, constituindo quatro principados feudais: Antioquia, Edessa, Jerusalém e Trípoli. Para que isso ocorresse, também os cristãos orientais foram submetidos, árabes e turcos massacrados sucessivas vezes até o limite do canibalismo, os símbolos da cultura islâmica depredados. A vitória inicial do Ocidente enfrentou as reticências de um fragilizado império bizantino e teve suas pretensões facilitadas pela crise e desarticulação política do mundo muçulmano. Ainda que Edessa tivesse sido destruída e as fronteiras dos potentados ocidentais tivessem recuado, o contra-ataque do mundo islâmico só se efetivou em fins do século XII, quando Síria e Egito se unificaram sob a condução do curdo Saladino, num contexto de aproximação com Bizâncio.

Diante do perigo que o Ocidente representava, Oriente interno (greco-bizantino) e Oriente externo (árabe-muçulmano) se uniram, ainda mais que os turcos surgiam como inimigo comum, vindos do leste. Em 1204, porém, o Ocidente retoma a ofensiva, dessa vez não contra a Síria, mas em direção a Constantinopla, o dínamo do comércio oriental e capital de Bizâncio. A carnificina e o saque da cidade deram origem ao império latino – um principado feudal franco, na verdade – e ao domínio veneziano sobre as ilhas do Mediterrâneo oriental. Os greco-bizantinos recuaram para Niceia, justamente de onde partiram, em 1261, para a recomposição do império bizantino. Os francos tentaram sucessivas vezes invadir o Egito, tendo sido sempre repelidos, até que em 1291, após dois séculos, a presença ocidental no Oriente foi finalmente extirpada com a capitulação de São João d'Acre[12].

Embora o Ocidente tivesse perdido territórios na Ásia, e Bizâncio estivesse realçando sua identidade oriental-helenística, Veneza e Gênova mantinham

---

[11] Paul Lemerle, *História de Bizâncio* (trad. Marilene Pinto Michel, São Paulo, Martins Fontes, 1991), p. 81-92.

[12] Amin Maalouf, *As Cruzadas vistas pelos árabes* (trad. Pauline Alphene, São Paulo, Brasiliense, 1988).

ainda o controle das rotas de comércio do Oriente, além de prover e organizar tropas mercenárias para a defesa do império declinante. Ao fim das contas, a intervenção do Ocidente no Oriente, inventando um outro interno e um outro externo negativos que deveriam ser subjugados, debilitou ainda mais Bizâncio e Egito-Síria, facilitando a expansão dos turcos otomanos (que substituíram os seldjúcidas). Desde fins do século XIII, estes haviam retomado a pressão sobre Bizâncio, inicialmente pelo leste, e a partir de meados do século XIV, também pelo oeste, fincando praça nos Bálcãs, até liquidar os reinos sérvio e búlgaro, colocando-se face a face com os húngaros. A acachapante derrota diante dos mongóis, em 1402, foi apenas um percalço na expansão turca rumo ao Ocidente, retomada em 1444, quando a coligação húngaro-romeno-polonesa foi estraçalhada.

Entre 1451 e 1461, aquilo que ainda restava do Oriente greco-bizantino foi abatido, tendo sido inútil a heroica resistência de Constantinopla em 1453. As desesperadas tentativas de Bizâncio de se incorporar ao Ocidente, entregando sua economia às cidades italianas e sua consciência religiosa à Igreja de Roma, foram inúteis, pois era já encarada pelo Ocidente como outro inferior, tendo sido tratada tal qual "judeu" convertido ou "feiticeira" penitente. O Egito-Síria teve sorte análoga à de Bizâncio, tendo também sido submetido aos turcos em princípios do século XVI. Ao Ocidente restava encarar um Oriente externo negativo muito mais ameaçador, identificado nos turcos e na religião muçulmana, situação agravada ainda pela ausência de um Oriente interno, já que levaria algum tempo para emergir a Rússia como outra cristandade, ideologicamente representada pelo núcleo do Ocidente como um novo Oriente interno.

Antes mesmo de configurar sua identidade "descobrindo" o outro interno negativo, inferior e ameaçador, unificado em sua diversidade pela imagem do diabo, e inventando o Oriente como outro externo, o Ocidente havia já iniciado sua expansão em direção às terras eslavas, ao leste, e à Ibéria, a oeste. Na península Ibérica, em grande parte ocupada por povos oriundos do Magreb, conviveram em relativa tolerância os cristãos com judeus e muçulmanos, em vias de tornarem-se outros negativos do Ocidente. Assim, num primeiro momento, o encontro do Ocidente com o Oriente islâmico deu-se pelo oeste, forjando-se um feudalismo de fronteira, caracterizado pela escassez crônica de força de trabalho, que se voltava para o saque e a guerra, o que dava estímulo à atividade pastoril e dificultava a imposição do estatuto da servidão. A possibilidade do enobrecimento pela guerra produziu uma camada senhorial relativamente grande e fluida, que impôs formas variadas de dependência aos camponeses. Esta ia desde a encomenda da terra vitaliciamente para o senhor em troca de proteção até a restrição da liberdade do trabalhador, que só poderia mudar de senhor dentro de uma mesma família senhorial.

Em 1063-1065, a aliança, que obteria algum sucesso no Oriente, entre o papa e a nobreza franca, promoveu um ataque precursor contra Aragão, e, em 1085, Toledo caiu em mãos de Castela. Esse impulso, enfim barrado pelos berberes muçulmanos, foi fortemente influenciado pela ordem beneditina reformada de Cluny (fundada em 910), que tinha por objetivo não só a expansão territorial da cristandade, mas também a unificação do rito segundo os ditames da Igreja romana, em detrimento do rito moçárabe que predominava na península Ibérica.

No século XII, a expansão do Ocidente articula-se no Oriente e no extremo Ocidente, através da presença em todos os campos de cistercienses e das ordens militares de templários e hospitalários, que vinham se organizando desde 1118 para defender Jerusalém. Sob sua influência, formaram-se na península Ibérica várias ordens monásticas militares, como Avis, Alcântara, Calatrava e Santiago, que abriram caminho para a migração franca em direção das cidades. A expansão ocidental, que estivera praticamente limitada a Aragão, a partir de 1212, quando uma ampla aliança ocidental bate os muçulmanos em Navas de Tolosa, inicia o avanço em todas as frentes, de modo a só restar, em 1270, o reino de Granada como último bastião do islamismo na Ibéria. A partir de então estavam configurados três reinos no extremo Ocidente: Portugal, territorialmente definido desde 1228 e voltado para o mar-oceano; Castela, que emerge no planalto central; e Aragão, que em 1282 incorpora o reino de Nápoli, voltado para o mar Mediterrâneo.

A expansão germânica para o leste acelerou-se após a formação da ordem monástica dos cavaleiros teutônicos em São João d'Acre, em 1199, também seguindo o exemplo de templários e hospitalários. Foi só no decorrer do século XIV que a oposição aos germânicos foi crescendo, principalmente com o fortalecimento do reino polonês. Em 1410, a aliança polaco-lituana fez os germânicos recuarem e possibilitou a unificação política da Polônia e da Lituânia, redefinindo as fronteiras do Ocidente, já que a união se conformou segundo a ordem feudal e a religião cristã.

Dando continuidade a uma tradição cultural que antecede até mesmo as guerras entre gregos e persas, passando depois por autores romanos, a representação do Oriente cumpriu importante papel na definição da identidade do Ocidente a partir de quando, no final do século XI, teve início a tentativa de conquista da terra árabe ao redor de Jerusalém. Num primeiro momento, o Oriente se confundiu com a terra do diabo e da religião islâmica, mas em cujos confins poder-se-ia encontrar o Paraíso, segundo o que foi difundido por *De imagine mundi*, de Honorius Augustodunensis, que circulou no século XII. A partir de 1206, sob o comando de Gengis Khan, havia se conformado uma ampla federação de tribos mongóis que chegou a estabelecer uma dinastia até na China, embora de curta duração (1280-1368). A crise cultural e a indefinição religiosa do novo poder, incerto entre budismo, islamismo e nestorianismo cristão (até que optou pelo primeiro), despertou o interesse e a cobiça do Ocidente.

Difundia-se, ao mesmo tempo, o mito do reino do Preste João, uma possível trincheira de virtude cristã em meio às terras demoníacas, tendo sido este, provavelmente, um reino mongol nestoriano que acabou sendo engolfado pelo império de Gengis Khan. A Igreja, imbuída então da ideia de império universal que, obviamente, deveria cobrir toda a extensão da Ilha da Terra – a qual se imaginava una e contínua – emersa do ameaçador oceano, limite cósmico do mundo, apontava para a necessidade de se encontrar tal reino[13].

O desenho estratégico do projeto do *imperium mundi* foi muito bem exposto, e de maneira muito concreta, pelo franciscano Roger Bacon em seu *Respublica fidelium*, redigido a pedido do papa Clemente IV (1265-1268). Nessa obra estava indicada a necessidade de verem-se submetidos os greco-bizantinos, convertidos os tártaro-mongóis e liquidados os árabe-muçulmanos, a fim de se realizar o objetivo de uma ordem social na qual houvesse um só rebanho e um só pastor, o papa romano[14].

Sempre no correr do século XIII, alguns frades franciscanos, entre os quais Piano di Carpini (entre 1245 e 1247) e Guglielmo di Robrouk (entre 1253 e 1255), enfrentaram a hostilidade da imensidão asiática, sem qualquer sucesso evangelizador. Esteve ainda na China, por um período de seis anos a contar de 1318, o frade franciscano Odorico de Porteneau. Antes deste, aproveitando circunstâncias mais afortunadas, os mercadores venezianos de Constantinopla, Nicola e Maffeo Polo, empreenderam uma viagem que atingiu a China entre 1260 e 1269; em 1271, agora acompanhados de Marco, filho de Nicola,

---

[13] Edmundo O'Gorman, *A invenção da América* (trad. Anna Maria Martinez Corrêa, São Paulo, Editora Unesp, 1992), p. 93-4.

[14] Jean Touchard, *História das ideias políticas*, v. 1, cit., p. 216.

realizaram uma nova e longa viagem até a China, que se estendeu até 1295. Tendo sido feito prisioneiro dos genoveses, em 1298, Marco Polo ditou *O livro das maravilhas*[15], que teve enorme influência sobre a primeira representação do Oriente inventada pelo Ocidente.

Com o declínio da China mongol e a conformação do império turco entre o Ocidente e o extremo Oriente, este ganhou tinturas sempre mais fabulosas, associando razões de medo e cobiça, como sugeria outro e ainda mais bem-sucedido *Livro das maravilhas*, compilação de várias narrações anteriores e da (talvez imaginária) viagem do inglês (?) Jean de Mandeville, publicado em 1366. Esse trabalho sintetiza com grande clareza a representação do Oriente forjada na época feudal na seguinte passagem:

> E para além da terra, das ilhas e dos desertos [do] Preste João, indo em direção ao Oriente, só se encontram montanhas e grandes penhascos e a região tenebrosa, onde não pode ver-se nem de dia nem de noite, como atestam os dessa região. Esses desertos e essas trevas vão até o Paraíso terrestre [...] e que se encontra em direção ao Oriente no começo da Terra.[16]

Essa representação da Terra e do Oriente foi uma vez mais reafirmada em *Imago mundi*, publicado em 1410 por Pierre d'Ailly, e que muita influência exerceu nos agentes da subsequente expansão oceânica do Ocidente. Destarte, o Ocidente pode ser visto como uma formação sócio-histórica que se configura na segunda metade do século XI com a maturação da ordem feudal, quando se rompe o cerco e a opressão a que estava submetida, por árabes, magiares e eslavos, dando início à expansão e apropriação do mundo, interrompida apenas por fugazes momentos.

Para preservar sua estabilidade e perpetuar sua expansão, o Ocidente inventa representações de si e do outro, a fim de exercer sua capacidade e vontade de domínio. A Igreja latina, como instituição capaz de reproduzir a dimensão cultural e simbólica, necessária à preservação da ordem, tende a tornar-se o poder nuclear do feudalismo, desencadeando a repressão e reinventando a

---

[15] Marco Polo, *O livro das maravilhas: a descrição do mundo* (trad. Elói Braga Júnior, Porto Alegre, L&PM, 1985).

[16] Citado em W. G. L. Randles, *De la Tierra plana al globo terrestre* (México, Fondo de Cultura Económica, 1990), p. 23-4 [ed. bras.: *Da Terra plana ao globo terrestre*, trad. Maria Carolina F. de Castilho, Campinas, Papirus, 1994].

noção de diabo como a representação do outro interno que identificava os inimigos da ordem, articulada à noção de Oriente como domínio do mal e representação do outro externo negativo.

A crise do feudalismo e do domínio eclesiástico

A própria dinâmica da ordem feudal, potencialmente desagregadora, gerou, a partir de princípios do século XIV, uma crise dramática e irreversível. Expressões dessa crise são a escassez relativa de alimentos, de terras férteis, de moeda (que gerava inflação) e de força de trabalho submetida à servidão de gleba. Esse quadro de generalizada carência explica-se pelo lento declínio da taxa de crescimento demográfico, transformado em curva descendente com o aparecimento de epidemias que, associadas a limites técnicos, diminui a colheita e a área agrícola, assim como também a atividade artesanal e comercial das cidades.

A crise agravou a inerente violência da ordem feudal e da escassez "resultou uma onda sem precedentes de contendas militares, alimentada por cavaleiros que procuravam de toda forma restaurar sua fortuna com o saque", fazendo com que, "já vocação cavalheiresca do nobre, a guerra se transforme assim em atividade profissional: o serviço feudal cedeu lugar à conduta mercenária e à violência paga"[17]. Ainda a fim de bloquear o decréscimo de renda, a nobreza, através da violência e da promulgação de leis, tentou reforçar os laços de servidão, provocando uma desesperada, apaixonada e violenta resistência, frequentemente conduzida por camponeses mais ricos, integrados no mercado do feudalismo maduro. O conflito social generalizado resultou, ao contrário do que desejavam os nobres, no aumento salarial e, em amplas áreas, na emancipação dos servos.

Contudo, "a idade do ouro do trabalho emancipando-se a si próprio ocorreu, apenas, naqueles períodos do feudalismo em ocaso, mas em luta intestina, como na Inglaterra do século XIV e primeira metade do século XV"[18], provocando a reação das camadas agrárias dominantes que promoveram enorme expansão da criação de ovelhas. Com as guerras intrafeudais, generalizou-se o banditismo e a presença de forças mercenárias, desenvolvendo a técnica militar, agravando a violência e transformando o Ocidente numa formação

---

17 Perry Anderson, *Dall'antichità al feudalesimo*, cit., p. 170.

18 Karl Marx, *Formações econômicas pré-capitalistas* (trad. João Maia, Rio de Janeiro, Paz e Terra, 1975), p. 107.

social amplamente armada, que exercitava sua capacidade destrutiva (a maior que o mundo jamais vira) contra si mesma.

O espetacular agravamento da violência social foi ainda potencializado pela crise da Igreja latina, enquanto poder universal e principal instrumento de coesão sociocultural do Ocidente. A repressão aos templários em 1307, já sob o pontificado de Clemente V (1305-1314), significou a perda da autonomia das ordens monásticas militares diante da hierarquia centralizada em Roma, mas significou também, e com mais força, a subordinação da Igreja aos desígnios da monarquia franca, um poder particular, entre tantos da ordem feudal, que, momentaneamente fortalecido, reagiu contra o poder usurário tanto dos templários quanto dos judeus.

A tentativa de retornar a Roma, em 1378, abandonando a cidade de Avignon, onde se encontrava desde 1309 sob controle dos reis de França, só fez realçar a fratura no vértice da instituição eclesiástica, que, por algum tempo, passou a contar com dois e até três pontífices. Além de dividida, a hierarquia da Igreja latina teve de enfrentar seguidos conflitos com as ordens franciscanas e a contestação cultural a sua supremacia, como a enfaticamente expressa por Marsílio de Padova em seu *Defensor Pacis* (1324)[19].

Quando da reunificação, promovida pelo Concílio de Constança (1414-1418), tutelado por Sigismundo, rei da Hungria e titular do império germânico, o papado encontrava-se seriamente debilitado pela imposição das ideias de Jean Gerson de uma condução colegiada da Igreja, baseada na supremacia do Concílio, e ainda pela subtração de parte do poder papal pela Igreja franca. A Igreja de Roma só voltou a ser poder temporal de alguma magnitude quando se estabilizou como potentado em meio ao precário equilíbrio estabelecido na península italiana com a paz de Lodi (1454), e quando em 1459 a supremacia do pontífice foi restabelecida em bula de Pio II (1458-1464).

Nas últimas décadas do século XV, através de uma mudança formal, tem início uma incerta recomposição da ordem com condução do capital mercantil urbano, que teve sua autonomia ampliada pela crise feudal. Tal mudança implicou uma reversão na situação dos camponeses que foram novamente submetidos à servidão, até para que a depressão agrária pudesse ser superada em benefício da nobreza. As mais significativas exceções foram a Inglaterra, onde, no correr do século XV, formou-se um campesinato livre, e o norte da Itália, cujas cidades – ao se apropriarem das terras senhoriais circunvizinhas – acabaram

[19] Jean Touchard, *História das ideias políticas*, v. 1, cit., p. 227 e seg.

com a servidão e desenvolveram uma manufatura altamente especializada, chegando a tangenciar a modernidade.

Mas a recomposição da ordem social do Ocidente não mais poderia ser feita com base no predomínio do poder eclesiástico sobre uma infinidade de poderes locais. Contra a iminência de desagregação que ameaçava a dominação da nobreza feudal, encarou-se a necessidade de se construir um poder centralizado, num nível intermediário entre o localismo feudal e o universalismo da Igreja e do Império: o Estado territorial organizado em torno do poder monárquico. Este serviu para reconduzir o campesinato à servidão, definir um mercado para a manufatura e concentrar recursos para a retomada da trajetória expansiva do Ocidente, embora tenha comprometido a representação universalizante da cristandade.

Tendo se defrontado no Oriente com o poder turco, o capital mercantil das cidades norte-italianas e o Estado pontifício, após terem apressado o fim de Bizâncio, passaram a usar Portugal e Espanha – os Estados territoriais formados no extremo Ocidente – na luta contra o Oriente muçulmano para alimentar a voracidade expansiva do conjunto do Ocidente, ao mesmo tempo que bloqueavam a unificação política da península italiana. Essa aliança consolidou-se através do financiamento da expansão marítima de Portugal e Espanha, inicialmente por Veneza e Gênova e logo depois pelas cidades flamengas, e a transformação da Inquisição em instituição estatal de Castela (a partir de 1478) e de Portugal (desde 1536).

Embora a Igreja já não fosse o poder nuclear da ordem social do Ocidente e se visse obrigada a fazer alianças com as emergentes monarquias absolutistas, particularmente a espanhola, continuava sendo uma instituição que propugnava o império universal da cristandade e produzia a dimensão simbólica cultural, capaz de manter e reproduzir uma ordem com permanente ameaça – imaginária ou real – de desagregação interna ou de destruição vinda do Oriente turco. Mas, enquanto a movimentação antiturca não passava de deblateração – em função mesmo da potência do império otomano – no seio do próprio Ocidente, a estrutura hierárquica da Igreja se identificava sempre mais com a nobreza feudal e, portanto, com seus temores de subversão pela ação disruptiva dos camponeses submetidos à servidão.

De forma cada vez mais acentuada, nas últimas décadas do século XV e princípios do século XVI, os papas vinham portando-se como monarcas absolutistas dotados de interesses materiais e políticos no cenário italiano e europeu, o que só fez agravar a crise da consciência religiosa e da dimensão simbólica que garantia a ordem. Como decorrência, houve, por um lado, o ressurgimento do misticismo, uma dissociação da teologia racional e a busca do contato direto com a transcendência, e, por outra vertente, a emergência do pensamento laico moderno, que não considera explicações externas ou soluções definitivas para a condição humana neste ou em outro mundo: o convergente resultado só pode ser um acréscimo da ansiedade, da angústia e insegurança, do cinismo, ceticismo e pessimismo. Não havia como o medo e a violência sociais não fazerem parte do cotidiano do Ocidente, enfrentando o risco do colapso sociocultural e a não realização na história, no momento que a desagregação do feudalismo maduro avançava, mas a modernidade ainda estava longe de aparecer como resposta para o Ocidente.

No começo do século XVI, as enormes dificuldades da Igreja para cumprir sua função na reprodução da ordem, a emergência de zonas tangenciais de modernidade e de Estados territoriais, ensejaram o aparecimento de movimentos heréticos de contestação do poder clerical e seu dogma, mas não da ordem social. Esses movimentos, desencadeados na região franco-flamengo-germânica, conseguiram ser vitoriosos ao dividir a nobreza, obter apoio de camadas sociais ligadas ao mercado e contrapor interesses de Estado aos da Igreja, acabando por significar um desdobramento na função que a Igreja de Roma cumpria na reprodução da dimensão cultural simbólica do Ocidente. Nessa circunstância, e "sobretudo no princípio, a Reforma não levou a tolerância à sociedade ocidental. Protestantes e católicos seguiram considerando-se obstinadamente como os únicos donos da verdade e verdadeiros representantes do autêntico cristianismo"[20]. Assim, desde logo, as igrejas reformadas também passaram a combater a heresia, a primeira entre elas, o anabatismo de Thomaz Münzer, que catalisou a rebelião camponesa latente na Alemanha e contestava toda a ordem social do Ocidente.

A intolerante e violenta reação da Igreja de Roma contra os protestantes coincidiu com ampla e decisiva reforma de suas estruturas, almejando a superação de sua mais que secular crise. Essa reforma, inspirada nos êxitos ocorridos na luta contra os muçulmanos, estimula a "substancial convergência dos interesses pontifícios com os espanhóis, [e] fará que o papado e a monarquia católica por antonomásia estreitem uma tácita, mas muito sólida aliança para o triunfo

---

[20] Ruggiero Romano e Alberto Tenenti, *Los fundamentos del mundo moderno: Edad Media tardia, Renascimiento, Reforma* (México, Siglo XXI, 1971), p. 245.

comum do Ocidente"[21], sedimentada em torno do longuíssimo Concílio de Trento (1545-1563). Com a reforma tridentina, a Igreja superou sua crise orgânica, reorganizou o trabalho de reprodução da ordem social e de gestor da dimensão cultural simbólica do Ocidente, preparando-se para enfrentar com sucesso os problemas advindos da ampliação da *orbis terrarum*. Para tal, a partir de 1542, reativou a Inquisição, elaborou a primeira lista de livros proibidos e estimulou novas ordens, como jesuítas e capuchinhos, além de resgatar por toda parte o papel que as ordens mendicantes haviam desempenhado no interior do Ocidente. A Igreja se fez militante nesta terra e instrumento do Ocidente para o domínio do mundo.

Nessa complexa e contraditória circunstância, para enfrentar o medo do colapso sociocultural, a resposta foi aquela própria do ser do Ocidente: identificar no outro o inimigo a ser temido e dominado, frequentemente exterminado. A teologia racional do Ocidente, acentuadamente antropocêntrica (e etnocêntrica), indicava ter sido o mundo criado para a glória divina e usufruto humano. A crise sociocultural estabeleceu um entendimento da natureza e do corpo humano como degradação e decadência, assim como o medo que afetava o Ocidente e o impulsionava para a conquista e destruição do mundo natural, cada vez mais amplo, e para a negação da vida sensual. A mulher e a sexualidade, fontes de reprodução da vida, são sempre penalizadas como degradantes e reprimidas, pois a morte, a clausura do círculo, não pode ser enfrentada.

A crise do feudalismo maduro, a partir do século XIV, e a constitutiva crise da Igreja latina e de sua capacidade de reprodução simbólica da ordem, deram uma nova e crescente dimensão negativa ao universo feminino, já que a mulher, além de dotada de um ser específico, é também portadora de um saber específico, e tem participação efetiva nas rebeliões camponesas. Há uma convergência de argumentos teológicos, médicos e jurídicos para estabelecer a inferioridade e periculosidade da mulher no interior da vida social, expressa na figura da feiticeira.

A novidade é que a feiticeira (mas também feiticeiros) tende a celebrar rituais satânicos noturnos – o Sabá –, pouco importando se houve uma efetiva revivescência de cultos pré-cristãos mais ou menos articulados, em oposição ou dissociados da ordem, ou tudo não passou de uma representação do medo do outro, de que estavam imbuídas as classes dirigentes do Ocidente: o essencial

---

[21] Ibidem, p. 211.

é que houve um processo de repressão e subordinação inéditas da condição feminina. Nessa caça às bruxas se esmeraram tanto a Igreja católica como as igrejas reformadas, particularmente no período das guerras em que essas tendências do cristianismo se confrontaram pela direção cultural do Ocidente, tendo atingido seu apogeu entre 1560 e 1648.

O Estado moderno em gestação teve importante papel na repressão à feitiçaria e à magia, uma vez que

> a obsessão demoníaca, sob todas as suas formas, permitiu ao absolutismo reforçar-se. Inversamente, a consolidação do Estado na época da Renascença deu uma dimensão nova à caça aos feiticeiros e feiticeiras. Os governos marcaram uma tendência crescente a anexar ou ao menos controlar os processos religiosos e a punir as infrações contra a religião. Mais do que nunca, a Igreja confundiu-se com o Estado, aliás em benefício deste.[22]

Difícil acreditar que esteja dissociada, na teoria política de um Jean Bodin ou de um James I Stuart, a defesa do poder soberano do monarca, de sua insistência no risco em se deixar feiticeiras sem serem reprimidas e liquidadas. Com a estabilização das reformas religiosas, na segunda metade do século XVII, o paroxismo persecutório se desfez, permitindo, em 1692, a abolição da fogueira na França de Luís XIV.

O judeu é considerado a própria intrusão do Oriente no interior do Ocidente, que recusa a assimilação por todas as maneiras, mesmo quando convertido, e até por isso aparece sempre como fácil bode expiatório em momentos de crise. Antes esporádico e espontâneo, a partir do século XIV o antijudaísmo passa a ser sistemático e patrocinado pela Igreja, que acusa a comunidade judaica de assassinatos rituais, de profanação da hóstia, de conspiração com os leprosos e aliança com os muçulmanos. Assim, os judeus deicidas representavam as atividades satânicas entre os homens do Ocidente, e entre essas estavam o conhecimento médico, matemático e filosófico acumulados por essa cultura.

A aludida aliança entre Igreja e Castela promoveu em 1492 a primeira expulsão em massa de judeus, que veio a culminar na condenação do Talmud, ou seja, a negação do conjunto do povo e da cultura judaicos e não só daqueles que recusavam se tornar Ocidente. As igrejas reformadas também se dedicaram

---

[22] Jean Delumeau, *História do medo no Ocidente*, cit., p. 356.

à perseguição do judaísmo como símbolo do Anticristo: Lutero fazia uma associação entre judeus, papistas e turcos, todos dirigidos pelo diabo. Foi somente a partir de fins do século XVII, na Holanda e na Inglaterra, que a perseguição arrefeceu, mas, em compensação, difundiu-se na Polônia.

A crise feudal do século XIV, que desorganizou as relações de trabalho servis, começou a gestar um novo outro negativo no Ocidente, os pobres e vagabundos, pois "uma massa de proletários absolutamente livres foi lançada no mercado de trabalho pela dissolução dos séquitos feudais"[23], mas que não podiam ser absorvidos pelo processo produtivo. Esse processo foi limitado ou revertido na maior parte do Ocidente, mas, na Inglaterra, "um novo e terrível impulso ao processo de expropriação violenta das massas populares foi dado, no século XVI, pela Reforma e, em consequência dela, pelo roubo colossal dos bens da Igreja"[24], criando um grande número de vagabundos (aos quais foram logo associados os nômades ciganos), reprimidos com a pena de morte por enforcamento, principalmente sob o reinado de Henrique VIII.

Por todo o Ocidente foram promulgadas leis perseguindo a vagabundagem, mas a mais famosa ficou sendo, sem dúvida, a Poor Law de 1597, promulgada na Inglaterra elizabetana, abolida somente em 1834, que obrigava, sempre, sob pena de morte, os pobres a trabalharem, devido mesmo a sua irreparável "perversidade", já que entregues ao pecaminoso ócio. No decorrer do século XVII, quando se desenvolveu a revolução burguesa na Inglaterra, ocorreu intenso debate sobre os contornos da sociedade política e, portanto, de quem seria o povo inglês. O medo dos pobres tornou-se tão grande que, "em 1650, um independente [grupo religioso] disse que o governo do Grande Turco seria preferível ao da ralé"[25].

Tanto como a pobreza e a vagabundagem, que no apogeu do feudalismo eram dignas de compaixão e caridade, transformando-se num intolerável outro negativo, também a demência e a insanidade, que eram vistas como formas de contato direto com a transcendência, foram mudando sua representação, surgindo a partir do século XVI como não razão e em associação com a morte.

---

[23] Karl Marx, *O capital: crítica da economia política*, Livro I: *O processo de produção do capital* (3. ed., trad. Rubens Enderle, São Paulo, Boitempo, 2023), p. 789.

[24] Ibidem, p. 792-3.

[25] Christopher Hill, "Os pobres e o povo na Inglaterra do século XVII", em Frederick Krantz (org.), *A outra história: ideologia e protesto popular nos séculos XVII a XIX* (trad. Ruy Jungmann, Rio de Janeiro, Jorge Zahar, 1990), p. 47.

Com a emergência da razão moderna, "a partir da metade do século XVII, a loucura esteve ligada a essa terra de internamentos, e ao gesto que lhe designava essa terra como seu local natural"[26]. Ao perigo representado pela pobreza e pela loucura, agregam-se os da devassidão e, ressurgindo após dois séculos, dos leprosos, todos destinados à reclusão, por direta ação estatal, da Igreja ou da iniciativa privada.

É nesse Ocidente com os nervos à flor da pele, temeroso da desagregação social por ação de numerosos inimigos imaginários ou reais – guerras intestinas intermináveis, rebeliões camponesas, desgraças naturais, doenças endêmicas e epidêmicas, feiticeiras, judeus, hereges, pobres e dementes, incapaz de reproduzir-se como "ordem natural" –, que surge uma moderna razão científico-mecânica que clama pela instauração de uma ordem social artificial, barrando o risco iminente de regressão ao "estado de natureza", a saída da história e o retorno ao mito. Mas foi também esse atemorizado e intolerante Ocidente que teve a necessidade irrefreável de se expandir, de dominar e de inventar outros negativos externos, a fim de garantir sua própria sobrevivência na história.

Desde meados do século XV, quando a crise feudal arrefecia, a passagem terrestre para o Oriente estava barrada pela potência turca e o dinamismo econômico-político do Ocidente havia se deslocado para os reinos ibéricos, sendo então pelo extremo Ocidente que o embate contra o islamismo e a busca do Oriente teve que prosseguir. Nesse momento, a concepção de mundo que predominava no Ocidente era a de que este fosse heterogêneo e

> dividido em três partes de extensão desigual, mas principalmente de natureza histórica diferente. Aludimos à chamada divisão tripartida que estruturava, em ordem hierárquica ascendente, a África, a Ásia e a Europa, esta última a mais perfeita por sua natureza espiritualmente privilegiada. Esta famosa divisão do mundo tem antecedentes remotos na cultura clássica, como atesta Heródoto, que já fala dela como uma noção consagrada pelo uso. O cristianismo adotou-a como sua ao lhe atribuir um fundamento próprio no relato bíblico de repartição da Terra entre os três filhos de Noé...[27]

---

[26] Michel Foucault, *História da loucura na Idade Clássica* (trad. José Teixeira Coelho Netto, São Paulo, Perspectiva, 1978), p. 48.

[27] Edmundo O'Gorman, *A invenção da América*, cit., p. 96.

E ainda mais: "A tendência ocidental era considerar as terras incógnitas vazias ou demoníacas"[28].

A partir de 1415, com a tomada da praça de Ceuta, o Ocidente, por meio do reino lusitano, finca pé na África, um território de dimensões e riquezas desconhecidas, mas ocupadas, sabia-se, pelo menos em parte, pelo islamismo. A luta contra o Oriente islâmico, deslocada para o extremo Ocidente, projetou Portugal no seio do mar-oceano, com a decisiva participação de Gênova, conquistando ilhas atlânticas próximas como Madeira (1420), Açores (1432) e mantendo o arquipélago das Canárias em disputa, até que foi definitivamente perdida para Castela na guerra de 1475-1479, quando esse reino se definiu pela ocupação das ilhas, com a não surpreendente destruição dos povos autóctones. Em troca, Portugal conseguiu reafirmar ainda uma vez o monopólio da exploração da rota costeira da África, num acordo com Castela mediado pelo papa Sisto IV (1471-1484).

Desde a ultrapassagem do cabo Bojador em 1434, e à medida que os turcos desfechavam a ofensiva final contra Bizâncio, fora amadurecendo a ideia de se contornar a África e atingir a Índia, por onde o inimigo muçulmano poderia ser atacado pela retaguarda. Essa visão, antecipada por bula papal emitida por Martinho V (1417-1431) em 1418, e que garantia a Portugal a posse dos bens conquistados aos muçulmanos e outros infiéis, foi consagrada em 1455 por outra bula papal, de Nicolau V (1447-1455), que entregou a Portugal "o direito total e absoluto de invadir, conquistar e dominar todos os países em poder dos inimigos de Cristo – sarracenos ou pagãos"[29], pressupondo a existência de cristãos no Oriente, com os quais poder-se-ia somar forças. Nesse momento, o "reino do Preste João" havia sido "deslocado" para a Abissínia, seguindo o impulso de Portugal de acelerar o projeto de contorno da África, após as notícias de terras encontradas a ocidente do mar-oceano por navios a serviço de Castela-Aragão. Foi assim que, em 1498, uma esquadra portuguesa atracou nas Índias Orientais, dando início a uma fugaz e fracassada tentativa de conquista de reinos indianos.

A ocupação de terras interiores, além de desnecessária, mostrou-se impossível para Portugal, pelos recursos humanos e bélicos requeridos, tendo optado

---

[28] Frederick Turner, *O espírito ocidental contra a natureza: mitos, histórias e as terras selvagens* (trad. José Augusto Drummond, Rio de Janeiro, Campus, 1990), p. 93.

[29] Citado em Kavalam Madhava Panikkar, *A dominação ocidental na Ásia* (trad. Nemésio Salles, Rio de Janeiro, Saga, 1965), p. 39.

então pela estruturação de um império comercial marítimo, tendo Socotará, Goa e Málaga como pilares de sustentação. Apesar da violência dos portugueses, uma aliança na luta contra o inimigo comum que representava o islamismo pareceu tornar-se possível. Pode-se aventar a hipótese de que a multiplicidade de divindades do hinduísmo tenha permitido alguma forma de convergência com o potencial politeísmo do catolicismo. Embora Portugal, até pela dependência financeira em relação ao capital mercantil das cidades italianas e flamengas, tenha conseguido manter o monopólio do transporte de mercadorias para a Europa até quase o fim do século XVI, logo perdeu o monopólio da distribuição e teve que submeter-se à melhor posição geoeconômica de Antuérpia.

No decorrer do século XVII, Portugal foi deslocado do comércio do Oriente pela concorrência da Holanda e da Inglaterra, que viriam no século seguinte a transformar o oceano Índico num condomínio. De todo modo, até fins do século XVII, o Ocidente só conseguira controlar o comércio marítimo com o Oriente, não conseguindo penetrar e submeter as milenares culturas orientais, que reconheciam o indubitável predomínio da China, mesmo quando da crise que culminou em 1644 na substituição da dinastia Ming pela Manchu.

Todas as contradições, medos e potencialidades do Ocidente encontravam-se em ebulição no reino de Castela-Aragão de fins do século XV. Ali o Ocidente se defrontava com o Oriente em suas próprias entranhas, com uma comunidade judaica numerosa e influente, econômica e culturalmente, com "mouros" dentro das fronteiras e um reino muçulmano, Granada, sobrevivente das antigas glórias de Córdoba. A inovação de uma Inquisição estatal e a antecipação da reforma tridentina da Igreja, somadas às circunstâncias particulares dessa monarquia, tornaram emblemático o ano de 1492: os judeus, perseguidos e expropriados, foram expulsos em massa, assim como os "mouros" que recusaram a conversão, e o reino de Granada foi destroçado, estando, dessa forma, expurgado o Oriente dentro do Ocidente. Após a "purificação", tratava-se, ato contínuo, de ir em busca do Oriente rico e impuro onde quer que se encontrasse.

Com a união das coroas de Castela e Aragão, a nova monarquia permaneceu ainda incerta entre a potencial vocação atlântica de uma e a tradição mediterrânea consolidada de outra. Mas como o eixo econômico do Ocidente se deslocava em direção ao oceano Atlântico e o reino português vinha obtendo resultados significativos em sua trajetória rumo ao Oriente pelo contorno da

África, depois do Tratado de Alcáçovas de 1479, que lhes vedou esse caminho, aos castelhanos não restou, após longos estudos, outra alternativa a não ser aceitar o projeto incerto e de alto risco do suposto genovês Cristóvão Colombo. Ele afirmava poder alcançar o extremo Oriente navegando pelo ocidente, onde cria ser possível encontrar riquezas suficientes a possibilitar a reconquista de Jerusalém e o estabelecimento do império universal da cristandade. Suas viagens indicaram a rota para a colocação estratégica da Espanha, reino conformado em 1512, com a incorporação de Navarra.

Quando Colombo encontrou terras pelo caminho do poente, tinha como certo ter-se deparado com o Oriente, e essa certeza o almirante do mar-oceano carregou consigo até a morte, adaptando seus confrontos com outras terras e outras culturas com a visão de mundo maturada no Ocidente feudal cristão. Além da esplendorosa natureza, a expectativa da "descoberta" de incontáveis riquezas (que já estavam lá, bastando que fossem descobertas), num primeiro momento, fez com que pouquíssima atenção fosse dedicada às culturas autóctones encontradas, inteiramente desconhecidas e que recolocavam a questão do outro.

De acordo com a visão do paraíso, os ameríndios foram de início vistos como outro igual, mas incompleto como a infância: a esses homens (muitos dos quais andavam nus) faltava a cristianização e o reconhecimento da soberania do Ocidente para que se tornassem homens completos. A alteridade não pode ser aceita, pois humanidade reconhecida é a do Ocidente, que aceita apenas a completa submissão, e como as riquezas fáceis não vinham sendo encontradas e se manifestava a resistência mimética ou aberta dos indo-americanos, a concepção de outro igual, mas infantil, rapidamente se transmudava na de um outro inferior a ser dominado ou exterminado.

Da primeira viagem de Colombo, em 1492, até o retorno, em 1521, da última nave da frota que partira sob o comando de Fernão de Magalhães, a concepção de *orbis terrarum* havia sofrido uma mudança profunda. Agora era reconhecida a existência de um novo continente entre Oriente e Ocidente, que surgira como Oriente, mas foi inventado e recriado como extremo Ocidente. O oceano, antes fronteira do cosmos, agora já é parte do mundo sujeito à apropriação, assim como "dominava a crescente convicção de que aqueles desnudos filhos do Oceano formavam parte do vasto império da barbárie do senhorio, confessado ou não, do príncipe das trevas, o inimigo do homem"[30].

---

[30] Edmundo O'Gorman, *A invenção da América*, cit., p. 126.

Guardadas todas as enormes diferenças de padrão etnocultural no continente invadido pelo Ocidente, cuja ponta de lança foi a Ibéria, todos os povos americanos foram sendo submetidos a formas variadas de servidão, ou para a mineração (no caso dos povos da Mesoamérica e dos Andes) ou para a agricultura predatória (no caso do Caribe e do Nordeste brasileiro). A ordem jurídica do feudalismo extremo-ocidental, normatizando variadas formas de apropriação e de exploração do trabalho, foi transplantada e adaptada à construção de um novo extremo Ocidente subalterno, levando consigo ordens mendicantes, novas ordens monásticas forjadas com a reforma tridentina, Inquisição e tortura, além de doenças epidêmicas e devastação ambiental.

Em meados do século XVII estava consolidada a ordem colonial do extremo Ocidente subalterno com seus "enobrecidos" conquistadores oriundos do Ocidente europeu e sua miríade de servos e escravos, autóctones ou transplantados da África. A Ibéria, no entanto, atrelada ao feudalismo tardio, incapaz de dar passagem à modernidade, tornou inevitável o desdobramento em dois desse outro Ocidente: a variante anglo-saxônica floresceu no norte do continente e deu início à construção de uma nova ordem dentro do Ocidente que viria a configurar-se como vanguarda da modernidade capitalista.

Enquanto o Ocidente partia em busca do extremo Oriente, inventava o extremo Ocidente subalterno e redimensionava o *orbis terrarum*, o Oriente turco muçulmano continuava seu avanço em direção ao coração da Europa, conquistando Belgrado em 1521, incorporando dois terços da Hungria em 1526 e fazendo tributárias Moldava, Valáquia e Transilvânia; o decisivo ataque contra Viena, em 1529, no entanto, foi barrado pelas tropas coligadas hispano-germânicas do império Habsburgo. O avanço turco nos Bálcãs foi facilitado pelos camponeses, que optaram por um poder relativamente distante e religiosamente tolerante, contra a dominação dos senhores locais, ainda mais em um momento que por toda parte se reforçava a servidão feudal. Essa decisão garantiu aos camponeses da península balcânica uma qualidade de vida melhor e mais autônoma que no Ocidente em todo o decorrer dos séculos XV e XVI. As incursões da marinha turca foram uma constante no Mediterrâneo oriental no século XVI, problema apenas minorado pela vitória espanhola na batalha naval de Lepanto em 1571, e que não desobrigou a construção de grandes torres nas costas italianas nos anos seguintes, a fim de prevenir a chegada dos muçulmanos.

O império turco caracterizava-se pela ausência de propriedade privada individual, já que era o sultão o senhor de toda a Casa do Islã (a comunidade dos fiéis), governada em seu nome por um vizir e pela burocracia estatal, sendo inseparáveis o poder secular e o religioso. As fronteiras da Casa do Islã eram sempre móveis e indefinidas, dependendo dos êxitos da Casa da Guerra, que tinha a missão de ampliar o território governado pela lei corânica. A Turquia exerceu um significativo poder de atração no século XVI, fazendo não só que camponeses migrassem para os Bálcãs, mas que o número de convertidos ao islamismo fosse grande, marinheiros ou sábios, de modo que, de 1453 a 1623, de 48 grão-vizires, 33 eram renegados do Ocidente – a tolerância e a capacidade de assimilação do mundo muçulmano contrapunham-se ao Ocidente, espaço do medo e da intolerância sociocultural[31].

A partir de fins do século XVI, no entanto, a Turquia deixa seu zênite, assistindo a uma série de revoltas internas, de camponeses e de setores descontentes de regiões mais distantes ou então da força armada. Teve ainda que enfrentar incursões frequentes dos cossacos e longuíssimas guerras contra a Áustria e contra a Pérsia. Essa crise ficou um tanto obscurecida porque também o Ocidente, principalmente as zonas alemãs, estavam para viver decênios de beligerância e crise socioeconômica. Contudo, desde 1656, as instituições do império turco se reorganizaram, e uma derradeira onda ofensiva contra o Ocidente pôde ser desencadeada: após vinte anos de luta, a Turquia venceu Veneza, subtraindo-lhe a ilha de Creta (1669), venceu a Polônia (1672) e sustentou um longo e indefinido conflito com a Rússia (1672-1682).

O avanço turco foi mais uma vez barrado às portas de Viena, em 1683, pelas forças coligadas de poloneses, austríacos, saxônicos e bávaros. A Turquia não conseguiu estabilizar suas conquistas, perdendo em 1699 os territórios húngaros e poloneses e teve ainda que suportar o avanço de Veneza nos Bálcãs. A partir de então, viveria na permanente defensiva, observando e sofrendo a lenta emergência da Rússia.

O Ocidente apresentou reações heterogêneas diante da Turquia, que foram da relativa indiferença de Inglaterra e França ao medo beligerante de Espanha e Alemanha. Estes dois últimos países estiveram dinasticamente unidos por quase dois séculos, sob a coroa dos Habsburgo e ambos tinham os muçulmanos nas fronteiras. Além do mais, a Espanha contava com significativa minoria de cristãos-novos convertidos por coerção, e que poderiam – segundo imaginavam os espanhóis – ajudar os possíveis invasores vindos do norte da África, o que estimulou a grande expulsão de mouriscos entre 1609 e 1614.

A Igreja católica, por meio de bulas papais e pela ação de jesuítas e capuchinhos, tendia a exagerar o perigo turco, mas estava assim cumprindo seu

---

[31] Jean Delumeau, *História do medo no Ocidente*, cit., p. 268-9.

papel de reprodutora do imaginário da instável ordem social do Ocidente. Na mesma tecla insistiam as igrejas reformadas, principalmente Lutero, que via na ameaça turca um castigo celeste pelos pecados acumulados no Ocidente, que outra alternativa não teria a não ser purgar-se das fontes do mal e do pecado, mantendo acesa a chama da intolerância e da busca de inimigos internos.

A crise do século XIV atingiu também a parte oriental do continente, onde a ordem feudal ainda se esforçava para se impor. No processo de superação da crise, a Polônia consolidou um feudalismo tardio relativamente semelhante ao ocidental, mas a Rússia, crescendo à custa do recuo tártaro-mongol e fustigando a poderosa Turquia, teve dificuldades maiores para garantir a submissão dos camponeses ao trabalho servil, já que estes tinham certa facilidade para escaparem rumo à "fronteira", onde reproduziam a ordem social comunal eslava. O fracasso da primeira tentativa de atingir uma saída para o mar Báltico na guerra da Livônia (1558-1582), e os conflitos entre a velha nobreza boiarda e a nova pequena nobreza de cavaleiros armados, que vinha se beneficiando da expansão, colocaram, em fins do século XVI, o Estado feudal-absolutista russo, ainda em gestação, numa crise gravíssima, que chegou mesmo a colocar sua existência em risco. O avanço da técnica militar, que esvaziou a função da cavalaria em benefício da infantaria, reforçou os boiardos agrupados em torno da nova dinastia dos Romanov, que dominou de 1613 a 1917.

A unificação da nobreza feudal russa foi, no entanto, possibilitada pela necessidade de enfrentar em conjunto a ameaça camponesa de subversão da instável ordem sociopolítica e pelo compromisso do Estado de garantir a qualquer custo a submissão dos camponeses ao estatuto da servidão, assim como coibir as fugas. De fato, o estatuto da servidão foi enfim definido como lei em 1649. Antes do final do século XVII, a divisão da nobreza em segmentos contrapostos estava superada, e aberto o caminho para sua completa submissão ao Estado feudal-absolutista, que ditou sua reorganização em função do grau de serviços e fidelidade dedicados ao tsar, a própria figuração do Estado. Assim, a Rússia pôde retomar seu processo de expansão em direção ao Ocidente (já que os confins da Sibéria seriam atingidos em 1689), primeiro subtraindo da Polônia a Ucrânia oriental (1667) e depois conseguindo a almejada saída para o mar Báltico ao derrotar a Suécia na guerra nórdica (1700-1721)[32].

---

[32] Perry Anderson, *Lineages of the Absolutist State* (Londres, Verso, 1979), p. 328-42 [ed. bras.: *Linhagens do Estado absolutista*, trad. Renato Prelorentzou, São Paulo, Editora Unesp, 2016].

Desde a forçada migração da alta hierarquia da Igreja ortodoxa para Moscou, após a queda de Constantinopla, a Rússia se arrogava herdeira do império romano do Oriente, tanto que Ivan III, esposado com uma princesa bizantina, usava esporadicamente o título de tsar. No entanto, foi com Ivan IV que esse título de poder, somado ao de chefe da Igreja ortodoxa, tornaram-se usuais, configurando ao mesmo tempo a ideologia da "terceira Roma", eterna e indestrutível. A representação que da Rússia se criou no Ocidente foi bastante incerta, pois se de um lado discutia-se se os russos, como cristãos, poderiam fazer parte de uma improvável frente antiturca, por outro eram vistos como bárbaros e cismáticos heréticos. O que estava em questão era se a Rússia seria parte da cristandade e um baluarte contra os turcos e os tártaro-mongóis, ou, pelo contrário, seria uma ameaça ao Ocidente, destinada a crescer e avançar sobre a Polônia católica, essa sim a verdadeira fronteira do Ocidente cristão[33].

Essa representação, ambígua e de caráter religioso, permaneceu até fins do século XVII, quando a modernidade, com sua racionalidade laica, começava sua irrefreável difusão no Ocidente, e o feudalismo se consolidava a oriente. A partir daí, já com a curva declinante do império turco e da potência polonesa à vista, e as tentativas do tsar Pedro I de se apossar da ciência e da técnica do Ocidente, essa visão da Rússia se altera. O império dos tsares passa a ser visto por alguns intelectuais do Ocidente, como Leibniz, que mudara sua concepção anterior, como território a ser ocidentalizado pela cultura e pelas artes, a fim de que o contato com a China fosse estabelecido por terra: a visão da Rússia passa então, de terra da barbárie e da servidão inata, a território virgem onde deveria ser semeada a superior cultura do Ocidente[34].

As origens da modernidade capitalista

No bojo da crise do Ocidente feudal, na segunda metade do século XV, surgiram, de forma esporádica e localizada, elementos de modernidade, que não teriam, porém, passagem no processo de recomposição da ordem sociocultural, permanecendo em estado de latência até fins do século XVII. Em função da crise que atingiu as corporações de produção feudal do artesanato e a divisão do trabalho entre as cidades, surgiram manufaturas

---

33 Dieter Groh, *La Russia e l'autocoscienza d'Europa* (Turim, Einaudi, 1980), p. 13-30.

34 Ibidem, p. 31-44.

(dependentes de concentração demográfica) articuladas com o capital mercantil especializado no comércio à distância, como as cidades norte-italianas e de Flandres. A autonomização do capital mercantil em relação à produção agrária foi possível graças à expansão do Ocidente, pela qual o grande comércio foi responsável e principal beneficiário[35].

O tangenciar da modernidade ocorreu em parte do império alemão e nas cidades-Estados do norte da Itália, onde a servidão feudal se desintegrou e inovações técnicas importantes nas armas de fogo, relógios, metalurgia e mineração foram implantadas, mas não tiveram condições de se generalizar. A dispersão do capital acumulado, a especialização da produção e decorrente limite de consumo e os diversos monopólios bloquearam a propulsão da modernidade[36]. O resgate do direito privado romano, ao garantir a propriedade privada incondicional, veio, sem dúvida, servir aos interesses do capital mercantil e manufatureiro, mas também ofereceu respaldo jurídico para a centralização do poder político em mãos do monarca, cumprindo assim um papel contraditório, pois, se por um lado estimulou e fortaleceu a acumulação mercantil do capital, de outro atuou na direção da recomposição da dominação da nobreza feudal[37].

Embora a recomposição sociocultural do Ocidente tenha feito despontar a modernidade, esta permaneceu limitada espacial e socialmente, incapaz de generalizar-se como "ordem natural" e de sobrepujar a forma social feudal, ainda predominante. Além dos limites econômico-sociais para que a difusão da modernidade se processasse, deve ser realçada ainda uma vez a importância das instituições responsáveis pela dimensão cultural-simbólica na reprodução da ordem e no bloqueio da modernidade emergente. Nesse sentido, as reformas religiosas, protestante e católica, cumpriram um decisivo papel ao dedicarem-se com tanto esmero no combate aos inimigos e disturbadores potenciais da ordem histórica do Ocidente cristão. Assim, os espaços de liberdade individual no alvorecer da modernidade ficaram restritos a pequenos grupos de indivíduos ligados às

---

[35] Karl Marx e Friedrich Engels, *A ideologia alemã* (trad. Luciano Cavini Martorano, Nélio Schneider e Rubens Enderle, São Paulo, Boitempo, 2007), p. 56-7, e também Karl Marx, *Formações econômicas pré-capitalistas*, cit., p. 108.

[36] Eric Hobsbawm, *En torno a los orígenes de la Revolución Industrial* (México, Siglo XXI, 1971), p. 23 e seg. [ed. bras.: *As origens da Revolução Industrial*, trad. Percy Galimberti, São Paulo, Global, 1979].

[37] Perry Anderson, *Lineages of the Absolutist State*, cit., p. 25-9.

classes dirigentes, pois a vida cotidiana continuava fortemente submetida ao controle das igrejas que defendiam uma postura ética contrária à acumulação ilimitada da riqueza.

Em meados do século XVII, o potencial de expansão e acumulação ampliada do capital mercantil e a capacidade do Ocidente de se assenhorar do planeta encontravam sérios limites, com a crise da economia do extremo Ocidente subalterno (a futura América Latina) e o declínio irreversível dos reinos ibéricos. O mar Mediterrâneo perdera qualquer influência econômico-política, mesmo com o recuo turco, assim como amplas áreas da Alemanha, sacudida pela guerra[38]. As depressões agrária e demográfica, mais ou menos generalizadas a partir de 1620, debilitaram tanto os corpos políticos tradicionais da nobreza como os limites de ordem moral que restringiam o poder monárquico. O Estado deixou então de ser uma forma tardia de dominação da nobreza para transformar-se numa forma autonomizada de poder político.

Essa situação ensejou uma crise da monarquia absolutista, que teve de enfrentar uma série de revoltas desencadeadas por todas as camadas sociais, inclusive a nobreza, que perpassaram todo o Ocidente: Portugal, Catalunha, Nápoles, França, Suíça, Inglaterra, Áustria, Boêmia, até a Ucrânia e a Rússia. Por toda a parte, o resultado foi uma recomposição das relações do Estado com a nobreza, o fortalecimento do absolutismo e a manutenção da dominação sobre os camponeses. Como exceção prenhe de futuro, despontou a Inglaterra, onde a componente burguesa da revolução de 1640 era já predominante[39]. A crise de acumulação do capital mercantil tendeu precisamente a concentrar riqueza social no norte do continente, na Inglaterra em especial[40].

Na segunda metade do século XVII, paradoxalmente, o Ocidente se defrontava com os limites de sua expansão e com dificuldades em se colocar e reproduzir historicamente, ao mesmo tempo que seus inimigos internos estavam batidos e o medo diminuía, em função mesmo da vitoriosa ação cultural desenvolvida pela cristandade reformada[41]. Uma crise na acumulação de riquezas, que poderia redundar na regressão e o esgotamento da capacidade de reprodução simbólica da ordem por parte das instituições que concentravam esse poder, colocou o Ocidente diante de um dilema: projetar-se na

---

38 Eric Hobsbawm, *En torno a los orígenes de la Revolución Industrial*, cit., p. 9 e seg.

39 Perry Anderson, *Lineages of the Absolutist State*, cit., p. 51-4.

40 Karl Marx e Friedrich Engels, *A ideologia alemã*, cit., p. 71.

41 Jean Delumeau, *História do medo no Ocidente*, cit., p. 418.

modernidade, inventar uma nova "ordem natural" e reproduzir-se na história ou perecer em sua identidade negadora do outro. Ou seja, por mais que o Ocidente tenha resistido à modernidade, a partir de fins do século XVII não havia outra saída a não ser ingressar nessa aventura.

Em uma região relativamente apartada do Ocidente, a Inglaterra, onde a desintegração do feudalismo havia ido mais longe e a monarquia absolutista encontrava dificuldades de consolidação, a modernidade capitalista encontrou passagem e meios de difusão. A debilidade do Estado absolutista inglês ficou demonstrada na impossibilidade de se criar um sistema unificado de impostos, um exército permanente que não dependesse da aquiescência do Parlamento e de se sobrepor aos poderes locais dos juízes de paz e dos *sheriffs*. As tentativas da dinastia escocesa dos Stuart de implantar uma institucionalidade política segundo o padrão continental de absolutismo defrontou-se com uma realidade muito particularizada que inviabilizou essa pretensão. Antes de mais nada, não foi possível reconduzir os camponeses à servidão e "a velha nobreza feudal fora aniquilada pelas grandes guerras feudais; a nova nobreza era uma filha de sua época, para a qual o dinheiro era o poder de todos os poderes"[42].

O crescimento demográfico e os limites feudais da apropriação de terras criaram uma escassez de alimentos que insuflou a luta pela posse das terras reais e comunais, particularmente após a grande fome do fim do século XVI, que atingiu com força os centros urbanos. O resultado foi um novo impulso nos cercamentos dos campos, o avanço da propriedade privada e a proletarização de grande massa de trabalhadores rurais. Na década revolucionária de 1640 generalizar-se-ia a reação contra os cercamentos.

Seitas protestantes que se opunham ao papismo e se declaravam independentes da estatal Igreja anglicana, multiplicaram-se a partir do início do século XVII, procurando fugir do direito consuetudinário feudal e do crescente absolutismo Stuart. Vítimas de perseguição religiosa e de expropriação, muitos protestantes se deslocaram para a América do Norte, onde inventariam um extremo Ocidente desdobrado, e que viria a ser, no futuro, a força motriz da modernidade. A multiplicação das seitas, portadoras de uma visão global do mundo, que articulava a perspectiva econômico-política à religião, estimulou a tolerância, o individualismo, uma concepção laica e racionalista da ciência e uma nova forma de estar no mundo; com isso tudo, ocorreu um esgotamento da ideia de heresia, cuja última condenação na Inglaterra aconteceu em 1612.

---

[42] Karl Marx, O *capital*, Livro I, cit., p. 790.

Uma dessas seitas, de origem calvinista, era a dos puritanos, surgida em 1559 – com grande apoio entre a pequena nobreza agrária (*gentry*) – contra os acordos eclesiásticos que garantiram a ascensão de Elizabeth I e em oposição ao poder dos bispos. Tendo-se colocado na oposição ao absolutismo real e ao arminianismo religioso (antecipado por Richard Hooker, em fins do século XVI), que defendia um anglicanismo intermediário entre catolicismo e puritanismo, os puritanos tiveram que suportar o avanço dessas tendências que tinham o objetivo comum de aproximar a Inglaterra do continente, onde a aliança entre o poder monárquico e a Igreja de Roma estava consolidada.

Foi necessário aguardar a rebelião iniciada pelas mulheres da Escócia, que se encontrava apenas no limiar do Ocidente, e o retorno de alguns emigrados da América do Norte, para que os puritanos tomassem a vanguarda da revolução social. Estava aberto o caminho sem volta para a modernidade, que viria a recriar e garantir a sobrevivência e o poder global do Ocidente. Mas a via de passagem para a modernidade não ocorreu sem dois grandes riscos: primeiro, a vitória do absolutismo e do papismo, que atrairia a Inglaterra para o caudal principal do Ocidente em vias de estagnação, e, segundo, o predomínio das tendências radicais que defendiam a democracia e a divisão das terras e da riqueza social, o que levaria a Inglaterra para fora do Ocidente.

Na esteira da vitória do exército puritano, baseado na pequena nobreza agrária e no grande comércio representados no Parlamento, contra as forças aglutinadas em torno da realeza criptocatólica e aristocrática, teve início um período de ampla contestação da ordem sociocultural. Uma gama variada de projetos de reforma radical do mundo veio à tona, todos mais ou menos girando em torno de mudanças nas relações sociais e de propriedade, de instauração de uma nova ordem política e religiosa, que limitasse ou abolisse a propriedade privada e que incorporasse pelo menos uma parte dos pobres à vida produtiva e civil. Em meio a essa efervescência, encontrou ainda lugar, como ecos do passado, o episódio da condenação à fogueira das bruxas de Essex, em 1645, e a defesa intransigente de um governo da Igreja.

Com a derrota militar dos *levellers* em maio de 1649, a possibilidade de instauração de uma república democrática na Inglaterra esvaiu-se, permanecendo apenas a crítica cultural contra a vitoriosa ordem puritana, que aplainou o caminho para a configuração do Estado liberal, até mesmo através do recuo enorme que foi a restauração monárquica. Diante da ameaça à ordem social, foi dado o toque de recolher entre os diversos estratos proprietários, que deram início à perseguição e desqualificação das seitas (batistas, quacres e outras) e tendências políticas democráticas e revolucionárias (*levellers* e *diggers*). Com a morte de Oliver Cromwell, em 1658, e a inapetência de seu filho Richard para o poder, uma convenção parlamentar, em 1660, decidiu pelo retorno dos Stuart. Acontece que "não apenas o rei voltou, mas também a Câmara dos Lordes e, finalmente os bispos. Os sectários e presbiterianos foram excluídos da Igreja e perseguidos, por instância da Câmara dos Comuns"[43].

Limitada a cidadania aos proprietários, os pobres, excluídos da comunidade política, tiveram restringida sua mobilidade espacial e derrogado o direito de portar armas, ainda que para a caça de sobrevivência, tendo ficado os juízes de paz responsáveis pela disciplina social. A Igreja anglicana, com sua estratégia de atração dos derrotados das seitas, teve que tornar-se mais flexível, e não sem algum cinismo, reconheceu seu papel na manutenção da subalternidade dos trabalhadores, principalmente do campo, já que na cidade estes eram mais susceptíveis à descrença. As classes dirigentes, por sua vez, incorporavam o pensamento laico e a ciência mecânica, fazendo sempre mais uso da liberdade individual, definida na propriedade privada, sua forma de estar e compreender o mundo. A tendência à tolerância religiosa significou a extinção do calvinismo e o esgotamento do puritanismo e das seitas.

Enquanto na Inglaterra predominava a tendência à tolerância religiosa, na França, Luís XIV revogava o Édito de Nantes em 1685, até mesmo para subordinar a Igreja católica francesa, o que implicou grande migração de protestantes franceses para a Holanda. Nessa circunstância, Jaime II Stuart, rei católico da Inglaterra, cometeu o incrível erro de afrontar as classes dirigentes de seu país ao buscar aproximar-se novamente da França e da Igreja de Roma. Isso fez com que um exército partido da Holanda, em nome do Parlamento e da religião protestante, depusesse, em 1688, a dinastia Stuart e instaurasse um Estado monárquico liberal, precavendo-se ainda do risco de uma nova insurgência revolucionária. Com a coroação do rei holandês Guilherme III, o Parlamento dos proprietários conseguiu estabelecer um governo capaz de ampliar o poder inglês por todo o mundo e conseguir aliados na Holanda e na Alemanha. A tolerância religiosa foi garantida em 1689 com o Bill of Rights e a censura abolida em 1695, por desnecessária. Uma nova época estava começando para a Inglaterra e para o Ocidente: a da vitoriosa modernidade capitalista.

---

[43] Christopher Hill, *O eleito de Deus: Oliver Cromwell e a revolução inglesa* (trad. Carlos Eugenio Marcondes de Moura, São Paulo, Companhia das Letras, 1990), p. 225.

Ao abrir caminho para a modernidade capitalista, a revolução burguesa na Inglaterra deixou para trás o consolidado medo do outro no Ocidente. A tolerância religiosa e o avanço do pensamento racional mecânico deixaram sem sentido a noção de heresia e de bruxaria. A subalternidade da mulher deixou de ser justificada por inferioridade intrínseca ou ligação com o mal e passou a ser derivada da condição físico-emocional e da dependência econômica – a mulher passou a ser vista como propriedade privada do homem, com a capacidade de gerar herdeiros para a riqueza acumulada. O papel de outro interno perigoso, cada vez mais ficou reservado aos pobres, aos destituídos de propriedade e que se recusavam ao trabalho (loucos ou vagabundos que fossem). Com frequência, o medo da insurreição dos miseráveis era equiparado ao medo dos turcos, cujo domínio era encarado como sendo o do poder absoluto do monarca e a ausência de propriedade privada – um ataque à própria condição humana da modernidade em vias de se impor.

A difusão da modernidade a partir da Inglaterra foi possibilitada, num primeiro momento, pela vitória militar e mercantil sobre a Holanda (1654-1672), e, depois, com a consolidação de uma aliança, a partir de 1688, com a presença de um rei holandês no trono inglês. Isso permitiu que a Inglaterra ingressasse pelo terreno do novo e se dissociasse do leito principal do Ocidente, então conformado em torno da aliança franco-espanhola, cimentada pelo catolicismo e, depois de 1714, pela articulação dinástica dos Bourbon. Esse centro difusor da modernidade que era a aliança anglo-holandesa ampliou-se para partes da Alemanha, após a dinastia de Hannover assumir a monarquia inglesa. A superação da crise das monarquias absolutistas, por sua vez, ocorrida por meio da incorporação da nobreza feudal à burocracia estatal e à força armada ampliada e de uma agressiva política econômica mercantilista, permitiu um avanço, ainda que mais lento, da modernidade, sem que, no entanto, fosse exigida uma ruptura na ordem – ao menos por esse momento.

No processo de revolução burguesa, a Inglaterra se sobrepôs à Holanda e à França e criou as bases para a retomada ampliada da expansão do Ocidente, da qual seria o principal vetor e beneficiária. Fincando raízes na Ásia e na América espanhola e fazendo do império mercantil português um seu protetorado, a Inglaterra se assenhorou do tráfico de escravos, que garantia o fornecimento de força de trabalho para o antigo sistema colonial do extremo Ocidente. Mas foi na Irlanda que a Inglaterra encontrou seu outro negativo, ao mesmo tempo interno e externo, a ser desumanizado, explorado e destruído, representação depois ampliada e generalizada para todas as culturas não pertencentes à matriz original do Ocidente, vítimas potenciais de etnocídio.

Desde o século XII, a Inglaterra procurava penetrar na ilha irlandesa, mas nunca conseguira passar das zonas litorâneas, ficando mesmo limitada a Dublin durante a crise feudal do século XIV. Com a reforma anglicana, Henrique VIII declarou-se rei da Irlanda e procurou prevenir-se de um ataque católico espanhol a partir dali. Apesar de rebeliões localizadas e esporádicas, os irlandeses só conseguiram realizar uma sublevação generalizada em 1595, que, esmagada nove anos depois, acabou por abrir caminho para uma política de colonização que excluía católicos.

Quando eclodiu a revolução de 1640, pareceu ter-se oferecido aos irlandeses uma oportunidade de se verem livres dos ingleses, mas a incapacidade de alcançar alguma forma de unidade de objetivos permitiu que Cromwell, após a decapitação de Carlos I e a derrota dos *levellers* em 1649, partisse para a "solução final" contra os irlandeses papistas, que foram deslocados de suas terras e tiveram arruinados os vestígios da antiga cultura gaélica. Quando o rei católico Jaime II subiu ao trono, os irlandeses vislumbraram nova oportunidade que uma vez mais acabou sufocada em sangue, como desdobramento da revolução liberal de 1688, que deles retirou qualquer direito civil, político ou de consciência que o Bill of Rights de 1689 garantia aos ingleses proprietários. A Irlanda ficou assim reduzida a uma colônia, que serviu de laboratório para o império britânico em gestação e a nova explosão de violência do Ocidente contra outros povos e culturas.

À medida que a modernidade rompia bloqueios e abria caminho para que se difundisse, a partir do processo de revolução burguesa na Inglaterra, foi-se configurando um novo Oriente interno na formação social do Ocidente, que havia anteriormente sido destruído em meados do século XV, com o fim de Bizâncio. A pressão alternada, mas convergente, da Turquia (Oriente externo), da França (núcleo do poder político do Ocidente) e da Suécia (expressão periférica do Ocidente) em direção à Europa centro-oriental induziu a formação de um particular feudalismo, articulado em torno de três monarquias absolutistas – a Áustria, a Prússia e a Rússia – que acabaram por levar de roldão, uma após outra, a Hungria, a Boêmia e a Polônia.

O avanço turco rumo ao território do império do Ocidente, num contexto de crise religiosa e dinástica, permitiu que, em função defensiva, os reinos da Boêmia e da Hungria fossem submetidos ao império Habsburgo em 1527, embora a maior parte do reino magiar caísse sob domínio otomano.

No decorrer da Guerra dos Trinta Anos do século XVII (1618-1648), a Boêmia foi reduzida a mera província austríaca, enquanto a Hungria foi unificada sob o poder absolutista dos Habsburgo em 1699, quando o Oriente turco muçulmano iniciava sua inexorável retração. O reino polonês ainda teve forças para conduzir uma coalizão de armas do Ocidente contra a Turquia, insuficiente, porém, para evitar a tendência declinante iniciada em meados do século XVII e que iria culminar em sua partilha entre as potências vizinhas em fins do século XVIII.

Por outro lado, a generalização da guerra intrafeudal, conjugada com levantes camponeses, facilitou a expansão da Suécia por toda a região báltica entre 1630 e 1720. A França, para a qual – a fim de consolidar sua posição de maior poder do Ocidente em terra – era prioridade a criação de uma zona fragmentada em sua fronteira leste, decidiu aliar-se à Suécia para garantir a devastação da Alemanha na Guerra dos Trinta Anos (1618-1648). Nem terminava a guerra na Alemanha, uma insurreição camponesa de cossacos e ucranianos contra o domínio feudal polonês promoveu a união da Ucrânia oriental com a Rússia (1654) e uma longa guerra polaco-russa que se estendeu até 1667. Enquanto isso, a Rússia promovia a centralização do poder político e a subordinação legal dos camponeses à servidão feudal (1649). Em 1653, o Ducado de Brandeburgo – que em 1701 tornar-se-ia o Reino da Prússia – promulgou um código semelhante, mas na Áustria o processo foi mais lento e diferenciado.

O feudalismo oriental, sem contar com uma burguesia mercantil urbana, conformou-se para suprir a ampliada demanda de alimentos do núcleo do Ocidente, num quadro de guerra permanente e queda demográfica que obrigava a exploração extraeconômica do trabalho, por meio da servidão. Para isso era necessário um poder político centralizado que incorporasse a nobreza à burocracia estatal imbricada com a força militar, em condições de fazer frente a outros Estados e submeter os camponeses. No começo do século XVIII, a Suécia – derrotada pela Rússia na guerra nórdica (1700-1721) por ampla aliança composta por Rússia, Noruega. Dinamarca e Polônia –, assim como a Turquia, recuaram para sempre. Assim, as três monarquias absolutistas orientais (Áustria, Prússia e Rússia) puderam se consolidar, configurando um novo Oriente interno, que duraria até o início de outra Guerra dos Trinta Anos, já no século XX[44].

---

[44] Perry Anderson, *Lineages of the Absolutist State*, cit., p. 196-235.

2
O LIBERALISMO CLÁSSICO E A REINVENÇÃO DO SUBALTERNO

A MODERNIDADE CAPITALISTA E O LIBERALISMO

Em fins do século XVII, o Ocidente optou definitiva e irreversivelmente pelo ingresso na época da modernidade capitalista, "entendida essencialmente como liberação dos vínculos de dependência pessoal, das hierarquias e dos poderes absolutos, através da construção de um ordenamento jurídico fundado sobre o primado da lei e sobre a igualdade formal e sobre a contextual generalização das relações monetárias de mercado"[1].

A modernidade, contrapondo-se à ordem feudal, cria o homem do trabalho perpétuo, já que o produtivismo aparece como condição da ordem do mundo que produz e reproduz alienação e exploração. Essa opção teve por objetivo evitar a regressão econômica e política e a desagregação sociocultural, encontrando uma via de continuidade para a formação social do Ocidente por meio da articulação de um bloco histórico. Seus elementos constitutivos mais importantes são a generalização das relações mercantis, a formação de Estados nacionais, com a explicitação jurídica das dimensões pública e privada das relações sociais e a configuração do liberalismo como nova visão coesiva do mundo que se funda na autonomia do econômico na ação individual dentro da "ordem natural".

Com o advento da modernidade efetuou-se também uma ruptura epistemológica, definindo um paradigma científico que, a partir de uma teoria atomística, estabeleceu o mundo como objeto dissociado do sujeito, podendo este, assim, controlar e dominar a natureza, vista como externalidade. Além

---

[1] Pietro Barcellona, *Il ritorno del legame sociale* (Turim, Bollati Boringhieri, 1990), p. 125.

da separação sujeito/objeto e homem/natureza, o paradigma da modernidade se conformou em torno de relações antinômicas, opondo indivíduo a Estado, liberdade a autoridade, particular a universal, esfera privada a esfera pública, economia a política, e também Ocidente a Oriente. O sujeito da necessidade, na modernidade, aparece como indivíduo coagido pela necessidade econômica e que no mercado encontra sua identidade; sendo também no mercado que se expressa a liberdade jurídica, pois é a partir da propriedade, objeto do direito, que se define um sujeito abstrato, formalmente livre e igual a qualquer outro indivíduo. Assim, o mundo da necessidade e da desigualdade real se representa como que formado por individualidades abstratamente livres, iguais e proprietárias[2].

A modernidade vitoriosa começou a difundir-se a partir da Inglaterra, Holanda e de regiões da França e Alemanha. O ponto de ultrapassagem pode ser representado por alguns acontecimentos decisivos: em 1683, o império turco – o Oriente externo – foi barrado às portas de Viena por forças coligadas do Oriente cristão, deixando, a partir de então, de representar qualquer ameaça real, indicando ainda a redefinição da questão do Oriente; em 1685, o rei Luís XIV revogou o Édito de Nantes, expulsando os protestantes da França e dando um passo decisivo para a subordinação da Igreja católica ao poder estatal, recomposto e fortalecido pela incorporação da nobreza à administração pública; em 1688, concluiu-se a revolução burguesa na Inglaterra, com a configuração de um Estado liberal-monárquico, que selou uma aliança com a Holanda. No entanto, a generalização da modernidade só pôde ter início cerca de um século depois, com o surgimento da indústria na Inglaterra e com as revoluções burguesas na América do Norte e na França.

As condições que possibilitaram, e mesmo exigiram, o ingresso na modernidade, foram erigidas pela expansão do Ocidente, realizada pela exteriorização da violência, pela conquista, pelo saque e pelo comércio, no mais das vezes imposto pela coerção armada, dando o impulso para a formação do mercado mundial. Esse grande comércio marítimo e terrestre necessitava, todavia, não só de mercados ampliados, mas também de uma crescente produção de manufaturas, de tal modo que, em fins do século XVII, o período manufatureiro de produção havia já ingressado na segunda fase, beneficiada pela proteção estatal, exigida principalmente pelas necessidades do grande comércio e pela gestação

2 Idem, *L'individualismo proprietário* (Turim, Bollati Boringhieri, 1987), p. 15-37.

de um mercado interno[3]. Sua origem encontra-se na expropriação do trabalhador, que, tendo tido seus meios de vida e de trabalho transformados em mercadoria, com sua necessidade gerou o mercado de consumo. O trabalhador da manufatura é ao mesmo tempo consumidor e pequeno produtor de alimentos, já que o camponês proprietário e trabalhador tende a desaparecer com a progressiva abolição das relações feudais agrárias e a emergência da moderna propriedade privada[4].

A emergência da modernidade capitalista dependeu muito do fundamental papel do Estado, tanto no decorrer da revolução burguesa, quanto das instituições liberais que apareceram como seu corolário. Através de leis protecionistas e de sucessivas guerras, garantiu-se a concentração da riqueza material e, através de leis promulgadas pelos proprietários, que exclusivamente formavam a comunidade política, procedeu-se à generalização das relações mercantis e da propriedade privada nos campos da Inglaterra. Sem a ação estatal não teria sido possível a enorme expansão comercial inglesa no século XVIII que possibilitou a revolução industrial e um novo patamar de expansão e dominação do Ocidente, principalmente sobre o Oriente asiático.

Para que a desagregação gradativa do feudalismo não significasse uma regressão do Ocidente e para que, ao contrário, se completasse a passagem para a modernidade, a Inglaterra precisou vivenciar uma verdadeira revolução cultural, constitutiva ela mesma do processo global da revolução burguesa. Foi nos pequenos proprietários agrários (*yeomen*), artesãos, comerciantes e parte da pequena nobreza (*gentry*) que a vertente puritana do calvinismo encontrou sua base social e os portadores dos novos valores éticos que abriram passagem para a modernidade capitalista. A ética puritana representa uma exterminação da teologia racional e do ascetismo monacal, que grande importância tivera na configuração sociocultural do Ocidente no século XII.

A diferença fundamental é que, segundo os valores puritanos, o ascetismo religioso deveria difundir-se por toda a vida social, banindo o encantamento e a visão mística do mundo de forma explícita. O exercício prático da fé religiosa dar-se-ia pela valorização do trabalho, percebido como instrumento ascético e finalidade da vida. Os predestinados, através da orientação divina,

---

3 Karl Marx e Friedrich Engels, *A ideologia alemã* (trad. Luciano Cavini Martorano, Nélio Schneider e Rubens Enderle, São Paulo, Boitempo, 2007), p. 61.

4 Karl Marx, *O capital: crítica da economia política*, Livro I: *O processo de produção do capital* (3. ed., trad. Rubens Enderle, São Paulo, Boitempo, 2023), cap. 24, p. 785-833.

encontrariam sua vocação profissional, a qual deveria ser cumprida com rigor e dedicação. Com esse estímulo à divisão do trabalho e à diferenciação profissional, a ética ascética do puritanismo acabou por valorizar o estudo e o conhecimento científico, particularmente da física mecânica, tão em voga no século XVII. Assim, a acumulação da riqueza material e a propriedade privada seriam sinais externos do cumprimento da vocação e decorrências de um comportamento racional e moralmente correto; o desperdício e a ostentação, pelo contrário, seriam comportamentos a um tempo irracionais e imorais[5].

Ao valorizar a disciplina secular, o trabalho e a propriedade privada, a ética puritana mantém a lógica da exclusão e da negação do outro, característica de toda a trajetória do Ocidente. São colocadas restrições contra as manifestações rituais da cultura popular, herdadas das religiões céltica e romana, assim como a arte e a literatura são com frequência consideradas atentatórias à moral e ao tempo disciplinado do trabalho. A divisão da humanidade em predestinados e condenados *a priori* justificou o amplo apoio dos puritanos à legislação contra os pobres, que, pelo fato de não serem proprietários, não estariam entre os vocacionados pela divindade.

A derrota das tendências radical-democráticas da revolução burguesa na Inglaterra e a reorganização dos interesses gerais dos proprietários impuseram um esgotamento político-cultural do calvinismo, com o avanço do desencantamento do mundo e a emergência do ascetismo laico que caracteriza a modernidade capitalista. Com o fim das reformas religiosas no Ocidente e o início da revolução burguesa que constituiria a modernidade, gestou-se uma reforma laica produtora de uma nova racionalidade, definida pelo individualismo proprietário e pela autonomização da dimensão econômica, tornada o âmbito fundamental da sociabilidade. Em oposição aos monopólios comerciais e corporativos, foi aberta a rota estreita e tortuosa rumo à revolução industrial e à conformação plena da dinâmica da produção e acumulação de capital.

Além das camadas sociais imbuídas da ética ascética do puritanismo, também os intelectuais das classes dirigentes do Ocidente, preocupados com os riscos de dissolução da ordem, foram agentes da reforma laica que deu origem ao liberalismo como nova visão racional do mundo, constitutiva da modernidade capitalista. A desintegração progressiva do feudalismo e a impossibilidade

---

5 Max Weber, *A ética protestante e o espírito do capitalismo* (trad. José Marcos Mariani de Machado, São Paulo, Companhia das Letras, 2004), p. 141-66.

de a religião cristã manter sua virtual exclusividade na reprodução da dimensão cultural e simbólica permitiram a emergência de uma visão laica que se propôs ao entendimento da natureza intrínseca do homem e das coisas, desbastando o caminho para o aparecimento da concepção liberal. A violência social, os riscos de dissolução do Ocidente e a ausência de uma visão unificadora do mundo ajudaram a projetar uma imagem da natureza do homem como sendo de "ingratos, volúveis, simuladores, covardes e ambiciosos"[6].

Com o avanço das relações mercantis, do direito privado e do conhecimento científico do mundo natural, com sólido embasamento teórico, surgiu e consolidou-se no século XVII a escola teórica do direito natural. Mesmo mantendo um invólucro teológico, a partir da análise das paixões naturais dos homens, potencialmente competitivas e destrutivas, já que parte de interesses individualistas, num primeiro momento ainda entendidas como conjunto de aspirações humanas, Hobbes elaborou uma teoria da ordem social e política como construção artificial. Essa seria operada pela razão, a partir da consubstanciação de um contrato social, tendo por objetivo conter e canalizar as paixões destrutivas do homem, recompondo a ordem social do Ocidente e evitando a regressão ao estado de natureza. Essa formulação é tributária da filosofia racional de Descartes, para quem o homem deveria tornar-se "amo e senhor da natureza"[7].

À medida que a modernidade conseguia avanços, assistiu-se a um refluxo do pessimismo e da sensação de estar o Ocidente sob ameaça permanente. Passou a haver uma valorização positiva das paixões humanas, como força criativa e expansiva, capaz de se apropriar da natureza, e a razão analítica de Bacon e Descartes e sua busca de essências ideais cedeu lugar a uma razão mais intuitiva e com senso de utilidade mais imediato. A noção de interesse como mediação estabilizadora entre paixão e razão fez surgir um mundo dotado de previsibilidade e existente para prover as finalidades humanas.

Ao se encaminhar o século para seu último quartel, com Adam Smith, o interesse incorporou a paixão e a razão, fazendo surgir a economia política como dimensão autônoma do ser social e do saber, no momento mesmo que as relações mercantis tendiam a se generalizar, tendo por fundamento a

---

6 Nicolau Maquiavel, *O príncipe* (trad. Lívio Xavier, São Paulo, Abril Cultural, 1973, coleção Os Pensadores), cap. 17.

7 Citado em Louis Dumont, *O individualismo: uma perspectiva antropológica da ideologia moderna* (trad. Álvaro Cabral, Rio de Janeiro, Rocco, 1985), p. 67.

propriedade privada[8]. Assim, tanto a ascese puritana, da qual eram portadores pequenos proprietários agrários, artesãos e comerciantes, ao se transmudar em racionalidade econômica capitalista, como a definição do paradigma do interesse econômico individual, construído por intelectuais e administradores estatais, contribuíram para combater o medo da dissolução interna do Ocidente através da ampliação dos espaços da modernidade e da consolidação do individualismo proprietário.

Ao contrário de Hobbes, que submetia as relações de mercado e propriedade ao poder político, única força capaz de evitar o estado de conflito destrutivo entre os indivíduos, desde a segunda metade do século XVII tendeu a haver uma inversão dessa relação no pensamento político, subordinando-se o governo civil aos interesses da propriedade privada. Já o teórico puritano Richard Baxter, antecipando os liberais, afirmava sua procedência na ordem natural, de forma que a violação do direito sagrado de propriedade teria o significado do pecado. De tal maneira, as instituições políticas e o governo existiriam com o fito de defender e preservar o direito de propriedade como direito natural. De forma emblemática, John Locke considerava como "poder político o direito de fazer leis com pena de morte e, consequentemente, todas as penalidades menores para regular e preservar a propriedade, e de empregar a força da comunidade na execução de tais leis e na defesa da comunidade de dano exterior; e tudo isso tão só em prol do bem comum"[9].

Foi Locke quem estabeleceu o paradigma do liberalismo clássico ao relacionar liberdade, igualdade, propriedade e racionalidade, condição humana, segundo ele, presente no estado natural, mas colocada em risco pela trajetória histórica do Ocidente, que sucessivamente se subordinou ao poder eclesiástico e ao poder monárquico absoluto. O governo civil dever-se-ia limitar a garantir e ampliar os direitos presentes na condição natural do homem, na qual todos os indivíduos estariam livres, iguais, proprietários e racionais. A liberdade civil estaria garantida pela manutenção e ampliação da propriedade que, comprovando o uso da razão, daria garantia de participação na comunidade política, onde todos seriam juridicamente iguais. Claro que, nessas circunstâncias, os despossuídos seriam considerados não dotados de racionalidade e, portanto,

---

[8] Albert O. Hirschman, *As paixões e os interesses* (trad. Lúcia Campello, Rio de Janeiro, Paz e Terra, 1979).

[9] John Locke, *Segundo tratado sobre o governo civil* (trad. E. Jacy Monteiro, São Paulo, Abril Cultural, 1973, coleção Os Pensadores), § 3.

excluídos dos direitos de cidadania, padrão no qual se enquadrava a estrondosa maioria da população inglesa no fim do século XVII.

Com essa fundamentação, Locke justificou e expôs o funcionamento das instituições políticas da monarquia liberal inglesa antecipadora dos Estados nacionais que começaram a se generalizar ao se transformar em ideia-força a partir das revoluções burguesas do século XVIII. Embora tenha se formado como Estado territorial por agregação dinástica e conquista, ao abolir os monopólios internos, unificando um mercado em expansão, estimulando a educação técnica e a expansão da cultura inglesa e tornando a expansão externa, por meio do comércio e das armas, como a principal tarefa do Estado, a Inglaterra deixou de ser uma monarquia de direito divino para ser uma nação de direito divino, dando início à gestação de uma moderna consciência nacional-popular[10].

O primeiro Estado-nação propriamente dito, surgiu no extremo Ocidente setentrional, com a formação dos Estados Unidos da América, mas foi somente a partir da Revolução Francesa que a nacionalidade, como comunidade imaginária, difundiu-se pelo Ocidente. O conceito de nação veio se formulando como ideologia de oposição à dominação colonial inglesa na América do Norte e ao absolutismo monárquico na França no correr dos anos 1770, expressando ao mesmo tempo a emergência de uma economia mercantil capitalista oposta aos monopólios e à ordem social estamental[11].

É de tal maneira que, de fins do século XVII até o início do século XIX, quando a revolução burguesa refluiu diante do avanço do Oriente interno, a formação social do Ocidente procede à construção do bloco histórico no qual a burguesia emerge como classe social capacitada para a hegemonia econômica e cultural, em condições de buscar a direção do conjunto das camadas sociais proprietárias, mantendo na subalternidade os expropriados dos meios de trabalho e de vida[12]. Esse bloco histórico, que criou a modernidade capitalista, se gesta e desenvolve através de desequilíbrios contínuos, mas se consolida pela

---

[10] Christopher Hill, *O eleito de Deus: Oliver Cromwell e a revolução inglesa* (trad. Carlos Eugenio Marcondes de Moura, São Paulo, Companhia das Letras, 1990), p. 235.

[11] Benedict Anderson, *Nação e consciência nacional* (trad. Lólio Lourenço de Oliveira, São Paulo, Ática, 1989).

[12] Antonio Gramsci, *Quaderni del carcere* (org. Valentino Gerratana, Turim, Einaudi, 1975), p. 1.501 e 2.010 [ed. bras.: *Cadernos do cárcere*, trad. Carlos Nelson Coutinho e Luiz Sérgio Henriques, Rio de Janeiro, Civilização Brasileira, 1999-2002, 6 v.].

dissolução molecular da ordem original do Ocidente e pela difusão do individualismo proprietário, que se torna hegemônico ao se apropriar do imaginário social, tornando a vida prática dotada de sentido.

Na modernidade, indivíduos livres de vínculos de dependência pessoal, em conflito de interesses com outros indivíduos, se veem representados na comunidade imaginária do Estado-nação (por sua vez visto como um indivíduo coletivo), em choque com outras nacionalidades. De tal forma, a guerra também é constitutiva do bloco histórico do Ocidente tanto no seu evolver interno como na necessidade expansiva de uma constelação de formações sociais nacional-populares interdependentes.

A hegemonia burguesa no bloco histórico se constrói em torno de uma consciência e de uma cultura nacional-popular, criada pela difusão de uma língua e de uma literatura, cujos instrumentos principais são a escola e a imprensa. Os intelectuais das classes dirigentes se vinculam sempre mais à ciência racional e, por atração molecular, a instituição eclesiástica se submete ao Estado nacional. Assim, a religião deve ainda subsistir como expressão do senso comum e substrato cultural do tempo pregresso, a fim de preservar a ordem, incorporando a tradição e a presença nobiliárquica, garantindo a subalternidade dos expropriados.

Na verdade, o saber científico da modernidade, ao separar os homens em dotados e despossuídos de razão, exigiu a sobrevivência da religião institucional como necessidade de sedimentação da ordem, fazendo com que a Igreja deixasse de combater a cultura popular, até então vista como fonte de heresia. Só que, para as classes subalternas, a subjetividade individual racional e a liberdade proprietária, características da modernidade, nunca passaram de uma miragem, pois elas são apenas expressão ideológica de uma ordem promotora da radical separação da maioria dos homens do ambiente natural, os quais ficam destinados à miséria ao constituírem-se em força de trabalho para o capital. O Ocidente da modernidade capitalista precisa do outro inferior e ao mesmo tempo temível, pois sua lógica é a da apropriação, sob forma de mercadoria, do que lhe é externo – natureza e culturas – e da submissão do contraditório no seu movimento interior.

Com a crescente supremacia do moderno e sua necessidade de criar uma força de trabalho desvinculada do mundo natural e destituída de valores simbólicos, a violência social e a invenção de um outro interno negativo do Ocidente se concentram na inferiorização do trabalho manual. Assiste-se então a um acentuado declínio da heresia, da bruxaria e dos movimentos utópico-religiosos como formas de contestação da ordem. O liberalismo, no entanto, como visão de mundo condutora da construção da modernidade, preserva a noção de exclusão e negação do outro que o Ocidente havia feito sua. Para Locke, o homem livre e racional era o inglês proprietário, o único dotado de direitos civis e políticos, já que a maioria se encontrava escravizada pelas condições materiais de vida: "Não é de esperar que um homem que labuta toda a sua vida em árduas ocupações deve ser mais informado acerca da variedade de coisas feitas no mundo do que um cavalo de carga, que, guiado constantemente para cá e para lá numa estreita linha e numa estrada suja, apenas para o mercado, deve ser perito em geografia da região"[13]. A escravidão, na qual, aliás, Locke tinha interesses pessoais, seria justificável pela perda da propriedade, advinda do mau uso da razão natural[14].

Estariam excluídos da liberdade egoica e proprietária, além de todos os estrangeiros e povos não ocidentais, os pobres, marginalizados e trabalhadores manuais da Inglaterra, que deveriam estar submetidos ao Estado liberal, sendo recolhidos em "casas de trabalho". Bernard de Mandeville ainda sugeria que a missa dominical fosse obrigatória e única atividade de lazer para os pobres e trabalhadores manuais, que, além de tudo, estariam proibidos de se organizarem de forma independente do Estado e da Igreja[15].

Mas para defender a liberdade proprietária dos ingleses era imprescindível a existência de um exército hierárquico, capaz de se contrapor a outros Estados do Ocidente, assim como conquistar outros povos em benefício dos proprietários da Inglaterra[16]. Na segunda metade do século XVII, notando a violência corrosiva do sistema de Estados do Ocidente, antes que a ascensão do tsar Pedro I provocasse substanciais mudanças em seu pensamento, Leibniz sugeria que essa violência se extravasasse na conquista do outro externo: que Inglaterra e Dinamarca ficassem com a América do Norte, Espanha com a América do

[13] John Locke, *Ensaio acerca do entendimento humano* (trad. Anoar Aiex, São Paulo, Abril Cultural, 1973, coleção Os Pensadores), cap. XX, § 2.

[14] Idem, *Segundo tratado sobre o governo civil*, cit., cap. VII, § 85.

[15] Bernard de Mandeville, *Sággio sulla carità e sulle scuole di carità* (Bari, Laterza, 1974), p. 110 e seg. [ed. bras.: "Ensaio sobre a caridade e as escolas de caridade", em *A fábula das abelhas: ou vícios privados, benefícios públicos*, trad. Bruno Costa Simões, São Paulo, Editora Unesp, 2017, p. 261-333].

[16] John Locke, *Segundo tratado sobre o governo civil*, cit., cap. XI, § 139.

Sul, Suécia e Polônia com a Sibéria, Holanda com as Índias Orientais e França com a África[17].

Evidente que a ilusória proposição de Leibniz não pôde se concretizar, e em meados do século XVIII todo o sistema de Estados do Ocidente se envolveu na Guerra dos Sete Anos (1757-1763), redefinindo a correlação de forças e dando um novo perfil tanto ao Oriente interno quanto ao externo. A Áustria inicialmente ocupou os espaços deixados pelo recuo turco e se assenhorou da Hungria e Boêmia. Em seguida, expandindo-se para os Bálcãs, chegou a Belgrado, onde foi barrada em 1718. Com uma nobreza feudal etnicamente diversificada, o absolutismo austríaco teve dificuldades, sofrendo uma influência muito grande da ideologia católica dos jesuítas num momento que esses se confrontavam com o poder papal. O recuo estratégico diante da Prússia e a pressão camponesa, obrigou a abolição formal da servidão no império Habsburgo já em 1781, após uma rebelião na Boêmia.

Tendo a Prússia, com apoio inglês, saído do cerco imposto pela França, Rússia, Áustria, Suécia, Dinamarca e Saxônia, assistiu-se, após 1763, ao fortalecimento de seu Estado absolutista, respaldado em uma amplamente militarizada nobreza feudal. Com isso, a Prússia e a Rússia apareciam como poderes emergentes no Oriente interno, capazes de ameaçar o núcleo político do Ocidente, a França. A declinante Polônia, que não conseguira formar um Estado absolutista e por falta de opção havia se aliado à Prússia, após o fim da guerra entrou em crise institucional terminal e acabou, em partilhas sucessivas, dividida entre Rússia, Prússia e Áustria, deixando de existir em 1795 como entidade política, com o fracasso do levante nacional popular contra a partilha de 1793.

Como em todo o Oriente interno, o caráter agrícola e as relações comerciais com o Ocidente foram marcantes para a Rússia do século XVIII, estimulando a expansão político-militar, assim como a aproximação com a cultura ocidental. A anexação da região báltica em 1721 e, algum tempo depois, a reação da burocracia estatal, ampliada e profissionalizada, contra a forte presença alemã, acentuou o interesse russo sobre o território polonês, como porta de ingresso na Europa para sua nobreza feudal. Com a burguesia mercantil mantida como camada subalterna, o Estado absolutista russo, apesar do verniz ocidentalizante dos tsares, mais que nunca aparecia como uma revivescência

[17] Paul Hazard, *A crise da consciência europeia: 1680-1715* (trad. Óscar Lopes, Lisboa, Cosmos, 1948), p. 336.

de Bizâncio, a "terceira Roma", que a Igreja ortodoxa, enquanto instituição estatal, defendia com ardor.

Já em 1762, Rousseau confessava os temores do Ocidente ao supor que "o império da Rússia quererá subjugar a Europa e acabará ele mesmo subjugado"[18]. Quando a guerra civil abriu caminho para a desagregação definitiva do Estado polonês, com peso decisivo da questão religiosa, Rousseau postou suas simpatias para a fração católica e antirrussa da nobreza contra os evangélicos e dissidentes da Igreja ortodoxa. Via naqueles uma possível defesa do Ocidente diante do avanço da barbárie oriental, tanto que se debruçou sobre as instituições políticas da Polônia, antes ainda da partição de 1793[19]. Rousseau propôs um Estado monárquico de cidadania progressivamente ampliada como fórmula capaz de um Estado menor resistir às pretensões de outro muito maior, ideia anteriormente aventada no livro *Do contrato social*, ao recordar a resistência da Suíça e da Holanda diante da Áustria[20].

De outra parte, Diderot e Voltaire defendiam a causa russa, pois, segundo pensavam, a tolerância religiosa apregoada pela tsarina Catarina II e pela nobreza não católica serviria para combater o obscurantismo que o predomínio da Igreja católica preservava, estimulando assim a ocidentalização da Rússia. As divergências na intelectualidade francesa diante da questão russa e a restauração promovida pela Santa Aliança amenizaram o impacto da presença de tropas russas desfilando em Paris em 1814. De outra parte, porém, a incorporação da Crimeia ao império russo e a vitória militar de Catarina II na Guerra Russo-Turca de 1787-1791, fez com que parte das forças políticas e intelectuais do Ocidente passassem a sustentar a Turquia, agora que a motivação anti-islâmica havia perdido significado com a progressiva laicização da vida política.

Com o fim da Guerra dos Sete Anos (que os ingleses chamavam de "guerra pelo império"), viram-se reforçadas as tendências que levariam à revolução burguesa e ao definitivo desdobramento do extremo Ocidente no continente norte-americano, com a fundação dos Estados Unidos. Os migrantes calvinistas puritanos, que perseguidos pelo absolutismo Stuart, se deslocaram em número

---

18 Jean-Jacques Rousseau, *Do contrato social* (trad. Lourdes Santos Machado, São Paulo, Abril Cultural, 1973, coleção Os Pensadores), Livro 2, cap. 8.

19 Idem, *Considerações sobre o governo da Polônia e sua reforma projetada* (trad. Luiz Roberto Salinas Forte, São Paulo, Brasiliense, 1982).

20 Idem, *Do contrato social*, cit., Livro 3, cap. 13.

significativo para a América do Norte em princípios do século XVII, iam motivados pela busca da "Terra Prometida" e pelo propósito da construção de uma "Nova Jerusalém", onde se viveria de acordo com a virtude cristã do trabalho e da parcimônia. Esses valores sacros da vida e da terra articulavam-se numa visão holística do mundo herdada da ordem feudal que se projetava no ideal de governo autônomo da cidade medieval. Sentiam-se como portadores de uma missão cujo fito seria a construção de uma ordem social seminal, que deveria ser difundida pelo continente antes de apresentar-se como redenção de um mundo que, segundo julgavam, se aproximava da catástrofe.

Orientados por valores fortemente etnocêntricos, os novos americanos não poderiam aceitar visões cósmicas diferentes da sua, de modo que a crise social e as limitações à expansão material que os impulsionavam em direção às terras indígenas justificou a impossibilidade da aceitação etnocultural dos povos autóctones a não ser em situação de inapelável subalternidade. Da mesma forma, a substituição dos europeus pobres contratualmente reduzidos à servidão temporária ou vitalícia em troca da viagem por africanos escravizados reduzidos à submissão sem apelação, além de ser uma solução economicamente mais eficaz, tornava o subalterno mais visível e consciente de sua situação. Esse pedaço transplantado de Ocidente carregava consigo não só o projeto de império universal, mas também a inerente necessidade de recriação do subalterno, entre aqueles – não brancos – que resistiam à virtude cristã e à ética do trabalho.

Tal como na Inglaterra, o esgotamento do calvinismo puritano, assim como de outras seitas, abriu caminho para a conformação de um individualismo proprietário laicizado no liberalismo, ao mesmo tempo que se forjava uma classe dominante autônoma, cuja base material estava nas grandes plantações, no comércio e na manufatura. A Revolução Americana foi desencadeada precisamente pela intenção da Inglaterra de organizar seu império em construção e expansão segundo um mercado e um poder político coordenado a partir de Londres, chocando-se assim com os interesses particulares de uma ordem social que já estava imbuída de propósitos similares[21]. Os reflexos da Revolução Americana havidos na Revolução Francesa e no liberalismo continental foram também, de certa forma, reflexos tardios do puritanismo anglo-americano.

Enquanto isso, no Oriente encontrava-se em curso a conquista da Índia, iniciada em 1763. Houve uma paulatina quebra de resistência do império hindu

21 Peter Carroll e David W. Noble, *Storia sociale degli Stati Uniti* (Roma, Riuniti, 1981), cap. 1.

Maráta, facilitada por uma crise política e pela emergência de uma burguesia mercantil autóctone ligada ao grande comércio do Ocidente e contraposta aos potentados muçulmanos de Bengala. A Companhia Inglesa das Índias Orientais foi debilitando e cercando o império Maráta através de intrigas e golpes palacianos até poder desfechar um ataque militar de vulto em 1803, que não foi ainda capaz de redundar na ocupação da Índia. A partir de 1818, aquela empresa tornou-se o maior poder político do subcontinente indiano, exercendo sua tutela sobre os principados do interior, mas foi apenas em 1848 que o reino *sikh* foi incorporado ao domínio britânico, completando-se a ocupação. Da mesma forma que na Índia, também na Indonésia a longa presença da Companhia Holandesa das Índias Orientais acabou por favorecer a crise do poder político no arquipélago, estimulando a intervenção direta do Ocidente. A partir de 1743, a Holanda decidiu-se pela conquista de Java, até como forma de acentuar o controle sobre as outras ilhas.

Quando a revolução burguesa do Ocidente envolveu a Holanda, a aliança com a Inglaterra foi rompida com desdobramentos no Oriente. A Companhia de Comércio foi extinta ao se opor à revolução e a Holanda passou a ocupar toda a Indonésia, a fim de resistir, inutilmente, às tropas inglesas, até que, pela força das armas, a antiga aliança anglo-holandesa se recompôs, com o refluxo da revolução burguesa e a restituição do arquipélago indonésio ao domínio da Holanda. Mesmo no decorrer da revolução, a república holandesa, a exemplo dos franceses na América (a não ser no interregno jacobino), não considerou sequer a possibilidade da supressão do trabalho escravo, tendo decidido que "os princípios de liberdade e igualdade, não podem ser aplicados às possessões da república nas Índias Orientais durante o tempo em que a segurança dessas possessões exigir a manutenção da atual sujeição"[22].

Na Indonésia, assim como em Bengala, o islamismo ofereceu o substrato cultural e moral de resistência à sucessão de massacres e à escravidão imposta pelo Ocidente. A França, que recuara no Oriente após a Guerra dos Sete Anos, recuou ainda mais com a derrota nas guerras napoleônicas, retornando apenas quando já ia avançado o século XIX. No Oriente restava ainda o grande poder do império da China, que se defrontava com a Grã-Bretanha, expressando a contraposição Oriente/Ocidente, assim como entre duas pretensões universalizantes.

---

[22] Citado em Kavalam Madhava Panikkar, *A dominação ocidental na Ásia* (trad. Nemésio Salles, Rio de Janeiro, Saga, 1965), p. 119.

É nesse cenário que a modernidade em gestação constrói uma nova perspectiva e um novo paradigma do subalterno, do Oriente em particular. Antes de tudo, este tornou-se maior, mais distante e mais diversificado. Pela ação de viajantes e comerciantes, as representações do Oriente deixam de ser preponderantemente a Turquia e o islamismo, que, embora tenham seu valor alterado, preservam um peso significativo. A oposição ao Oriente deixa de ser o medo pânico de uma invasão turca e passa a ser a necessidade sentida do conhecimento científico, de horizontes mais amplos a serem engolfados pela expansão do Ocidente. Nesse processo, buscam-se confrontar as culturas existentes que são valorizadas, como o "bom selvagem" do extremo Ocidente, projeção do passado remoto, e o Oriente, onde predomina o regime despótico, com o "árabe", o "turco" e o "persa". Mas é a cultura chinesa e seu (até então) impenetrável império, que faz a contraface do Ocidente e exacerba sua vontade de domínio.

O Oriente como contraparte do Ocidente

De fato, o que unifica a representação política do Oriente gerada pela modernidade capitalista do Ocidente é a noção de despotismo, a chave a partir da qual todo o Oriente deve ser a um tempo conhecido, temido, inferiorizado e conquistado. O autor que condensa e redefine a representação do Oriente e do despotismo dentro do paradigma liberal de exclusão do outro, como fio condutor e definidor da modernidade capitalista do Ocidente é Charles Louis de Secondat, o barão de Montesquieu (1689-1755).

Nessa redefinição paradigmática, Locke se posta num ponto de clivagem dos mais importantes. Para ele, os indígenas da América do Norte viviam em estado de natureza, tal como era representado o passado remoto do Ocidente. Os indígenas não se organizavam em sociedades políticas, mas poderiam ser submetidos ao poder despótico do Ocidente, desde que oferecessem resistência a sua presença, o que seria motivo para a escravização em "guerra justa"[23]. O poder despótico volta-se tanto contra aqueles que não fazem parte do Ocidente, como contra os que são destituídos de propriedade e, portanto, da razão própria do Ocidente, os quais devem ser excluídos do poder político e dos direitos de cidadania[24].

---

[23] John Locke, *Segundo tratado sobre o governo civil*, cit., § 9 e 49.

[24] Ibidem, § 173 e 174.

A monarquia absolutista, como forma predominante de organização do poder político no Ocidente de fins do século XVII, encontra a oposição de Locke, que lhe nega legitimidade, e indica o Oriente, utilizando o exemplo do Ceilão, como local "onde esta espécie de governo atingiu a perfeição"[25]. Aproximando-se da tirania, a monarquia absolutista exerceria o poder além do direito, mas Locke aceita, no entanto, o instituto da prerrogativa, a qual "nada mais é senão o poder de fazer o bem público sem se subordinar a regras", ou seja, um estado de exceção necessário para defender a liberdade proprietária[26].

Observa-se portanto que, para Locke, o despotismo é uma forma específica de relação de poder, aquele que confronta senhor e escravo, e isso ocorre tanto na relação do Ocidente com outros povos como no interior do próprio Ocidente, mas sempre ancorado na questão da propriedade privada. O Oriente seria apenas o lócus de exacerbação daquilo que ele percebia de negativo no Ocidente, a monarquia absolutista e a ausência de propriedade privada regulamentada.

Montesquieu é continuador do liberalismo de Locke, enquanto crítico do absolutismo, embora discorde de sua visão jusnaturalista/contratualista, buscando na teoria política anterior os elementos para compor a representação do Oriente construída na modernidade. Em Maquiavel é que se encontra a primeira referência moderna à contraposição Ocidente/Oriente como sendo formas diferenciadas de organização social e política. No início do século XVI, a forma oriental encontrava-se exemplificada pela Turquia, e a forma ocidental tinha então na França seu exemplo melhor, sendo esta mais sólida que a primeira por estar dotada de um grau significativo de consenso social ativo. A partir dessa observação, Maquiavel procede à generalização que opõe Oriente e Ocidente afirmando que "os principados cuja memória se conserva foram governados de dois modos diversos: ou por um príncipe ajudado por ministros que no governo não são senão servos [...], ou por um príncipe e barões"[27].

Como para Maquiavel as noções de poder tirânico e despotismo são praticamente irrelevantes, Montesquieu pode ter encontrado em Jean Bodin uma reflexão significativa sobre o despotismo para as novas condições do Ocidente com as quais ele se deparava. Desde Aristóteles entendia-se por despotismo o poder doméstico exercido pelo senhor sobre seus escravos, até que Jean Bodin

[25] Ibidem, § 199.

[26] Ibidem, § 166.

[27] Nicolau Maquiavel, *O príncipe*, cit., cap. 4, p. 23.

propôs a inovação: o despotismo seria uma forma de governo, uma forma de exercício da soberania delegada pelo titular do poder político, que, por sua vez, define a forma do Estado ou regime político. Em qualquer das três formas de Estado – a monarquia, a aristocracia e a democracia –, o despotismo seria uma forma de governo possível, significando que o poder soberano "se assenhorou dos bens e das próprias pessoas dos súditos, pelo direito das armas e da guerra justa, governando-os como um chefe de família governa seus escravos"[28].

Mesmo sendo o despotismo uma forma de governo mais comum em Estados monárquicos, "as monarquias despóticas que continuam a existir são muito poucas [...], contudo, há sempre certo número delas, na Ásia, na Etiópia e mesmo na Europa – por exemplo, o país dos tártaros e Moscou"[29]. Nesse ponto, seguindo a tradição aristotélica, Bodin observa ser o despotismo aspecto distintivo do Oriente e dos povos extraeuropeus, já que no Ocidente "nunca poderiam tolerar monarquias despóticas"[30].

Por outro lado, a expansão do Ocidente, que já ia avançada em fins do século XVI, e a invenção de outro Ocidente inferior na América, permitiram a Bodin estender seu conceito de monarquia despótica aos povos conquistados em "guerra justa", cujo defeito mais grave era o de não conhecer e de resistir ao Evangelho. Surgia um novo despotismo, ocidental e colonial, justificador da expansão e da preponderância do Ocidente sobre o mundo. Mas, para Bodin, a verdade é que a expansão europeia se fez mais nos moldes da monarquia tirânica, "aquela em que o monarca viola as leis de natureza, abusa dos cidadãos livres e dos escravos, dispondo dos bens dos súditos como se lhe pertencessem"[31].

Ainda em fins do século XVI, Montaigne, católico como Bodin, teve a clara percepção da diversidade do mundo natural e da diversidade cultural dos homens. Essa visão foi resgatada por Montesquieu cerca de século e meio depois, para ser utilizada como instrumento crítico sobre a teoria contratualista do poder político que abstraía essa diversidade e que então predominava amplamente entre os intelectuais do Ocidente.

---

[28] Jean Bodin, *Seis livros da República*, citado em Norberto Bobbio, *A teoria das formas de governo* (trad. Sergio Bath, Brasília, Editora da UnB, 1988), p. 102.

[29] Ibidem, p. 103.

[30] Ibidem, p. 104.

[31] Ibidem, p. 102.

A reflexão de Montesquieu ocorreu no momento de recomposição e expansão da monarquia absolutista no Ocidente e quando esta se adequava, mesmo que muito conflituosamente, ao processo de difusão da modernidade com a expansão do capital mercantil. Particularmente na França, a concentração do poder político em mãos do monarca e o crescimento da burocracia estatal vinha se acelerando desde a derrota da nobreza feudal na rebelião da Fronda (1648-1652). Depois da revogação do Édito de Nantes (1685), que teve por resultado a subordinação do clero católico ao poder real, também a autonomia das cidades foi limitada com a abolição das eleições locais (1692).

Tudo isso significava o esvaziamento das funções sociais da nobreza, das instituições e das autonomias próprias da ordem feudal, a qual vinha, no entanto, conseguindo incorporar a ascensão social da burguesia mercantil e dar continuidade ao impulso expansivo do Ocidente. Mas seria possível evitar a degenerescência da ordem social e política do Ocidente? Essa a questão básica de Montesquieu, um intelectual originário da pequena nobreza da região de Bordeaux, que viajara por vários quadrantes do Ocidente, da Hungria e Veneza nas fronteiras com o Oriente, até a Inglaterra, o polo principal de difusão da modernidade capitalista.

Ao mesmo tempo que ocorria a recomposição da monarquia absolutista e a propagação da modernidade, ampliava-se o horizonte do Ocidente, não só como produto da conquista, do saque e da expansão mercantil, mas também o seu horizonte cultural interior, em parte produto de contatos com outras culturas, quando a violência aberta esteve momentaneamente ausente do imaginário ocidental. A visita diplomática de um enviado do rei da Pérsia a Paris em 1669 e a derrota turca de 1683, diante de forças coligadas do Ocidente, potencializaram a visão de que Oriente poderia penetrar no Ocidente não pela força das armas, mas imperceptivelmente, pelo exemplo e pela insídia. Os relatos de viagens e as obras de ficção se multiplicavam e, nesse sentido, as *Cartas persas*, de Montesquieu, publicadas em 1721, aparecem como exemplo destacado e que já antecipa sua visão de Oriente como outro negativo e inferior do Ocidente.

Em *Do espírito das leis*, que veio a lume em 1748, Montesquieu expressa a necessidade de o Ocidente reinventar o Oriente subalterno do ponto de vista da ciência, e não mais da religião. O conhecimento científico do islamismo substitui o confronto teológico e, ao mesmo tempo que persevera na negação da religião muçulmana, permite que se exerça a crítica do cristianismo e da ordem eclesiástica do Ocidente. É como escritor político que Montesquieu argumenta sobre a adaptabilidade do islamismo aos povos árabes e do próximo Oriente e do cristianismo ao Ocidente. Isso porque "a religião cristã, que parece não ter outro objetivo senão a felicidade na outra vida, proporciona também a nossa nessa vida"[32], mesmo porque "é bem mais evidente que uma religião deve abrandar os costumes dos homens do que ser verdadeira"[33]. Dessa maneira, Montesquieu percebe e defende a importância da religiosidade tradicional do Ocidente para a preservação da ordem (fazendo lembrar Maquiavel), no momento mesmo que o pensamento laico moderno, na forma de liberalismo, se difunde entre as classes dirigentes.

Assim como Maquiavel, que construíra uma teoria política opondo Estado, como ordenação possível da liberdade, a anarquia, também Montesquieu elaborou uma teoria antinômica que opõe moderação e despotismo. Toda sua reflexão se faz em torno desse binômio, no qual o primeiro é o polo positivo e superior e o segundo negativo e inferior, um representa a liberdade individual e o outro a submissão, o inferior que deve ser negado e subjugado, um é Ocidente e outro é Oriente.

O despotismo, ainda que visto como tendo no Oriente o seu ambiente natural, pode se expandir por terras que não são as da sua natureza, sempre que a corrupção de princípios enfraqueça o Ocidente. Montesquieu, portanto, chama atenção permanente para o risco da irrupção do Oriente no interior do próprio Ocidente a partir de seus outros negativos internos, que só poderiam ser contidos pela sobrevivência da nobreza em suas funções específicas e da moderação do poder político. Portanto, a noção de despotismo oriental é decisiva para a compreensão do paradigma que o liberalismo e a modernidade ocidental vinham gestando para apreender e representar o Oriente e a alteridade em geral.

Essa nova representação laicizada do Oriente como outro negativo do Ocidente, construída de um ponto de vista "científico", só foi possível pela multiplicação das fontes de informação. A formulação de Montesquieu deve muito aos relatos de Tavernier (1665) sobre a Pérsia e a Índia, de Ricaut (1669) sobre a Turquia e principalmente de Chardin (1686) sobre a Pérsia. Ainda que fundado em informações de caráter etnográfico, Voltaire observava que

---

[32] Barão de Montesquieu, *Do espírito das leis* (trad. Fernando Henrique Cardoso e Leôncio Martins Rodrigues, São Paulo, Abril Cultural, 1973, coleção Os Pensadores), Livro 24, cap. 3.

[33] Ibidem, cap. 4.

o conceito de despotismo não correspondia a nenhuma específica realidade sociocultural e forma de organização do poder político, sendo apenas uma forma de exercício do poder que poderia se manifestar em qualquer parte. Desse modo, a representação do Oriente construída por Montesquieu não passaria de abstração produzida pela distorção da realidade. Voltaire, que apoiava a política de centralização administrativa da monarquia francesa, percebia com clareza que, com essa construção conceitual, Montesquieu se postava em defesa da tradicional posição social da nobreza[34].

Quais são então o sentido e o lugar da inovação teórica proposta por Montesquieu, ao enunciar o conceito de despotismo como sendo uma forma de poder diferenciada e específica, própria do Oriente? Há uma nítida diferença em relação ao pensamento político anterior encontrado em Bodin, e mais ainda com a reflexão setecentista, a qual, como Voltaire ou Rousseau – mais acorde com a tradição aristotélica –, entendia ser o despotismo uma forma de exercício do poder e não uma forma de governo ou regime político.

Essa reconstrução teórica foi possibilitada por duas tendências articuladas que a opção do Ocidente pela modernidade vinha estimulando: a expansão do Ocidente sobre todo o planeta, por meio da formação de um mercado mundial, que fortalecia as forças sociais diretamente ligadas a esse processo, e a necessidade do fortalecimento do poder político e da administração pública, que redundava no esvaziamento dos direitos políticos da nobreza feudal. Para justificar a expansão do Ocidente e ao mesmo tempo defender os interesses da nobreza, tida como força social responsável pela identidade e liberdade do Ocidente e a única capaz de evitar a irrupção do outro negativo, é que Montesquieu elabora o conceito de despotismo oriental, e com tanto sucesso.

Antes de tudo, para Montesquieu, o Estado despótico se define pela ausência, pois destituído de duas características intrínsecas ao Ocidente, como são o direito político e a projeção na história. O despotismo aparece como planisfério homogêneo no qual o único acidente é o poder que a tudo controla e que é a referência de tudo. Não pode mesmo haver história e Estado político propriamente dito, pois que, "no governo despótico, uma só pessoa, sem obedecer a leis e regras, realiza tudo por sua vontade e seus caprichos"[35]. Se for mesmo assim, estão ausentes no Estado despótico as leis fundamentais e

[34] Alain Grosrichard, *Estrutura do harém: despotismo asiático no Ocidente clássico* (trad. Lydia H. Caldas, São Paulo, Brasiliense, 1988), p. 43-8.

[35] Barão de Montesquieu, *Do espírito das leis*, cit., Livro 2, cap. 1.

obviamente a instituição repositória das leis. Tanto menos está presente uma lei positiva, pois, na realidade, "da natureza do poder despótico resulta que o único homem que o exerce, o faça também exercer por um só"[36]. A instituição do vizirato, que para Montesquieu – seguindo Chardin – existe em todo o Oriente, é uma lei fundamental definida pela própria natureza desse regime político essencialmente negativo e degenerado, pois o poder do déspota aumenta na proporção de seu deleite, que, afastando-o do governo, exige a presença de um vizir.

Embora não conte com uma ordem social juridicamente definida, o despotismo tem no medo o princípio que lhe dá movimento, mas, por ser essencialmente negativo, acaba por reproduzir-se sempre igual a si mesmo. Tal princípio é necessário num governo despótico, pois que, nele, os homens aparecem como iguais e nivelados diante do poder, não havendo anteposição entre eles. É por isso que o poder despótico se debilita em caso de não haver força ou vontade para punir os que ocupam postos importantes na administração e na força armada, "pois não mais existindo a mola do governo, que é o medo, o povo não mais possui protetor"[37].

Sem leis e sem medo, ao povo só resta a rebelião, até que a ordem despótica se restabeleça, através da recomposição do princípio do medo. E já que não há leis positivas, o único controle externo que limita o poder despótico é o exercido pelas leis da religião "porque recaem tanto sobre o príncipe como sobre seus súditos"[38]. Assim, nos Estados despóticos, "a religião tem mais influência do que em qualquer outro: é um temor adicionado ao temor"[39].

Sendo o despotismo o império das paixões e dos sentidos, e sendo o medo – uma paixão particular – a mola que dá movimento a essa forma de governo, deduz-se que este seja destituído de razão (pelo menos da racionalidade do Ocidente). A ausência de propriedade privada e de direito de herança é um aspecto da irracionalidade despótica, pois, "nesses Estados, nada se repara, nada se melhora"[40], a vida econômica se esvai em interesses particulares imediatos, aumentando ainda mais a cupidez dos poderosos. Pelo fato de ser o despotismo uma forma de governo intrinsecamente corrompida e irracional,

---

[36] Ibidem, cap. 5.

[37] Ibidem, Livro 3, cap. 9.

[38] Ibidem, cap. 10.

[39] Ibidem, Livro 5, cap. 14.

[40] Idem.

a única racionalidade possível é aquela que deriva da natureza das coisas. É por isso que Montesquieu percebe no Oriente o lugar próprio do despotismo, pois que ali "circunstâncias provenientes do clima, da religião, da situação ou do temperamento do povo, forçam-no a seguir alguma ordem e a submeter-se a alguma regra"[41].

As circunstâncias que fazem do Oriente o lugar natural do despotismo são, antes de tudo, as condições ambientais extremas, que passam de uma para outra, de maneira quase abrupta, indo das geleiras eternas aos causticantes desertos, de cordilheiras intransponíveis a enormes planícies para onde convergem grandes rios de margens férteis. Assim, "os povos guerreiros, bravos e ativos confinam imediatamente com povos efeminados, indolentes e timoratos; cumpre, portanto, que um seja conquistado e outro conquistador"[42].

São essas as causas naturais do despotismo oriental e "é isso que faz com que, na Ásia, nunca aconteça de a liberdade aumentar, enquanto, na Europa, ela aumenta ou diminui segundo as circunstâncias"[43]. Assim, o Oriente estaria destinado à servidão do poder despótico, fosse próprio ou imposto por conquistador externo, ao passo que no Ocidente a liberdade poderia se manifestar com força ou ser fatalmente enfraquecida, em caso de absorver o vírus do despotismo oriental.

Essas mesmas condições naturais do Oriente explicam a grande extensão dos impérios despóticos, "pois não sendo a servidão tão extremada, ocorreria logo uma divisão que a natureza da região não poderia suportar"[44]. A própria extensão e indiferenciação do poder despótico promovem a devastação e desertificação das fronteiras, a fim de garantir a segurança do núcleo do poder, que é a moradia do déspota.

Como as condições naturais da África e da América são semelhantes ou ainda mais inóspitas que as da Ásia, Montesquieu estende suas conclusões para esses continentes: toda a humanidade estaria então predisposta a viver no despotismo, com exceção do núcleo do Ocidente, e mesmo este não estaria imune à irrupção do princípio do medo e do igualitarismo indiferenciado. O tema da escravidão é um exemplo cristalino de como Montesquieu observa a natureza das coisas condicionando a vida social e de como ela é própria do

---

41 Ibidem, Livro 8, cap. 10.

42 Ibidem, Livro 17, cap. 2.

43 Idem.

44 Ibidem, cap. 6.

regime despótico. Nos lugares onde predomina essa forma de governo, os homens costumam se vender, a fim de garantir sua sobrevivência e segurança, como no caso da Rússia, ou então, mais geralmente, as condições de um clima adverso faz com que os homens devam ser coagidos ao trabalho.

Para Montesquieu, "deve-se, portanto, limitar a servidão natural a alguns países determinados da Terra"[45], na verdade a maioria, pois é apenas no clima temperado da Europa e com os costumes induzidos pelo cristianismo que qualquer forma de trabalho pode ser realizada por homens livres. Se for assim, a escravidão pode ser aceita no núcleo do Ocidente apenas como exceção e em reduzido número, com a pena de se colocar em risco a natureza moderada de seus Estados.

A escravidão e a servidão devem ser consideradas, todavia, da própria natureza do despotismo oriental, que é por tudo negativo e cuja ocorrência é plenamente defensável na América, o extremo Ocidente subalterno que se configurava à custa do genocídio dos povos autóctones e do trabalho escravo de africanos transplantados pela violência, os quais o liberal Montesquieu considerava destituídos de alma e de senso comum. Afirmava, no limite, que "é impossível supormos que tais gentes sejam homens, pois, se os considerássemos homens, começaríamos a acreditar que nós próprios não somos cristãos"[46]. Assim é que a inferiorização chega ao limite da racialização e da negação da humanidade do outro.

Mas se as próprias condições naturais predispõem os homens da maior parte do globo a viver submissos a um regime despótico, que é degenerado por natureza e por princípio, e o próprio Ocidente não lhe é imune, como seria possível sair do despotismo, se é que existe essa possibilidade? Em sendo verdade que "a força do princípio arrasta tudo"[47], qualquer esforço nesse sentido seria inútil, a menos que se suponha que a degeneração do princípio essencialmente negativo do medo possa se transformar num princípio moderado de governo, seja ele republicano ou monárquico. Isso só seria possível em caso de se impor a religião cristã, que modera os espíritos, e um direito civil e político que alterasse substancialmente os costumes próprios do despotismo que, por sua vez, decorrem do clima. Ou seja, a saída do despotismo só parece possível com a

[45] Ibidem, Livro 15, cap. 8.

[46] Ibidem, cap. 5.

[47] Ibidem, Livro 8, cap. 11.

ocidentalização do Oriente e do mundo, de modo que "cabe ao legislador estabelecer as leis que vençam a natureza do clima"[48].

Essa perspectiva, dificílima de ser vislumbrada no século XVIII, só poderia se efetivar de duas maneiras: por iniciativa de elementos que vivem num regime despótico que consigam mudar a religião e os costumes que ela modela, ou então por imposição externa do próprio Ocidente. Ocorre, todavia, que, "para formar um governo moderado, é mister combinar os poderes, regulamentá-los, moderá-los e fazê-los agir; oferecer, por assim dizer, um lastro a um para colocá-lo em condição de resistir a outro; é uma obra-prima da legislação que o acaso raramente produz e que também raramente deixa-se à prudência fazer"[49].

Assim, a tendência dos homens parece ser a de viver submetidos ao despotismo, diante da dificuldade de ser enfrentado no seu terreno próprio que é o Oriente, e pelo fato de ele espreitar mesmo no Ocidente, que lhe é adverso – mas não imune – pelo clima e pelo costume.

Ao despotismo, Montesquieu contrapunha a república e a monarquia, como formas de governo moderado, próprio da tradição histórica e política do Ocidente. Mas, enquanto a saída do despotismo apresenta dificuldades quase intransponíveis, a degeneração dos governos moderados no seu outro negativo ocorre com certa facilidade. Montesquieu percebia que a opção pela modernidade colocava como atual para o Ocidente a questão do despotismo e da emergência do outro inferior e negativo dentro de si. Era de se temer a orientalização do Ocidente, não mais como produto da invasão turca, mas pela crise e corrupção da monarquia.

Vico, que tanta influência exercera sobre Montesquieu na crítica às teorias contratualistas, vinha já enfatizando o problema da crise das monarquias do Ocidente e, incapaz de imaginar uma saída revolucionária, dada a sua própria visão do processo histórico, ao mesmo tempo linear e cíclica, antecipava a queda na barbárie como futuro próximo. Essa percepção era produto não só da avaliação dos regimes políticos que tinha diante de si, particularmente na Itália, mas também do estudo de todo o processo histórico desde o mundo romano e de seus ciclos de ascensão e queda: após a barbárie medieval, que

48 Ibidem, Livro 16, cap. 12.

49 Ibidem, Livro 5, cap. 14.

deu fim ao império romano e ao primeiro ciclo histórico, o segundo ciclo, que constitui a história do Ocidente, estaria chegando ao fim[50].

De maneira análoga, Montesquieu, nas suas *Considerações sobre as causas da grandeza dos romanos e de sua decadência*[51], publicado em 1733, indicava que o Ocidente havia já sido vítima do despotismo no seu passado remoto. Entre os romanos, a monarquia original fora substituída pela república aristocrática e depois popular, redundando a sua crise no despotismo da época imperial, que abriu caminho para a decadência e as invasões germânicas.

O Ocidente atual teria surgido com o refluxo da invasão normanda e a consolidação das instituições das monarquias feudais, assim como do papel da nobreza. O risco da emergência do despotismo vinha das ameaças que pesavam sobre esses aspectos definidores da identidade do Ocidente e que poderiam ser preservados por meio da criação de uma confederação de Estados monárquicos, evitando a guerra intestina e a exacerbação do poder real.

Quanto às formas republicanas de governo, Montesquieu as encarava como dizendo respeito ao antigo mundo greco-romano e aos primeiros séculos da história do Ocidente atual, quando surgiram cidades-Estados republicanas. Os Países Baixos e a Suíça seriam apenas exceções e sobrevivências de um regime político identificado com o passado e com países pequenos, que não mais tinham espaço no sistema de Estados do Ocidente. De todo modo, as repúblicas poder-se-iam organizar como democracia ou aristocracia, dependendo de estar o poder soberano localizado nas mãos de muitos ou de alguns.

Montesquieu concebe a república democrática como forma de governo atinente ao passado, por isso a descrição de sua natureza e de suas instituições está baseada nos exemplos históricos do mundo greco-romano. Os fundamentos econômico-sociais da democracia antiga, a pequena propriedade agrária, o artesanato, o comércio e o trabalho escravo, condicionam a frugalidade dos costumes, as instituições políticas, o estatuto da cidadania e a vida pública. A fim de contornar a desigualdade da riqueza social e garantir a igualdade do sufrágio, divididos em "classes", o conjunto dos cidadãos escolheria sua representação política, ministros e conselho ou Senado.

---

[50] Giambattista Vico, *Ciência nova* (trad. Sebastião José Roque, São Paulo, Ícone, 2008, coleção Fundamentos de Filosofia).

[51] Barão de Montesquieu, *Considerações sobre as causas da grandeza dos romanos e de sua decadência* (trad. Vera Ribeiro, Rio de Janeiro, Contraponto, 2002).

Na democracia, as próprias distinções nascem do princípio da igualdade, surgindo a desigualdade com o fito exclusivo de preservar a liberdade e a igualdade estabelecidas pela democracia. Essa forma de governo, que tem os cidadãos liberados do labor, permite uma participação ativa e constante na vida pública, o que exige o princípio da virtude como mola que reproduz e movimenta a democracia. A legislação deve estimular a liberdade, a igualdade, o amor pela pátria e pela própria democracia, daí a grande importância da educação.

O princípio democrático pode se corromper em duas direções: quando o princípio da igualdade se perde e a virtude se refugia apenas numa parte dos homens, transmudando-se a forma republicana de democrática em aristocrática: aí o povo nada é e aos aristocratas cabe a preservação do princípio da igualdade e da virtude cívica. Nessa forma de governo já é necessária a introdução da moderação, até por via legislativa, a fim de se evitar o arbítrio da aristocracia e a excessiva desigualdade entre governantes e governados, que corromperia o princípio da república aristocrática.

Tudo indica ser a forma aristocrática de república apenas uma forma de transição entre a democracia e a monarquia, entre uma e outra forma moderada de governo. Quando, porém, o princípio democrático da liberdade e da igualdade é levado ao extremo, resvala-se para o despotismo, o terreno plano da indiferenciação absoluta. Para Montesquieu, "as democracias se arruínam quando o povo despoja de suas funções o Senado, os magistrados e os juízes"[52], ou seja, quando é cassada a sua representação política, já que, "mesmo no governo popular, o poder não pode cair nas mãos da plebe"[53], pois esta é destituída de razão, sendo toda paixão. A democracia direta exercida indistintamente por todos os habitantes de um Estado seria para Montesquieu a mais acabada expressão da corrupção da democracia e sinônimo de governo despótico.

Não é, no entanto, o despotismo democrático (ou popular) o centro das preocupações de Montesquieu, mas o despotismo que advém da crise da monarquia, a forma de governo própria do Ocidente, tal qual se lhe apresenta. Na monarquia, "um só governa, mas de acordo com leis fixas e estabelecidas"[54], e sua corrupção aparece no momento que essas leis não são mais respeitadas ou então são alteradas. Embora o monarca seja a fonte do poder político, a natureza

---

[52] Idem, *Do espírito das leis*, cit., Livro 8, cap. 6.

[53] Ibidem, Livro 15, cap. 18.

[54] Ibidem, Livro 2, cap. 1.

do governo monárquico é definida pela existência de poderes intermediários, subordinados e dependentes, dos quais o "mais natural é a nobreza"[55], embora as prerrogativas do clero e das cidades – quando legalmente definidas dentro da ordem jurídica do Estado – sejam também de grande importância.

Se na monarquia devem existir ordens sociais diferenciadas, definidas por lei nos seus direitos e obrigações, estatuindo hereditariamente a desigualdade social e política como modo de ser dessa forma de governo, a mola que lhe dá movimento só pode ser a "honra, isto é, o preconceito de cada pessoa e de cada condição"[56], não sendo importante que seja uma falsa honra, desde que garanta a identidade da nobreza. Essa é a forma de governo mais estável e sólida internamente e a mais forte para a defesa e a guerra, pois os poderes intermediários garantem a fixidez das leis e a continuidade histórica do Estado, além de servir de anteparo entre o monarca e o povo e entre o espaço soberano e o exterior.

Montesquieu criticava na monarquia francesa a crescente centralização administrativa e a incorporação da nobreza aos quadros da burocracia estatal, que acabava por destituí-la de seus direitos políticos e de seu papel na construção do consenso social. Era-lhe intolerável a transferência de parte significativa da nobreza para a corte de Versalhes, deixando para trás suas funções econômicas e administrativas tradicionais. Se a nobreza se reduz a apanágio do monarca, a situação passa a se assemelhar ao serralho do despotismo oriental, pois que "sem monarca não há nobreza, sem nobreza não há monarca"[57]. O abandono por parte da nobreza de seu papel de guardião da continuidade histórica do Ocidente e a sua crise enquanto camada social dirigente que, ao mostrar-se incapaz de moderar o poder e de servir de anteparo entre o monarca e o povo, era o fiel que deslocava todo o poder para as mãos do rei.

Embora Montesquieu fosse favorável à "galicização" da Igreja, era fundamental que o estatuto jurídico do clero, sua definição como poder intermediário subordinado, estivesse estabelecido, a fim de cumprir seu papel moderador e não pudesse prestar-se a manobras políticas de ocasião do rei. O mesmo era válido para a autonomia das cidades e parlamentos regionais. Montesquieu chamava bastante atenção para a falta de resistência dos poderes intermediários diante da política de concentração e monopolização do poder no cetro real,

---

55 Ibidem, cap. 4.

56 Ibidem, Livro 3, cap. 6.

57 Ibidem, Livro 2, cap. 4.

pois "as monarquias corrompem-se quando se suprimem pouco a pouco as prerrogativas dos corpos ou os privilégios das cidades"[58], abrindo passagem para o despotismo de um só, para a irrupção do outro negativo e para a orientalização do Ocidente.

O grave problema era que a supressão dos corpos intermediários, capazes de moderar o poder, tornaria todos iguais diante do rei, resvalando-se para o terreno da indiferenciação, própria do despotismo, fosse de um ou de todos. O despotismo produzido pela corrupção da democracia e aquele produzido pela corrupção da monarquia encontram-se e identificam-se na indiferenciação, na ausência de princípio positivo, de política e de história.

Era então inelutável o declínio da monarquia e o futuro despótico? Não seria possível defender a continuidade histórica do Ocidente, garantida pela nobreza, sem apregoar um impossível retorno às origens feudais e sem se opor à opção pela modernidade? Montesquieu vislumbrou nas instituições liberais, que desde 1688 vinham tomando forma na Inglaterra, um modelo para o conjunto do Ocidente, para a configuração de um novo governo moderado que garantisse a passagem molecular para a modernidade e evitasse os riscos do despotismo, ou seja, da irrupção do outro e da negação do Ocidente. Para evitar o despotismo, garantir a liberdade proprietária, e "para que não se possa abusar do poder é preciso que, pela disposição das coisas, o poder freie o poder"[59].

Trata-se então de ordenar os estratos sociais, segundo a antiga fórmula do "governo misto", reconhecendo a ascensão social e o poder econômico da burguesia mercantil e manufatureira, cujas atividades deveriam ser estimuladas pelo Estado. Os representantes do "povo" formariam um corpo legislativo eletivo, que seria controlado através do veto por outro corpo complementar hereditário formado pela nobreza, e visto que, "num Estado, há sempre pessoas dignificadas pelo nascimento, pela riqueza e pelas honrarias"[60], estas seriam as principais responsáveis pela estabilidade e continuidade da ordem social e política.

O rei, além de representar a unidade do Estado, seria o responsável pela execução das diretrizes governamentais e pela convocação dos corpos representativos. Não sendo seguido o receituário de Montesquieu, a crise da monarquia absolutista francesa acabaria desembocando na revolução. Da derrocada do despotismo monárquico, num curto espaço de tempo emergiria o despotismo

[58] Ibidem, Livro 8, cap. 6.

[59] Ibidem, Livro 11, cap. 4.

[60] Ibidem, cap. 6.

democrático dos jacobinos, de modo a encontrarem-se, em curto tempo, as duas faces do espantalho que assombra o liberalismo.

Sem necessidade de usar os subterfúgios utilizados por Montesquieu para evitar a censura, e assistindo aos clarões da Revolução Francesa desde a distante Prússia, Kant passou a identificar plenamente despotismo e democracia em oposição ao Estado de direito liberal, este chamado de república. Embora, para Kant, todo ordenamento político tivesse sua origem real num ato de força, e, portanto, despótico, os governantes deveriam, por um imperativo moral, portar-se como se o Estado tivesse surgido de um contrato originário consensual, pois, se o Estado deve ter o consenso por objetivo, sua origem não pode ser a violência. A república, como forma de exercício do poder, funda-se nos princípios da liberdade individual, da dependência a uma legislação única e da igualdade formal. É próprio da república constituir-se em governo representativo, com base na separação dos poderes legislativo e executivo. Em oposição antinômica ao princípio republicano, "o despotismo é o da execução autocrática do Estado de leis que ele mesmo deu, por conseguinte da vontade pública enquanto ela é manipulada pelo regente como sua vontade privada"[61].

Entre as formas da soberania, as referentes à detenção do poder, "quanto menor o pessoal do poder de Estado (o número de dirigentes), quanto maior, pelo contrário, a representação dos mesmos, tanto mais concorda a constituição de Estado com a possibilidade de republicanismo e ela pode esperar alçar-se finalmente a ele por reformas graduais"[62].

Kant quer dizer assim que a constituição de um Estado republicano seria mais fácil a partir de uma monarquia, pois que o rei pode induzir reformas graduais que culminem numa monarquia constitucional, e seria mais difícil numa aristocracia, pois pode demandar uma revolução violenta. A construção da república a partir da democracia seria, no entanto, totalmente impossível por ser esta necessariamente um despotismo, "porque ela funda um poder executivo onde todos deliberam sobre e, no caso extremo, também contra um (aquele que, portanto, não assente), por conseguinte todos que não são, contudo, todos, o que é uma contradição da vontade geral consigo mesmo e com a liberdade"[63].

---

[61] Immanuel Kant, *À paz perpétua: um projeto filosófico* (trad. e pref. Marco Zingano, Porto Alegre, L&PM, 1989), p. 36.

[62] Ibidem, p. 37.

[63] Ibidem, p. 36.

Ademais, na democracia, a representação é impossível "porque todos querem ser senhores"[64].

Mas o tema da origem despótica de todo poder político deveria ser elidido, até mesmo sob pena da lei, pois Kant julgava ser a ideia do contrato originário a única capaz de deslindar o caminho para a monarquia constitucional, garantindo a liberdade proprietária e barrando a ameaça da revolução democrática, identificada esta com a irrupção do despotismo. Uma vez mais o despotismo surge como representação do outro negativo da liberdade proprietária e da concepção liberal de mundo, já que a república projetada por Kant exclui dos direitos políticos não só a metade feminina do gênero humano, mas também o embrionário proletariado e os trabalhadores dependentes, ou seja, todos os não proprietários na ordem social do Ocidente.

Kant foi expoente da chamada "filosofia clássica alemã", a qual culminou com o pensamento de G. W. F. Hegel, morto em 1831. Em livro publicado apenas em 1837, *Filosofia da história*, Hegel expõe sua concepção do processo histórico e da relação entre Ocidente e Oriente. A influência de Montesquieu é bastante patente.

Desde logo, Hegel afirma: "A história mundial vai do Oriente para o Ocidente, pois a Europa é, por excelência, o fim da história mundial, e a Ásia, o começo". Na continuação, afirma que "O Oriente sabia – e até hoje sabe – apenas que um é livre; o mundo grego e romano, que alguns são livres; o mundo germânico sabe que todos são livres. Em consequência, a primeira forma de governo que tivemos na história universal foi o despotismo; depois vieram a democracia e a aristocracia, e, em terceiro lugar, a monarquia"[65].

O Oriente seria a infância da História, onde:

> De um lado, vemos a duração, o estável, impérios do espaço, uma história a-histórica (como, por exemplo, na China); um Estado estruturalmente baseado no relacionamento familiar e um governo paternal, que mantém a sua instituição por meio da providência, de advertências ou de punições; um império prosaico, porque a oposição da forma, da infinidade e da idealidade ainda não foi integrada. De outro lado, essa duração espacial opõe-se à forma do tempo.[66]

---

[64] Ibidem, p. 37.

[65] Georg Wilhelm Friedrich Hegel, *Filosofia da história* (2. ed., trad. Maria Rodrigues e Hans Harden, Brasília, Editora da UnB, 1999), p. 93.

[66] Ibidem, p. 95.

Depois de passar pela Ásia central, pelo mundo grego e romano, a história chega ao mundo germânico, mundo da liberdade e da razão. O amadurecimento, porém, demandou o enfrentamento com o princípio maometano, "a transfiguração do mundo oriental"[67].

Para Hegel, a história existe desde que exista Estado, mas Estado propriamente dito, em plena maturidade, só aparece na Europa pós-Revolução Francesa, pois é onde e quando desaparece a antítese da Igreja e do Estado. Assim é que "O Estado não é mais inferior à Igreja nem lhe é subordinado. Essa última não conserva mais qualquer privilégio, e o espiritual não é mais estranho ao Estado"[68].

Hegel divide a Europa em três partes: a Europa mediterrânea, o "coração da Europa", cujos "principais países são a França, a Alemanha e a Inglaterra". A terceira parte seriam os Estados nórdicos e os países eslavos[69]. O coração da Europa seria então a morada da razão e da liberdade, organizada na forma de uma monarquia constitucional de espírito cristão.

Em relação ao extremo Ocidente, as Américas, Hegel anota que "vemos a prosperidade da América do Norte, graças ao desenvolvimento da indústria e da população, à ordem civil e a uma firme liberdade; toda a confederação constitui apenas um Estado e tem os seus centros políticos. Ao contrário, na América do Sul, as repúblicas repousam somente no poder militar, toda a sua história é uma revolução constante"[70].

Em comparação com a Europa, onde prevalecem monarquias, Hegel nota desde logo a existência de constituições republicanas nas Américas (com a exceção do Brasil). Contudo, "a América do Norte só poderá ser comparada à Europa quando o imenso espaço que apresenta for ocupado, e a sociedade civil comprimida sobre si mesma. [...] Só então eles formarão um compacto sistema de sociedade civil e sentirão a necessidade de um Estado orgânico"[71].

Nota-se então que Hegel observava que a Europa central era o núcleo do império universal do Ocidente, o lugar da liberdade e da razão, mas que o movimento da história, de leste para oeste reservava um futuro grandioso para os Estados Unidos, a expressão do extremo Ocidente, o qual não estaria imune de um embate com a América do Sul, esse extremo Ocidente subalterno.

---

[67] Ibidem, p. 97.

[68] Idem.

[69] Ibidem, p. 90-1.

[70] Ibidem, p. 76.

[71] Ibidem, p. 78.

OS ANTÍPODAS DA MODERNIDADE CAPITALISTA DO OCIDENTE

A irrupção do outro interno sempre foi vista pelo Ocidente como uma ameaça a sua estabilidade e identidade, e assim foram encaradas as tantas insurreições camponesas, que eram associadas às heresias. Na época da modernidade, que começa a encontrar passagem desde a revolução burguesa na Inglaterra, esse outro interno negativo, ameaçador da ordem do Ocidente, que na concepção liberal viria a se chamar despotismo, toma a forma da democracia, que poderia projetar os produtores diretos para a ação política.

A crise econômico-social e a continuidade dos cercamentos no campo vinham aglomerando expropriados e marginalizados de toda ordem em Londres, onde grande parte do exército popular voluntário, organizado pelo Parlamento na luta contra o absolutismo real, encontrou seus combatentes. O deslocamento desse exército por todo o país permitiu a difusão da efervescência contestatária sociocultural de caráter religioso e também laico, que vinha brotando por meio de várias camadas sociais em movimento. Com a consolidação do avanço do exército revolucionário, assiste-se a partir de 1645 a ampliação da inserção política dos *levellers*, com seus representantes sendo eleitos pela tropa. Os *levellers* surgiram como tendência extrema da revolução burguesa, defendendo a instauração de um regime republicano fundado na democracia política extensiva ao conjunto dos proprietários.

Embora todos os homens fossem iguais por direito natural, só deveriam ter acesso ao direito político de sufrágio aqueles que tivessem mantido o direito natural de propriedade, estando excluídos, portanto, os assalariados, dependentes e mendigos, por serem incapazes de fazerem uso da razão. Após excluírem 2/3 da população masculina adulta da Inglaterra (e todas as mulheres), transformados em outro negativo, os *levellers* apregoavam a divisão da terra em propriedades equivalentes. Defendiam também que os não proprietários que tivessem ingressado no exército popular, ao tomar essa atitude, teriam resgatado o direito de participar na vida pública. Os direitos civis, por sua vez, seriam extensivos a todos os habitantes da república inglesa, incluindo-se aí a liberdade de expressão e consciência religiosa. Derrotada após 1649, a república democrática proposta pelos *levellers* fundava-se na liberdade individual proprietária, antecipando a teoria liberal e mesmo a liberal-democracia do século XIX[72].

[72] Crawford Brough Macpherson, *A teoria política do individualismo possessivo: de Hobbes até Locke* (trad. Nelson Dantas, Rio de Janeiro, Paz e Terra, 1979).

Foi – principalmente por meio de Guerrard Winstanley – o movimento político cultural conhecido como *digger*, surgido do mesmo caldeirão efervescente da mobilização popular, que formulou um projeto radical-democrático capaz de ir para além do Ocidente. Postando-se claramente contra a propriedade privada individual, Winstanley defendia a propriedade coletiva da terra como fundamento do direito natural, assim como o sufrágio universal masculino, dentro de uma federação republicana de comunidades agrárias autônomas. Em vez de as terras comuns do direito feudal serem engolfadas pelas cercas demarcatórias da propriedade privada, definidoras de um individualismo egoico, deveriam servir de base para uma nova vida comunitária superadora da exploração e da exclusão.

A identificação da divindade com os fenômenos naturais, além de estimular o conhecimento técnico-científico, originava uma religião panteísta capaz de conceber o conjunto da humanidade como gestora da terra comum, de onde estaria ausente a vontade de domínio. Winstanley construiu um humanismo universal que apontava para a dissolução do Ocidente, supondo, através da atividade prática, um mundo onde não haveria lugar para a propriedade privada, para a dominação e a exclusão, onde não caberia a existência do subalterno. Após 1653, já em andamento a guerra contra a Holanda, na condução da revolução burguesa estavam descartadas propostas de democratização da propriedade e de sufrágio ampliado, como queriam os *levellers*, e mais ainda um projeto teórico-prático como aquele tentado pelos *diggers*, que ameaçava fazer sair a Inglaterra da trajetória do Ocidente[73].

Por um percurso diverso do individualismo proprietário dos *levellers* ou da utopia comunista dos *diggers*, é que Espinosa formula seus princípios de uma teoria democrática. O filósofo judeu-holandês radicaliza o racionalismo cartesiano de modo a exercer a crítica da tradição judaico-cristã, criando uma visão panteísta do mundo, tal qual havia feito Winstanley. E, como Hobbes, Espinosa também projeta a necessidade da criação artificial de um Estado racional absoluto que transcenda o inconveniente estado de natureza, no qual os homens tendem à autodestruição. Mas, ao contrário de Hobbes, que defendia a monarquia absoluta, para Espinosa somente num Estado democrático absoluto poderia ocorrer o uso racional das paixões e a regulamentação dos conflitos derivados

[73] Christopher Hill, *O mundo de ponta-cabeça* (trad. Renato Janine Ribeiro, São Paulo, Companhia das Letras, 1991), cap. 7.

do medo e da esperança dos indivíduos, convertidos em medo e esperança coletivos e busca da liberdade, sob a garantia da paz civil.

Estando a desigualdade e a propriedade ausentes do estado de natureza, deduz-se que todo Estado político presente tem na violência sua origem, estando sujeito à revolução e sendo por isso mesmo débil. Mesmo o melhor Estado monárquico opõe o poder absoluto do rei ao povo e o melhor Estado aristocrático acaba opondo os interesses do patriciado, inicialmente escolhido entre todos, aos do povo, tornando o poder político frágil e predispondo-o à revolução ou ao despotismo. Assim é que, para Espinosa, o Estado menos violento e que prescinde da necessidade da revolução é o Estado democrático, já que o poder absoluto é o próprio povo, que estatui um poder uno e indivisível com base no consenso da cidadania. Excluídos do estatuto da cidadania os estrangeiros, mulheres, servidores e criminosos, a melhor democracia seria "aquele regime em que todos os que são governados unicamente pelas leis do país não de forma alguma sob dominação de um outro, e vivem honrosamente, possuem o direito de sufrágio na assembleia suprema e têm acesso a cargos públicos"[74].

Tendo por fundamento a liberdade de pensamento e expressão, a garantia da paz civil, a defesa do Estado democrático estaria em mãos do povo em armas.

A concepção democrática de Espinosa está fortemente marcada pelas condições concretas da república holandesa e pela permanente situação de conflito entre os Estados ocidentais no correr do século XVII. Em tais circunstâncias, para Espinosa, o regime político democrático seria aquele que internamente melhor garantiria o consenso social, estimulando ainda a vocação comercial, onde não haveria propriedade privada de bens fixos e contaria com exército popular capaz de defender os interesses comuns das cidades da confederação ante as ameaças das grandes monarquias. Essa teoria deve muito à realidade das democracias mercantil-escravistas da Antiguidade clássica, dando certa razão a Montesquieu quando este identificava essa forma de governo com o passado e considerava a república holandesa uma sobrevivência em meio a um Ocidente conformado por um sistema de Estados monárquicos.

Ao mesmo tempo, porém, Espinosa antecipa o ideal de Rousseau de uma república democrática originada de um contrato consensual. O Estado democrático absoluto encontra sua força na ausência do subalterno que possa se opor ao poder soberano. No entanto, Espinosa considera a mulher como

[74] Baruch de Espinosa, "Tratado político", em *Espinosa* (trad. Moacir de Castro, São Paulo, Abril Cultural, 1974, coleção Os Pensadores), cap. 11, § 3.

outro inferior natural do homem e a existência de formas de trabalho dependente, em alguma escala, é vista como necessidade. Embora Espinosa apareça como crítico da tradição histórico-cultural do Ocidente, não vislumbra sua dissolução, o que, dadas as circunstâncias, seria possível apenas na utopia, concebendo tão somente uma ruptura na continuidade através da radicalização da razão moderna.

Diante do avassalador predomínio da razão moderna entre a intelectualidade francesa de origem aristocrática em meados do século XVIII, também nesse aspecto Rousseau se destaca, com a importância que dá à subjetividade humana e à vontade política, tal como não se via desde Maquiavel, chegando mesmo a duvidar do racionalismo que Espinosa pretendia usar como instrumento de construção de uma ordem democrática. Além da razão moderna do Ocidente, Rousseau também criticava a tradição religiosa, principalmente no tocante a sua institucionalidade, defendendo um teísmo individual e subjetivo, expresso no comportamento moral sugerido pelo Evangelho.

Na sua crítica da construção histórica do Ocidente, Rousseau procurava resgatar e valorizar o "homem natural" como imagem da inocência, do instintivo senso de justiça, da liberdade e da igualdade como modo de vida. Essa postura, antes de tudo, colocava-o frontalmente contra a conquista colonial e a escravidão, já que não aceitava a formulação da "guerra justa" concebida por Bodin e Grotius. E, dessa forma, abre-se o caminho para Rousseau objetar contra toda organização do poder político do Ocidente, tanto na sua forma feudal como na monarquia absolutista, diversamente dos liberais Locke e Montesquieu, que, para se oporem ao absolutismo real, procuravam reciclar as instituições feudais.

Rousseau entende como despótica toda forma de poder político existente, pois que nenhum se origina de um pacto consensual entre iguais, o único capaz de fundar um verdadeiro direito público e um governo legítimo. Como Espinosa antes dele, Rousseau observa que a origem de todo Estado é um pacto de submissão, evidentemente realizado entre desiguais. Esse pacto, que deságua em formas variadas de servidão e num falso direito, tem sua origem na violência ou no engodo e seu objetivo é a preservação da desigualdade e da propriedade privada.

Como Vico e Montesquieu, também Rousseau sentia que as monarquias ocidentais viviam um momento de crise, com a expansão e exacerbação do despotismo, mas não acreditava que as instituições liberais gestadas na Inglaterra representassem uma possível solução, sendo antes apenas uma variante que recompilava as tradições jurídicas do Ocidente num "governo misto". Acreditava que apenas uma improvável ruptura revolucionária poderia superar o despotismo ocidental, que através de um contrato social legítimo poderia criar uma nova ordem sociopolítica. Nessa nova ordem que instauraria a liberdade e a igualdade civis, os indivíduos deveriam renunciar não só a seus direitos naturais originários, mas também a seus privilégios e propriedades acumulados na época histórica que consolidou a desigualdade entre os homens. Só assim poder-se-ia fundar um novo poder soberano baseado na vontade geral, chamado república, que dissolveria todas as relações de subalternidade.

Nessas condições, o conjunto dos bens materiais estariam subordinados ao poder soberano da vontade geral, sendo legítimas apenas aquelas propriedades oriundas do desbravamento da natureza e acorde com a necessidade do ocupante, que seria garantia de uma igualdade social relativa. A concepção radical-democrática de Rousseau se expressa pelo necessário exercício direto da vontade geral soberana do poder legislativo que ela própria estatuiu. É esse poder soberano da vontade geral uno, indivisível e intransferível que gera o poder executivo das leis, emanando, como função da mesma vontade geral, um governo dissolúvel a qualquer momento, cuja missão é reproduzir, de forma indissociável, liberdade e igualdade civis.

A democracia é difícil de se realizar e difícil de se manter, pois, além de exigir um momento raro na história, aquele que cria a predisposição para a revolução supõe também "um Estado muito pequeno, [...] uma grande simplicidade de costumes, [...] bastante igualdade entre as classes e as fortunas, [...] pouco ou nada de luxo"[75], e sua grande instabilidade torna-a susceptível a graves conflitos internos. A democracia possível no século XVIII, visualizada por Rousseau, tem seus fundamentos econômico-sociais na produção agrícola e no artesanato, organizando-se politicamente numa confederação de cidades ou cantões. Decerto que a inspiração de Rousseau se encontrava em Genebra e na Suíça.

A instabilidade da ordem democrática, além das condições históricas concretas de sua origem, reside na dificuldade em se preservar a vontade geral como indivisível e intransferível, pois a tendência é a de vontades particulares sobrepujarem aquela, formando uma aristocracia, que pode ter sua origem no predomínio de interesses privados de uma facção muito forte ou da autonomização do governo com a criação de um corpo representativo. Tornando-se

---

[75] Jean-Jacques Rousseau, *Do contrato social*, cit., Livro 3, cap. 4.

hereditária, a própria dinâmica da aristocracia deverá levá-la a transformar-se num governo monárquico e este, perdendo qualquer legitimidade, tenderá inexoravelmente a dar origem a um governo despótico, pior que qualquer tirania, pois que esta ainda reconhece a existência de leis, enquanto "o déspota é aquele que se coloca acima das próprias leis"[76]. Além de apontar dificuldades enormes para a instauração e manutenção da república democrática, Rousseau nota uma tendência à recomposição do despotismo pela própria dinâmica sócio-histórica, eximindo-se assim de buscar um regime ideal perpétuo, como outros teóricos jusnaturalistas haviam feito.

Como Maquiavel antes dele, Rousseau pensava que a preservação do Estado e sua longevidade dependem de vontade, ação política e boas leis. Assim, a grande instabilidade da ordem democrática deveria ser combatida com leis e instituições que visassem à manutenção da liberdade e igualdade civis e do poder soberano da vontade geral. Essas instituições deveriam se articular com usos e costumes que garantissem a sobrevivência da democracia, tudo isso sob o invólucro de uma religião civil. Essa religião civil, produto de uma verdadeira reforma intelectual e moral, seria capaz de aproximar a "religião do homem" do "culto puramente interior do Deus supremo e aos deveres eternos da moral"[77], à religião do cidadão, do amor das leis e da pátria, a qual, se levada a extremos, pode tornar um povo sanguinário e intolerante, negador da humanidade do outro. A degeneração da democracia é, para Rousseau, o processo de recriação da subalternidade e de recondução ao leito histórico cultural do Ocidente. Servindo-se de princípios radicalmente democráticos, Rousseau busca uma saída do Ocidente, criando um não Ocidente ao transcender a noção de subalterno.

O horizonte de um humanismo universal que resgata e supera o "homem natural" se distancia, porém, quando Rousseau se desloca para o patriotismo do cidadão cristão do Estado nacional que o Ocidente vinha gestando. É precisamente o caso quando, refletindo sobre a situação concreta, Rousseau vislumbra na aristocracia eletiva a melhor forma de governo para, num país com as dimensões e a população da França, substituir a monarquia absolutista. Embora Rousseau negue a possibilidade de uma monarquia vir a se transformar em aristocracia, seu raciocínio mantém a coerência se sua previsão estivesse contemplando o despotismo presente sendo seguido por uma democracia altamente instável, que rapidamente seria substituída por uma aristocracia eletiva,

[76] Ibidem, Livro 3, cap. 10.

[77] Ibidem, Livro 4, cap. 8.

o regime que as revoluções burguesas consagrariam com o nome de governo representativo (e posteriormente chamado de democracia liberal).

A oposição da nobreza francesa à monarquia absolutista desencadeou o processo revolucionário. A tentativa de instituir uma monarquia constitucional de inspiração liberal fracassou após a insurreição popular de agosto de 1792, quando a emergência dos excluídos permanentes da ordem social do Ocidente deu vazão a uma experiência radical-democrática que, por seus valores libertários, colocou a França momentaneamente sob risco de resvalar para fora do Ocidente. Porém, dois anos depois, com o bloqueio da irrupção das massas populares urbanas, a burguesia proprietária foi projetada para a condução do processo revolucionário com o apoio do campesinato.

Para os liberais, era tarefa da revolução derrotar o despotismo estatal, encarnado na figura do rei, e criar uma monarquia constitucional que reconhecesse o individualismo proprietário e mantivesse a exclusão dos trabalhadores manuais e dependentes, utilizando o artifício do sufrágio em dois graus na definição do governo representativo, o que serviria de dique contra a emergência do despotismo popular. Para os radical-democratas, por outra vertente, tratava-se de derrotar toda forma de despotismo, ainda embutido na monarquia constitucional, instaurando a liberdade e igualdade civis por meio do sufrágio universal masculino e da intervenção estatal na economia, como formas de minimizar a alienação da soberania popular e redistribuir a riqueza social. Num país do tamanho da França, sendo inevitável a representação política, dever-se-iam encontrar mecanismos para mantê-la articulada às instâncias democráticas diretas da base social, como poderia ser, por exemplo, a instituição da revogabilidade do voto.

Ao insistir que apenas a virtude moral e política poderia estabilizar a república democrática, Robespierre intuía a necessidade de uma profunda reforma cultural que superasse a multissecular trajetória de opressão do Ocidente. Diante do isolamento do poder democrático e a crescente utilização do terror, que tinha o significado da divisão e transferência da vontade geral soberana, para falar com Rousseau, a partir de 1795 abriu-se o caminho para a retomada do predomínio da perspectiva liberal, com o banimento da democracia e a formação de um governo representativo que, através do voto censitário, sancionava a reinvenção do subalterno na ordem social do Ocidente[78].

---

[78] João Carlos Brum Torres, "A representação nacional", em *Figuras do Estado moderno* (São Paulo, Brasiliense, 1989).

Assim, o despotismo como representação política esteve no centro das disputas socioculturais do Ocidente no primeiro século de opção pela modernidade. Para o liberalismo, despotismo tinha o significado tanto de opressão estatal, que poderia até mesmo originar-se do Oriente, como a contestação e reivindicação de igualdade política vinda das camadas sociais subalternas. Nesse contexto, a burguesia não mais poderia ser considerada classe subalterna, pois, cavalgando a concepção liberal de mundo que vinha se tornando hegemônica – exatamente por encontrar-se de acordo com o movimento das bases materiais de reprodução da vida social –, forçava sua inclusão como classe dirigente do bloco histórico da modernidade.

Na teoria democrática, a tendência era a dissolução da subalternidade e, no limite, a transposição do Ocidente, sendo chamado de despotismo todo poder que a isso se opusesse. O liberalismo clássico, ao reinventar o subalterno no interior do Ocidente, também reinventou um Oriente negativo e inferior, a ser vitimado pela expansão do Ocidente. Na concepção democrática, Oriente e Ocidente se identificavam na submissão ao despotismo, fosse ele estatal-nobiliárquico ou colonial, não havendo, portanto, qualquer diferença ontológica entre o *nós* e o *outro*.

3
A DEMOCRATIZAÇÃO DO LIBERALISMO E A CRÍTICA COMUNISTA

A consolidação do bloco histórico da modernidade no Ocidente

O Ocidente ingressou na fase de consolidação e generalização do bloco histórico da modernidade no último quarto do século XVIII, constituindo um modo de produção especificamente capitalista e conformando Estados diferenciados fundados no princípio da nacionalidade e da igualdade entre indivíduos formalmente livres. Com o individualismo proprietário do liberalismo ganhando novas camadas sociais, configura-se uma hegemonia civil e cultural, assim como uma decorrente subalternidade, que gesta, no decorrer do processo, uma subjetividade antagônica, expressa nos movimentos e teorias socialistas e comunistas, questionadora da ordem social que a modernidade do Ocidente engendra.

A observação metodológica feita por Gramsci "em relação aos acontecimentos que se verificaram na França entre 1789 e 1870", os quais deveriam necessariamente ser vistos em conjunto, já que "só em 1870-1871, com a tentativa comunalística, se esgotam historicamente todos os gérmens nascidos em 1789"[1], pode ser utilizada, numa ampliação do paradigma, para a análise de todo o bloco histórico do Ocidente. Assim, a revolução burguesa deve ser encarada como processo e época histórica que perpassa "oitenta anos de transformações em ondas cada vez maiores"[2]. Para que a revolução burguesa, que

---

[1] Antonio Gramsci, *Quaderni del carcere* (org. Valentino Gerratana, Turim, Einaudi, 1975), p. 1.581 [ed. bras.: *Cadernos do cárcere*, trad. Carlos Nelson Coutinho e Luiz Sérgio Henriques, Rio de Janeiro, Civilização Brasileira, 1999-2002, 6 v.].

[2] Ibidem, p. 1.582.

consolida e generaliza a modernidade, tenha coberto "esta duração excepcional significa que contradições insanáveis se revelaram na estrutura e que forças políticas operantes positivamente para a conservação e defesa dessa estrutura ainda se esforçam para, dentro de certos limites, saná-las e superá-las"[3].

Embora a revolução burguesa se conforme dentro dos contornos do Estado nacional e a França tenha desempenhado um papel político-cultural decisivo, por sua capacidade de difusão e construção hegemônica, esta deve ser observada dentro do processo sócio-histórico geral do Ocidente. Gramsci percebe claramente que a especificidade da França, enquanto núcleo do poder político do Ocidente e difusor da revolução burguesa, estava numa concepção e ação política centrada no confronto aberto entre grupos sociais com interesses conflitantes: "revolução permanente" com uma tática de "guerra manobrada"[4].

Essa fase e forma de fazer política tiveram seu último lance no Ocidente com a derrota da Comuna de Paris, quando a nova classe subalterna foi derrotada e as antigas classes dirigentes foram absorvidas na modernidade. Enquanto na Inglaterra essa questão da absorção das antigas camadas dirigentes estava já parcialmente resolvida desde fins do século XVII, facilitando as rápidas transformações técnico-econômicas, e nos Estados Unidos estavam ausentes elementos feudais e uma nobreza hereditária, nos outros Estados do Ocidente esse processo é tardio, ocorrendo somente após 1848, sob forma de revolução passiva. Na periferia do Ocidente, no Oriente interno e até mesmo no Oriente externo, o ingresso na modernidade e a revolução burguesa ocorre como

> absorção gradual, mas contínua, obtida através de métodos os mais variados do ponto de vista da eficácia, dos elementos ativos saídos de grupos aliados, mas também adversários, e que pareciam inimigos inconciliáveis. Nesse sentido, a direção política tem se tornado um aspecto da função de dominação, e a absorção das elites dos grupos inimigos conduz à decapitação desses grupos e à sua aniquilação por um período às vezes muito longo.[5]

Nessa forma de difusão da modernidade, ao contrário dos países de revolução burguesa originária, a hegemonia civil e cultural é frágil, pois depende

---

[3] Ibidem, p. 1.580.

[4] Ibidem, p. 1.582.

[5] Ibidem, p. 2.011.

demais dos intelectuais tradicionais e da estabilidade da cultura popular, vendo-se assim superdimensionados os elementos de coerção.

A Inglaterra, como polo original e difusor da modernidade capitalista, constituiu uma hegemonia forte, em função da preponderância do individualismo proprietário no conjunto das camadas sociais dominantes e na intelectualidade, e de uma institucionalidade liberal antecipadora do Estado nacional, criadora das condições culturais e institucionais para que, a partir da década de 1780, um decisivo processo de transformação técnico-econômica tivesse início. Mas isso não teria sido possível se, por um lado, a Inglaterra não tivesse antes se transformado num país de grandes proprietários agrários capitalizados que arrendavam a terra ou contratavam diaristas e comercializavam seus produtos, e, por outro, não tivesse se transformado na maior beneficiária do mercado mundial que o Ocidente vinha construindo desde o século XVI.

Enquanto eram liquidados os últimos resquícios das propriedades comunais, a chamada revolução industrial deu início à construção das bases materiais da modernidade capitalista, através da emergência da fábrica, local onde se utilizam máquinas-ferramenta. A força de trabalho passa a ser parte da engrenagem, ao mesmo tempo que se dissocia dos meios de produção, de subsistência e do conhecimento, depreciando-se moral e intelectualmente.

Numa ordem social fundada no individualismo proprietário, nas condições da produção fabril industrial em seus albores, depois de os aprisionados nas paróquias e "casas de trabalho" terem se tornado insuficientes, o operário viu-se obrigado a vender no mercado capitalista tudo de que dispunha: não apenas sua força de trabalho, mas também mulher e filhos. Em nome da liberdade de contrato apregoada pelo liberalismo, toma forma "o código fabril, em que não figura a divisão de poderes tão prezada pela burguesia, e tampouco seu ainda mais prezado sistema representativo, de modo que o capital, como um legislador privado e por vontade própria, exerce seu poder autocrático sobre seus trabalhadores"[6].

Estando proibida a organização coletiva do mundo do trabalho, com a concentração industrial e o progresso técnico, ao criar uma massa de força de trabalho disponível de forma permanente, "[a máquina] se converte na arma mais poderosa para a repressão das periódicas revoltas operárias, greves etc.

---

6 Karl Marx, *O capital: crítica da economia política*, Livro I: *O processo de produção do capital* (3. ed., trad. Rubens Enderle, São Paulo, Boitempo, 2023), p. 496.

contra a autocracia do capital"[7]. É assim que ganha corpo o outro da modernidade capitalista e o ser social em condições de fundamentar uma subjetividade antagônica à ordem sociocultural do Ocidente.

A transformação técnico-econômica talvez tenha começado com a fabricação de cerveja, mas seu impacto social ocorreu com o surgimento da indústria têxtil, pois esta conseguiu associar a produção agrária inglesa de lã, a produção e o mercado colonial de algodão e a incorporação de mulheres e crianças como força de trabalho, ampliando assim o mercado capitalista a partir da produção fabril. Desde a terceira década do século XIX, a estrada de ferro revolucionou os meios de transporte e abriu caminho para a metalurgia transformar-se no condutor do processo de industrialização. Surgem também as primeiras e precárias leis sobre o trabalho fabril, limitando as horas de trabalho e regulamentando as condições sanitárias, enquanto organizações operárias conseguem o reconhecimento legal.

O ingresso da industrialização na fase de ereção de bens de capital na Inglaterra em parte foi devido à difusão da base material da modernidade por outras áreas do Ocidente, como a Bélgica, o vale do Ruhr, a Saxônia, a França e os Estados Unidos. Em torno de 1870, embora fosse ainda a Inglaterra o mais importante país industrial, a base material da modernidade estava bastante mais expandida, ainda que por "manchas", por boa parte do Ocidente.

> Se a universalização da legislação fabril tornou-se inevitável como meio de proteção física e espiritual da classe trabalhadora, tal universalização, por outro lado, e como já indicamos anteriormente, universaliza e acelera a transformação de processos laborais dispersos, realizados em escala diminuta, em processos de trabalho combinados, realizados em larga escala, em escala social; ela acelera, portanto, a concentração do capital e o império exclusivo do regime de fábrica. Ela destrói todas as formas antiquadas e transitórias, embaixo das quais a domínio do capital ainda se esconde em parte, e as substitui por seu domínio direto, indisfarçado. Com isso, ela também generaliza a luta direta contra esse domínio. [...] Amadurecendo as condições materiais e a combinação social do processo de produção, ela também amadurece as contradições e os antagonismos de sua forma capitalista e, assim, ao mesmo tempo, os elementos criadores de uma nova sociedade e os fatores que revolucionam a sociedade velha.[8]

---

[7] Ibidem, p. 508.

[8] Ibidem, p. 570-1.

Como pode ser notado, muito antes de Gramsci analisar, a partir da França, a revolução burguesa como processo e época histórica, Marx havia usado o mesmo procedimento e chegado a conclusões convergentes, ao estudar a configuração das bases materiais da modernidade com suas contradições. Ambos vislumbram na classe operária fabril o necessário outro negativo da modernidade capitalista capaz de gestar uma nova subjetividade em condições de transpor a tradição de exclusão da trajetória histórica do Ocidente cristão feudal e sua sequência liberal capitalista.

Quando da eclosão da revolução no núcleo do poder político continental, representado pela França, ameaçando a sobrevivência da nobreza, camada social fiadora da continuidade histórica do Ocidente, todo o sistema de Estados reagiu, vindo a se constituir uma aparentemente paradoxal aliança entre a Inglaterra, cada vez mais conservadora e até então o polo de difusão da modernidade, e as monarquias absolutistas do Oriente interno. Inicialmente, a Áustria e a Prússia se postaram contra a revolução, sendo depois reforçadas pela Inglaterra, Holanda e Espanha, quando os jacobinos tomaram o poder em Paris. A guerra defensiva da república democrática transformou-se, com sua derrota, a partir de 1795, em guerra ofensiva da república liberal burguesa, com o objetivo de garantir mercados para suas manufaturas, expandindo-se para leste, revogando o direito feudal e impondo os princípios do liberalismo, retomando ainda a expansão sobre o mundo islâmico, às expensas tanto da Turquia quanto da Inglaterra. Uma vez mais a Itália foi transformada em campo de batalha, mas a entrada da Rússia na guerra ao lado da Inglaterra, Áustria e Turquia obrigou o recuo momentâneo da França.

A legalização da pequena propriedade agrária, a elaboração de um código de direito civil e a conformação de uma nova aristocracia foram passos para que a França retomasse seu projeto de expansão da revolução burguesa. Derrotada no mar pela Inglaterra, mas mantendo a ofensiva em terra, em 1807 a França chegou a um acordo momentâneo com a Rússia, que passa a avançar em direção oeste, apossando-se da Finlândia, depois da Bessarábia e de mais um pedaço da Polônia. Quando a Rússia rompeu o acordo anti-inglês, a França organizou o ataque militar contra o Oriente interno, tentando recompô-lo segundo seus interesses. A catastrófica derrota francesa na Rússia, em 1812, reorganizou a aliança entre a Inglaterra e o Oriente interno, que avançou até Paris, ocupada em 1814. Estava terminada a guerra civil que vitimava o Ocidente desde 1792, e derrotado o projeto do império universal forjado a partir da revolução liberal burguesa eclodida na França.

A maré do Oriente interno espraiando-se sobre o núcleo do Ocidente, estabilizou momentaneamente a ordem social, reconduzindo a nobreza ao papel de defensora da continuidade histórica e as igrejas ao de mediação entre as classes dominantes e as camadas sociais subalternas. Em 1814, o Congresso de Viena, em substituição a uma ordem política definida pela expansão da Revolução Francesa, conformou um sistema de instável equilíbrio entre o Oriente interno – no qual aparecia uma Rússia extremamente fortalecida – e o núcleo do Ocidente – onde se destacava a força econômica e político-militar da Inglaterra. Como desdobramento do Congresso de Viena, formou-se, em nome da religião cristã, a Santa Aliança, composta por Rússia, Prússia e Áustria, à qual aderiram França e Espanha, com o objetivo de preservar a ordem do Ocidente, sempre com apoio inglês, que não deu, porém, sua adesão formal.

No entanto, as alterações nas relações de propriedade e o direito privado imposto pela guerra revolucionária não foram revogados, significando que uma parte crescente da nobreza ia absorvendo as concepções do individualismo proprietário e o liberalismo econômico, embora as resistências à formação de governos representativos fossem muito grandes. Com a chamada "Restauração", a França outorgou-se uma Constituição que preservava alguns princípios do absolutismo monárquico associados a formas institucionais liberais, enquanto na Prússia a Constituição ficou na promessa régia e na Áustria e Rússia a monarquia absolutista manteve-se firme. O eixo econômico e político da Prússia tendeu a se deslocar cada vez mais para oeste, já que sua expansão para leste estava bloqueada pelo colosso russo. A Áustria, por seu verso, deslocou seu eixo econômico para sudeste, principalmente para as regiões húngaras, e, expandindo-se às expensas da Turquia, acabou também por se chocar com a Rússia, que continuava sua busca por mares temperados.

Minoritários e marginalizados aqueles que propugnavam a república democrática de inspiração jacobina, os movimentos sociopolíticos de oposição ao predomínio da nobreza e da grande burguesia organizavam-se em torno dos princípios da nacionalidade e do liberalismo, visando ao estabelecimento de monarquias constitucionais com governos representativos. Movimentos com esse caráter ocorreram por toda a borda mediterrânea no início dos anos 1820, em Portugal, Espanha, Nápoles, Piemonte e Grécia, todos eles derrotados, com exceção deste último, que, pelo fato de se opor à Turquia – um Oriente externo –, canalizou a solidariedade de todo o Ocidente.

O primeiro lustro dos anos 1830 assistiu a uma nova onda da revolução burguesa, cujo epicentro mais uma vez estava em Paris. Mantidas dentro dos parâmetros do liberalismo, as manifestações populares de julho de 1830 promoveram um rearranjo no interior das classes dominantes francesas, passando o predomínio para as mãos da burguesia manufatureira e bancária, em detrimento dos grandes proprietários agrários. O movimento popular de solidariedade à insurreição polonesa de 1831 foi reprimido, assim como as greves operárias de Lyon, em 1834, pelo governo representativo instituído pela monarquia liberal constitucional.

Mas a revolução, com ampla base social, espalhou-se para a Bélgica, que conseguiu sua independência da Holanda, formando um modelar Estado liberal monárquico. Outros movimentos revolucionários foram derrotados na Polônia e na Itália em função da restrita base social, assim como também nos Estados do centro da Alemanha. Os principados alemães ampliaram a repressão estatal, mas também estimularam a formação de uma zona de livre comércio, que deu o contorno da futura Alemanha unificada. Na Inglaterra, a organização do movimento operário pressionou por reformas institucionais, que ampliaram o estatuto da cidadania para camadas mais amplas da burguesia e conseguiu a promulgação dos primeiros esboços de legislação social e do trabalho.

A revolução de 1830 retirou o véu que o Oriente interno havia colocado sobre o núcleo do Ocidente, tornando nítidas novamente as diferenças entre as duas áreas. Desde o fracasso relativo da Santa Aliança, porém, os publicistas do liberalismo vinham prospectando uma aproximação entre França e Inglaterra, e mesmo com os Estados Unidos, tendo em vista a ampliação do império marítimo do Ocidente, assim como a preservação da França diante do possível avanço da Rússia, o império terrestre do Oriente[9]. Em 1833, a Rússia, a Prússia e a Áustria reafirmaram o pacto de defesa do absolutismo monárquico, da legitimidade dinástica e da religião cristã, ou seja, do predomínio sociopolítico da nobreza feudal. Em contraposição, em 1834, Inglaterra, França, Espanha e Portugal firmaram um acordo em defesa da monarquia constitucional, dos princípios nacionais e liberais.

A questão do Oriente encheu-se, assim, de um novo conteúdo, formado principalmente pela oposição entre Inglaterra e Rússia, cuja raiz encontra-se na disputa pelos espólios do império turco e pelo controle da Ásia central. A vitória russa sobre a Turquia em 1829, que redundou na independência de fato da pequena Sérvia, aumentou os temores de que o domínio inglês sobre

---

9 Dieter Groh, *La Russia e l'autocoscienza d'Europa* (Turim, Einaudi, 1980), p. 146-67.

o mar Mediterrâneo estivesse ameaçado, estimulando uma onda de russofobia no Ocidente, ainda exacerbada com a repressão ao levante polonês de 1831.

Essa aparente coesão do Ocidente mostrou sua fragilidade em 1839-1841, quando a revolta egípcia contra a dominação turca obteve apoio da França, mas a Inglaterra, temendo ver facilitado o avanço russo, defendeu o governo de Istambul. A Inglaterra estimulava a Áustria em direção aos Bálcãs para servir de contrapeso aos interesses franceses, enquanto os russos se apoiavam na Sérvia e no reino de Nápoles para ampliar sua influência no Mediterrâneo oriental. Mas um confronto armado somente viria a ocorrer em 1854-1856, na Guerra da Crimeia, quando a coligação formada por Turquia, Inglaterra, França e Piemonte infligiu pesada derrota ao império tsarista.

A onda revolucionária de 1830 estimulou a busca de identidades nacional-populares por todo o Ocidente, incluindo a pesquisa do passado histórico, de costumes particulares e a definição de uma língua e literatura. Essa atividade intelectual servia de instrumento de luta político-cultural pela construção de Estados nacionais fundados nos princípios liberais. Os radical-democratas que almejavam a república e reformas sociais mais ou menos profundas, embora sempre minoritários, vinham ampliando sua influência. De um seu desdobramento surgiriam os primeiros movimentos socialistas. Juntamente com o pensamento social francês, a economia política inglesa e a filosofia idealista alemã formavam o tripé sobre o qual se assentava a alta cultura do Ocidente na fase de consolidação e generalização da modernidade, unificada pela crença no progresso e na ocidentalização do mundo.

A insurreição polonesa de Cracóvia (1846), a revolução suíça (1847) e a revolução siciliana (1848), anteciparam a nova e generalizada onda revolucionária, que uma vez mais teve seu epicentro em Paris, e logo transformou-se na "primavera dos povos" tanto do núcleo do Ocidente quanto em parte do Oriente interno (e até mesmo no Ocidente subalterno). Da França republicana a revolução espalhou-se como um rastilho de pólvora para Munique, Berlim, Viena, Budapeste, Praga, Milão, Roma e até Bucareste, com forte prevalência da cidade sobre o campo. Com todas as forças sociais progressivas da modernidade postando-se em campo para desobstruir o caminho de seu desenvolvimento das sobrevivências da velha ordem, correu-se, pelo menos aparentemente, o risco de desestabilização do bloco histórico que vinha se consolidando.

Essa possibilidade, ainda que remotíssima, foi colocada quando o conjunto das camadas sociais proprietárias se deparou, em maio/junho de 1848, em Paris e Praga, com a insurreição proletária, demarcando a irrupção do outro interno da modernidade capitalista. Diante da relativa autonomia política e subjetiva dos trabalhadores pobres, as novas classes burguesas proprietárias recuaram da revolução. E, para evitar o risco da república democrática, retomaram o fio condutor do liberalismo excludente e da monarquia constitucional como estratégia de ascensão social dentro do bloco histórico da modernidade ocidental, deixando a gestão dos negócios públicos em mãos da nobreza agrária, que em grande medida conformava a burocracia estatal e comandava a força armada[10].

Derrotadas as forças antagônicas radical-democratas e socialistas, teve início uma onda passiva da revolução que iria levar à conclusão o processo de consolidação da modernidade capitalista, de modo que "o período das revoluções vindas de baixo estava por ora concluído; seguiu-se um período de revoluções vindas de cima"[11]. Na França estabeleceu-se uma república liberal presidencialista (inspirada no modelo americano) que cassou a cidadania política de 1/3 da população masculina adulta, ao estabelecer a exigência de residência fixa.

A instabilidade dessa forma institucional evidenciou-se no conflito entre poder legislativo, representante das várias facções das classes dirigentes, e poder executivo, respaldado pela massa de pequenos proprietários agrários e marginalizados das cidades. A disputa refletia a incapacidade das camadas dirigentes de encontrarem um projeto unificador, o que acabou esvaziando sua representação política e possibilitando a emergência, por meio de um golpe de Estado, do regime bonapartista. Entre suas primeiras medidas está o restabelecimento do sufrágio universal masculino, o que garantiu amplo consenso social, atraindo até elementos das forças antiburguesas ao atuar uma política econômica intervencionista. Gramsci tende, embora de maneira pouco explícita, a encarar o regime imperial de Napoleão III como uma forma particular de revolução passiva que se expressa como "cesarismo"[12].

O processo de formação dos Estados nacionais na Itália e Alemanha, concluído em 1870, por meio da expansão político-militar dos reinos do Piemonte e da Prússia, constituiu a forma específica e entrelaçada de revolução passiva

---

[10] Eric Hobsbawm, *A era das revoluções: 1789-1848* (trad. Maria Tereza Lopes Teixeira e Marcos Penchel, Rio de Janeiro, Paz e Terra, 1976).

[11] Friedrich Engels, "Prefácio" (6 mar. 1895), em Karl Marx, *As lutas de classes na França: 1848--1850* (trad. Nélio Schneider, São Paulo, Boitempo, 2012), p. 17.

[12] Antonio Gramsci, *Quaderni del cárcere*, cit., p. 1.621-2.

nessas regiões, deixando as lutas sociais para um segundo plano e garantindo a subalternidade dos trabalhadores pobres. Nessas condições, "a função do Piemonte no *Risorgimento* italiano é aquela de uma classe dirigente"[13], assim como analogamente é a função da Prússia na unificação alemã, onde apenas uma parte da classe dominante detém a hegemonia e a exercita sobre outras frações, incapazes de formularem projetos alternativos de condução política. Se, por sua vez, nem Áustria, nem Rússia consubstanciaram revoluções passivas como a Itália e a Alemanha, em ambos os casos a nobreza da terra manteve sólidas posições econômicas e políticas.

A época e o processo de consolidação e generalização da modernidade têm seu desenlace na formação de dois importantes Estados nacionais no território do antigo Império Romano-Germânico, mas também na irrupção do outro negativo interno, a classe operária e os trabalhadores pobres. O colapso do império napoleônico diante das tropas do nascente império alemão possibilitou, a partir do mundo do trabalho de Paris, a emergência de um embrião de alternativa de desenvolvimento histórico, negadora da tradição do Ocidente de exploração e exclusão do outro. A prisão do imperador Napoleão III pelos alemães obrigou a proclamação da república liberal e a eleição de uma Assembleia Nacional, mas a debacle do Exército e a pressão popular fizeram com que se reorganizasse a Guarda Nacional a fim de resistir à invasão, inviabilizando assim o governo de transição conservadora.

Durante setenta dias no primeiro semestre de 1871, Paris serviu de laboratório de uma experiência radical-democrática que incorporou toda a teoria e a prática democráticas gestadas desde que o Ocidente optara pela modernidade, enriquecida ainda pelos ideais anarquistas e socialistas surgidos com o movimento operário. A experiência democrático-revolucionária da Comuna de Paris esteve baseada no sufrágio universal e na revogabilidade dos mandatos representativos e dos cargos administrativos, e não haveria separação entre poder legislativo e poder executivo. A defesa estaria em mãos do povo em armas e o processo produtivo estaria a cargo da gestão dos próprios trabalhadores. A diferença fundamental dessa democracia daquelas concebidas por Espinosa ou Rousseau sobre base agromercantil é a existência, ainda que não plenamente amadurecidas, das bases materiais da modernidade.

Pretendia-se organizar a nação em torno de uma federação de comunas autônomas contraposta ao Estado enquanto burocracia, instrumento de coerção

---

[13] Ibidem, p. 1.822.

e de defesa da propriedade privada. Esse projeto alternativo de gestão da coisa pública, que implicaria a saída e dissolução do Ocidente, uniu contra si as classes dirigentes do bloco histórico que estava então se consolidando, possibilitando que o Exército e a polícia da república francesa, com respaldo do Exército invasor alemão, perpetrasse o massacre de cerca de 20 mil pessoas, a prisão e o exílio de milhares de outras. Nessa circunstância, não era possível reconhecer ao subalterno rebelado nem mesmo o direito à vida[14]!

O controle político direto do núcleo do Ocidente sobre o mundo (principalmente de seu extremo Ocidente original, os reinos ibéricos) retraiu-se de modo muito significativo na época de consolidação e generalização da modernidade. Isso não quer dizer que a ocidentalização do mundo, através da reinvenção da subalternidade e das formas de domínio, não tenha avançado. Num processo particular, no extremo Ocidente setentrional, vieram mesmo a lume elementos de vanguarda da modernidade, no momento que o conjunto do Ocidente ingressava de modo contraditório nessa nova época. A Revolução Americana, corolário do processo de amadurecimento de inovadora ordem colonial surgida no século XVII que, desdobrando o extremo Ocidente, deu origem ao primeiro Estado nacional liberal moderno.

No decênio da guerra pela independência diante da Inglaterra (1773-1783), as tendências radical-democráticas se fortaleceram de modo a poder avançar reivindicações de distribuição da terra (e até mesmo de terra comum), além do sufrágio universal, exército popular e autogoverno das comunidades, algumas das quais o Ato da Confederação de 1781 parecia possibilitar. Tratava-se, porém, após o Tratado de Paris de 1783, de terminar a revolução, afastando as tendências democráticas, a que o movimento de 1786 em Massachusetts de trabalhadores rurais e de endividados ameaçava dar novo impulso.

A Convenção de Filadélfia, no ano seguinte, reunindo a "aristocracia" proprietária, aplicou um golpe de Estado "branco" promulgando em 1789 uma Constituição "liberal e enérgica", segundo palavras do general George Washington, o nomeado primeiro presidente da república americana. Contrariando o Ato da Confederação de 1781 (que exigia a unanimidade), a Constituição federal liberal considerava-se aprovada com o aval de nove estados, embora tenha, apesar da resistência, enfim recebido em 1790 a aprovação de

---

14 Prosper-Olivier Lissagaray, *História da Comuna de 1871* (2. ed., trad. Sieni Maria Campos, São Paulo, Ensaio, 1991, p. 288).

todos os treze estados. Os Estados Unidos se constituíam assim, como queria Alexander Hamilton, no "embrião de um grande império".

A fim de garantir a liberdade proprietária e a exclusão da plebe, negros escravizados e indígenas, instituiu-se uma federação republicana com governo representativo escolhido por sufrágio censitário e poder executivo forte. O presidencialismo, num primeiro momento, até pela presença de simpatizantes monarquistas na Convenção de Filadélfia, poderia parecer uma monarquia eletiva temporária, mas tem analogias também com a instituição da ditadura da antiga república romana, capaz de enfrentar um "estado de exceção". Para Locke e Montesquieu, o "estado de exceção", diante da ameaça à liberdade proprietária, seria decretado pela Câmara representativa da nobreza, camada social inexistente nos Estados Unidos, que optou nesse caso por reforçar o poder executivo. Essa solução é muito semelhante àquela encontrada na França dez anos depois, com o golpe do 18 Brumário[15].

Embora nos Estados Unidos estivesse ausente a nobreza feudal, o fio condutor da continuidade histórica do Ocidente, ou até por isso, a Revolução Americana e o Estado nacional liberal puderam se constituir em vanguarda da modernidade capitalista através de uma engenharia institucional, mantendo a trajetória sociocultural do Ocidente, fundada na exclusão e domínio do outro, assim como no projeto de império universal. Em função desse projeto imperial, a expansão territorial sobre as terras indígenas, forma específica de realização da revolução burguesa nos Estados Unidos, ocorreu com a manutenção da exclusão e negação do outro interno (mulheres, pobres e negros escravizados) e externo (indígenas). Mas foi em nome da continuidade e radicalização desse projeto que o general-presidente Andrew Jackson (1829-1937) universalizou o sufrágio entre os homens brancos, incluindo aí os não proprietários, a fim de ampliar o consenso social interno e dar novo impulso à expansão genocida para as terras indígenas.

A época e o processo de revolução burguesa nos Estados Unidos findaram com a conclusão da formação territorial, com a conquista de vastos territórios do México, entre 1845 e 1853, e a abolição do estatuto da escravatura à custa de sangrenta guerra civil – mantendo, no entanto, os afro-americanos na subalternidade – e com o início da guerra final de extermínio dos indígenas,

---

[15] Domenico Losurdo, *Democrazia o bonapartismo* (Turim, Bollati Boringhieri, 1993), p. 89--104 [ed. bras.: *Democracia ou bonapartismo: triunfo e decadência do sufrágio universal*, trad. Luiz Sérgio Henriques, São Paulo, Editora Unesp, 2004].

concluída em 1890. Com o crescimento da vaga migratória vinda da Europa, até mesmo entre os brancos foram forjados subalternos que não se enquadravam no padrão da clássica identidade americana do homem branco anglo-saxão e protestante: entre eles estavam os judeus e os católicos irlandeses, italianos e poloneses.

No extremo Ocidente meridional, os herdeiros dos conquistadores ibéricos formaram uma oligarquia crioula que aos poucos foi criando interesses diferenciados do núcleo original do Ocidente. A partir de fins do século XVIII, com a crise do antigo sistema colonial, essa oligarquia percebeu no liberalismo uma visão de mundo capaz de a um só tempo respaldar sua ânsia de emancipação e de preservação interna dos pilares básicos da ordem colonial. A emancipação política significou a subalternidade reinventada da América meridional diante do núcleo do Ocidente, com as oligarquias buscando no liberalismo a inspiração para forjarem o rosário de novos Estados que vieram a se formar entre 1810 e 1838. No mesmo movimento foi internalizada a noção de outro negativo e inferior, mesmo para que se perpetuasse a ordem colonial e a dominação oligárquica, mantida a exclusão de negros e indígenas submetidos a formas variadas de servidão, seres subalternos num Ocidente subalterno.

Para o resto do mundo, Ocidente e Inglaterra haviam quase se transformado em sinônimos, pois, enquanto a França lutava para expandir a revolução burguesa no continente europeu, os ingleses se tornavam senhores incontestáveis dos mares e do comércio mundial. O movimento de retração da França foi contrastado apenas quando o rei Carlos X, procurando dissimular a crise do regime bourbônico, manteve a recusa em pagar as dívidas de importação do trigo argelino, passando ao ataque militar. A revolução de 1830, mesmo com o novo regime, continuou a genocida guerra de conquista do norte da África até 1847, embora a resistência ao colonialismo tenha durado meio século mais.

No processo de consolidação de seu domínio sobre a Índia, a Inglaterra entrou em choque com a Rússia e teve ainda que resolver militarmente a questão do comércio indiano com a China, além de enfrentar uma generalizada revolta das velhas classes dominantes da Índia (1857-1858), que como desdobramento acarretou o fim da Companhia das Índias Orientais e o estabelecimento da dominação estatal direta da Inglaterra sobre a colônia oriental. Fechada à presença estrangeira desde 1757, em 1800 a China proibiu a importação e consumo de ópio, cujo comércio, controlado por mercadores indianos, passou a ser feito por contrabando. Quando o governo chinês passou a reprimir esse sórdido negócio, a Inglaterra foi à guerra (1839-1842), abrindo então o mercado chinês, num caminho logo aproveitado pela Rússia e pela França, que também assinaram tratados abusivos à dignidade chinesa. Como reação ao declínio do império do Centro, uma rebelião camponesa de caráter igualitarista envolveu grande parte da China entre 1851 e 1864, ao mesmo tempo que a penetração desagregadora do Ocidente tinha continuidade.

Por outra parte, desde o início do século XIX estava evidenciada a crise do feudalismo japonês, que se desenvolvia relativamente imune à pressão ocidental, até que, em 1854, um barco de guerra americano abriu a canhoneadas os portos japoneses ao comércio do Ocidente, promovendo uma dramática inflação e seguidos levantes camponeses. A solução encontrada foi colocar em andamento uma revolução passiva que, em torno da autoridade do imperador, criou um Estado centralizado e um Exército nacional, suprimiu as relações feudais, declarando a igualdade formal entre os indivíduos e, através da introdução do direito privado e da incorporação do conhecimento técnico do Ocidente, engendrou uma economia de mercado capitalista. A ocidentalização do mundo se diversificava em sua trajetória, mas não eliminava a lógica da conquista, submissão e racialização do outro, que o Japão também passava a incorporar.

O liberalismo e os novos subalternos

A fim de consolidar o bloco histórico da modernidade ocidental, a questão essencial que se colocava para o liberalismo, após a derrota do império francês de Napoleão I, a qual deu origem ao primeiro grande refluxo do processo de revolução burguesa, era precisamente o de garantir seu estancamento. Para tal tornava-se necessário reencontrar um papel para a nobreza agroproprietária e garantir a exclusão dos não proprietários do estatuto da cidadania. Expoente dessa versão conservadora do liberalismo, Benjamin Constant defendia a existência de um governo representativo dos proprietários, escolhido por sufrágio censitário, numa monarquia constitucional que vedava a atividade política institucional aos não proprietários, condição de garantia da liberdade privada dos privilegiados.

A diferença do liberalismo de Tocqueville em relação a esse está na aceitação e na concepção da modernidade ocidental como um processo contínuo, originado do declínio inelutável da feudalidade, derivando daí a necessidade de se encontrar suas origens e perscrutar seus horizontes. Descendente da pequena nobreza normanda, Alexis de Tocqueville teve sua vida intelectual e política marcada pela ascensão e ocaso da monarquia orleanista, tendo-se mostrado digno continuador da obra de Montesquieu, de quem absorveu a teoria social e o método de análise de casos particulares, evitando as abstrações dos jusnaturalistas.

A questão de fundo da reflexão de Tocqueville é a possibilidade da sobrevivência do Ocidente nas circunstâncias da modernidade capitalista, sem que se resvale para alguma nova forma de despotismo. Tal como Montesquieu, também Tocqueville via na nobreza a fiadora da continuidade histórica do Ocidente e observava como a modernidade tendia a restringir ou mesmo eliminar seu papel de estabilizadora da ordem social. Como o despotismo moderno pode ter sua origem numa revolução que subverta a ordem ou em uma situação social de democracia, Tocqueville concentra sua atividade intelectual no entrelaçamento desses dois temas, que convergem no medo da emergência do outro negativo do Ocidente. Este pode manifestar-se sob vestes variadas, mas resulta sempre na indiferenciação social e no eclipse da liberdade.

Para Tocqueville, a emergência do despotismo no Ocidente é indissociável da emergência da modernidade e das tendências à democracia e ao individualismo. E seu derradeiro trabalho, *O Antigo Regime e a Revolução* (1856), redigido quando o processo da revolução burguesa na França se encaminhava para a conclusão, Tocqueville tentou uma abordagem do significado histórico do processo revolucionário, concluindo pessimistamente que, após sessenta anos, havia se transitado de um despotismo a outro, da monarquia absolutista bourbônica ao império do segundo Napoleão. Na tradição do pensamento liberal, Tocqueville tende a valorizar o passado histórico do Ocidente, a função de classe dirigente da nobreza feudal e a fragmentação do poder, chegando mesmo a distinguir aspectos democráticos na institucionalidade feudal. Da mesma maneira, valoriza as instituições liberais da Inglaterra, pela capacidade de preservar e reciclar a função dirigente da nobreza num contexto de transição para a modernidade.

Embora por todo o Ocidente a institucionalidade feudal estivesse em declínio, era na França que esse processo estava mais avançado, dando espaço para a construção da modernidade e para o surgimento de seus inerentes perigos. A servidão feudal estava sendo substituída por um campesinato proprietário e os direitos políticos da nobreza subtraídos em troca de acrescidos privilégios[16].

[16] Alexis de Tocqueville, *O Antigo Regime e a Revolução* (trad. Yvonne Jean, Brasília, Editora da UnB, 1979), Livro II, cap. 1.

Em sua análise, mesmo que as últimas décadas do século XVIII tenham sido de prosperidade econômica[17], foi também um período de agravamento da miséria dos camponeses[18]. Por outro lado, a burguesia tendeu a se beneficiar dessa prosperidade e buscou se inserir na administração pública por meio da compra de cargos[19].

A nobreza deixa de lado suas obrigações sociais estabelecidas na ordem feudal e se fecha numa "casta" isenta de taxação, cuja barreira pode, no entanto, ser transposta pelo enobrecimento adquirido pela compra[20]. Conforme avançava o século XVIII, a diversificação de interesses separava umas das outras as camadas sociais e multiplicava os conflitos dentro de cada uma delas, indicando a tendência emergente do "individualismo" de pequenos grupos, que para Tocqueville é indício de uma situação democrática em progressão. Apenas a resistência ao poder monárquico, ainda que cada qual segundo sua própria maneira, unia esses interesses sociais fragmentados e contrapostos[21].

O longuíssimo processo de passagem de uma sociedade aristocrática para uma sociedade democrática, que vinha desde o século XI, ocorreu com o fortalecimento do poder estatal, principalmente no século que precedeu a grande revolução de 1789. É através da centralização e crescimento do aparato administrativo[22], do fim das autonomias municipais, entregues a uma "pequena oligarquia"[23], pela instauração de tribunais de exceção, expressão do arbítrio governamental[24], e pela centralização do poder político e econômico em Paris, que se assiste à prefiguração do despotismo moderno se sobrepondo a uma sociedade democrática[25].

O esvaziamento da função social da nobreza, a erosão do consenso social que a religião preservava, estimulados pela ação corrosiva dos intelectuais, tornaram inevitável o confronto entre uma sociedade democratizada e o Estado despótico formado sobre os escombros das instituições feudais, acelerado ainda

---

17 Ibidem, Livro III, cap. 4.

18 Ibidem, Livro II, cap. 12.

19 Ibidem, cap. 9.

20 Idem.

21 Ibidem, Livro III, cap. 11.

22 Ibidem, Livro II, cap. 2.

23 Ibidem, cap. 3.

24 Ibidem, cap. 4.

25 Ibidem, cap. 7.

pela abolição dos parlamentos em 1771 e pela reforma administrativa de 1787. Para Tocqueville, a Revolução Francesa deve ser encarada como um processo – em pleno regime de Napoleão III – ainda não concluído, mas que, tendo suas origens no Antigo Regime, apenas apressou a inevitável igualdade de condições entre os homens. Mas é precisamente na democracia que se encontra o terreno mais fértil para o surgimento de novos despotismos.

Embora abominasse as revoluções e a movimentação das classes subalternas, Tocqueville percebeu que a revolução de 1830 representava mais um doloroso passo no processo de universalização da igualdade de condições no núcleo do Ocidente. Foi mesmo agraciado pelo novo regime com uma viagem aos Estados Unidos, que assistia também, embora com motivações específicas, um novo impulso no mesmo sentido. Assim, Tocqueville pôde observar os resultados da revolução no extremo Ocidente, "onde atingiu o desenvolvimento mais completo e mais pacífico"[26], a fim de perscrutar o futuro do Ocidente original. Como produto de suas observações e reflexões, Tocqueville publicou, em duas etapas, sua obra *A democracia na América*, a primeira em 1835, tratando das leis e costumes numa situação social de democracia, e a segunda em 1840, abordando as ideias e os sentimentos sociais.

O aspecto essencial para a compreensão da questão da democracia na América e que explica sua profundidade, é a origem da sociedade americana, fundada na organização comunal e na ausência de uma aristocracia de sangue. Tocqueville estuda a adequação das instituições e leis erigidas ao fim da Revolução Americana, cuja característica central é a flexibilidade, a situação social de igualdade e os costumes consolidados. Percebe também o individualismo e o provincialismo da cultura americana.

A situação de democracia na América torna inimaginável o surgimento de um regime monárquico ou de uma aristocracia de sangue, assim como torna as revoluções sempre mais improváveis. Possível, outrossim, a formação de uma nova aristocracia manufatureira, que Tocqueville não acreditava capaz de conduzir a ordem social, pois que tenderia a se isolar, previsão esta que redundou em engano a partir do início do século XX. É de grande importância observar que a teoria liberal democrática de Tocqueville é indissociável das condições materiais que lhe dão factibilidade.

---

[26] Alexis de Tocqueville, *A democracia na América* (trad. Neil Ribeiro da Silva, São Paulo, Edusp, 1977), p. 19.

Com a notoriedade já garantida, após o sucesso da primeira parte de sua obra, Tocqueville começava a notar na França "medidas de tendência despótica [...] vivamente desejadas pela Câmara e não sofridas por ela"[27], e que o rei apenas executava. O temor que essa tendência fosse mais duradoura que a passageira representação parlamentar, fez com que Tocqueville se postasse ao lado dos monarquistas bourbônicos, na oposição, como forma de lutar contra as perspectivas de qualquer novo despotismo. Eleito deputado desde 1839, Tocqueville pôde antecipar a temida nova onda revolucionária de 1848, quando, em janeiro desse ano, sem emocionar a incauta maioria da Câmara, denunciava as paixões sociais da classe operária que questionava a propriedade e cedo ou tarde promoveria uma revolução. O deputado assim arrematava: "Tal é, senhores, minha convicção profunda; creio que dormimos no momento em que estamos sobre um vulcão, disso estou profundamente convencido"[28]. Num esboço de programa de seu grupo parlamentar, redigido alguns meses antes, alertava: "Logo, a luta política travar-se-á entre os que possuem e os que não possuem; o grande campo de batalha será a propriedade"[29].

Contrário à revolução e ao caráter socialista que nela diagnosticava, Tocqueville definiu-se por pleitear participação na Assembleia Constituinte republicana, mesmo que preferisse a monarquia, a fim de defender a ordem liberal. A república liberal presidencialista de cidadania restringida que emergiu sobre os cadáveres da insurreição popular foi nitidamente inspirada na Constituição americana, tão admirada por Tocqueville. Tanto que chegou a ministro dos Negócios Estrangeiros do presidente Luís Napoleão Bonaparte. Quando tomou ciência que Napoleão se afastava do liberalismo e se encaminhava para um regime de poder pessoal, golpeando a Constituição, Tocqueville decidiu afastar-se da vida pública, sentindo-se derrotado pelo fortalecimento das diversas faces do emergente despotismo ocidental moderno, embora continuasse a auspiciar uma monarquia constitucional para a França.

A peça central da obra de Tocqueville, que foi tomando dimensões sempre maiores com o passar do tempo, é justamente a questão da sobrevivência da liberdade numa era de igualdade crescente de condições socioeconômicas e

---

[27] Alexis de Tocqueville e John Stuart Mill, *Correspondencia* (México, Fondo de Cultura Económica, 1985), p. 58.

[28] Discurso de 27 de janeiro de 1848, citado em Alexis de Tocqueville, *A democracia na América*, cit., p. 582.

[29] Alexis de Tocqueville, *Lembranças de 1848: as jornadas revolucionárias em Paris* (trad. Modesto Florenzano, São Paulo, Companhia das Letras, 1991), p. 42.

de nivelamento cultural. Como liberal, Tocqueville tem a noção de liberdade fundada antes de mais nada na propriedade de si e da razão que conforma a individualidade, de onde deriva o direito de apropriação privada das coisas do mundo. Acontece que o desaparecimento da aristocracia e, com ela, dos poderes intermediários, na mesma linha de raciocínio de Montesquieu, e a progressão da democracia, coloca o Ocidente diante de dois perigos: a anarquia e o despotismo, ambos gerados pela exacerbação da igualdade, cuja implicação seria o fim da liberdade. A igualdade, ao estimular o individualismo e a sensação de autossuficiência, cria um mundo privado que se volta sobre si mesmo, com indivíduos igualizados no isolamento, na apatia, no atomismo, na falta de ação política e no distanciamento em relação aos governantes. Acentua-se assim a centralização administrativa e um poder público único se fortalece, autonomizando a burocracia estatal.

A dissociação entre a esfera pública, centralizada e burocratizada, e a esfera privada atomizada, configura um novo despotismo democrático, baseado no consenso de uma cidadania passiva. Para Tocqueville, a época e processo de revolução burguesa (que ele qualifica como passagem da aristocracia para a democracia), na luta pela liberdade política e pela igualdade, se por um lado derruba o poder absoluto dos reis e retira os poderes particulares da aristocracia, por outro lado e ao mesmo tempo, o "poder social [público/estatal] aumenta constantemente suas prerrogativas; torna-se mais centralizado, mais empreendedor, mais absoluto, mais amplo"[30].

Desse modo é que "duas revoluções parecem estar se operando hoje em dia, em sentido contrário; uma enfraquece continuadamente o poder, a outra o revigora sem cessar"[31]. A indústria, como base material da modernidade, "leva o despotismo ao seu seio e que ele se estende naturalmente, à medida que ela se desenvolve"[32], pois obriga a participação ampliada do poder público, criando novas regras e leis. A intervenção estatal na economia, a legislação social e assistencial, a educação pública, seriam para Tocqueville ataques à ordem liberal e, dessa forma, aspectos do despotismo latente no moderno Ocidente.

Uma nova e terrível face do despotismo ocidental moderno foi-se formando por contraste no correr dos anos 1840, até que se mostrou por inteiro, ainda que momentaneamente, em 1848, ameaçando a consolidação e generalização

---

[30] Ibidem, p. 528.

[31] Idem.

[32] Ibidem, p. 526.

da ordem liberal-burguesa. Vitorioso o movimento republicano de fevereiro de 1848, Tocqueville pôde observar temeroso que "somente o povo portava armas, guardava os lugares públicos, vigiava, comandava, punia; era extraordinário e terrível ver exclusivamente nas mãos dos que nada possuíam toda a imensa cidade cheia de tanta riqueza"[33].

Comparou a situação com a queda das cidades romanas "em poder dos vândalos e dos godos"[34], igualando assim o povo de Paris aos "bárbaros", aliás como é próprio da tradição liberal. Tocqueville decidiu-se, então, "por entrar de corpo e alma na arena e devotar à defesa – não de tal governo, mas das leis que constituem a própria sociedade – minha fortuna, minha tranquilidade e minha pessoa"[35].

Eleito deputado constituinte, em 1848, Tocqueville assistiu horrorizado à insurreição proletária de maio/junho, postando-se literalmente ao lado da força armada do poder estatal no qual havia vislumbrado os contornos de um novo despotismo. No entanto, agora surgia um outro e mais ameaçador despotismo, que colocava em xeque a propriedade privada, privilégio remanescente da época aristocrática e último bastião da liberdade. Assim, na Assembleia Constituinte, Tocqueville se contrapôs decididamente ao projeto de lei que garantia o direito ao trabalho por representar, segundo sua opinião, o comunismo em embrião, ordem na qual "o Estado se torna, enfim, o único proprietário de todas as coisas"[36]. Alguns anos depois, derrotado o movimento operário, Tocqueville pensou ter encontrado a origem teórica do socialismo nos precursores da economia política, já que defendiam a centralização administrativa e política. O *Código de natureza* (1755), de Morelly, por exemplo, ao defender a abolição da propriedade privada, o direito ao trabalho e o planejamento econômico e social, comprova para Tocqueville como "a centralização e o socialismo são produtos do mesmo solo"[37].

Mas se o socialismo é uma forma de despotismo e, portanto, democracia e socialismo "são coisas não somente diferentes, mas contrárias"[38], qual é a democracia defendida por Tocqueville? Como processo histórico e situação

---

[33] Ibidem, p. 92.

[34] Idem.

[35] Ibidem, p. 104.

[36] Alexis de Tocqueville, "Discurso pronunciado na Assembleia Constituinte", citado em Francisco C. Weffort (org.), *Os clássicos da política*, v. 2 (São Paulo, Ática, 1991), p. 185.

[37] Alexis de Tocqueville, *O Antigo Regime e a Revolução*, cit., p. 158.

[38] Idem, "Discurso pronunciado na Assembleia Constituinte", cit., p. 187.

social, a democracia necessita de instituições e de uma cultura política capazes de, na ausência de uma aristocracia, estabilizar a inevitável relação entre a esfera da liberdade privada e a dimensão da igualdade pública, ou seja, de articular o indivíduo proprietário à cidadania. Essa difícil aproximação, tema nuclear de toda a reflexão liberal-democrática, seria possível com a existência e manutenção de grupos intermediários e de liberdade civil e política, estruturados sobre o poder local, a lei e o costume; a exacerbação da dimensão pública possibilitaria a eclosão do despotismo socialista.

Por apresentar-se como visivelmente excludente, Tocqueville temia que o voto censitário pudesse estimular a predisposição revolucionária dos excluídos, assim, para ampliar o consenso social e garantir o direito proprietário, seria melhor o voto por graus, como no caso americano, sem que se eliminasse por completo o voto censitário: na verdade, uma forma eletiva de distinguir uma nova aristocracia! Diante dos subalternos, excluídos do estatuto da cidadania, essa nova aristocracia, expressa nos corpos legislativos, deveria dotar-se do espírito de caridade cristã, já que, ao negar o direito ao sufrágio universal e o direito ao trabalho, Tocqueville encara como assunto da divina providência o direito à subsistência e da casualidade do mercado político a questão da efetiva participação democrática. A conclusão é que qualquer ideia de redistribuição da riqueza social é inimaginável.

Então, para Tocqueville, os trabalhadores pobres deveriam ser mantidos na subalternidade por mecanismos institucionais e legais, a fim de que a democracia liberal proprietária pudesse se estabilizar. No entanto, a ação política e o espírito público de defesa da ordem deveriam estar difundidos no seio das classes dirigentes, maneira de evitar a concentração excessiva do poder e o aparecimento do despotismo de um só, e para impedir a revolução popular e aparecimento do despotismo socialista, duas formas de levar a igualdade a extremos e fazer sucumbir a liberdade individual proprietária. Mas, para defender a ordem liberal e evitar o despotismo democrático-socialista, seriam legítimos o apelo ao "estado de exceção" e o apelo à força repressiva, até mesmo julgamentos sumários de quem resistisse, como de fato ocorreu na revolução de 1848, com aprovação de Tocqueville.

Além de equiparar a classe operária a "bárbaros", estabelecendo claramente seu caráter de outro negativo da liberal-democracia, Tocqueville olhava o espaço da democracia americana como ocupado antes de mais nada pelo "homem branco, o europeu, o homem por excelência; abaixo dele surgem o negro e o índio"[39]. Em relação ao negro submetido à escravidão, arrola que este "mal sente seu infortúnio" e que "sua inteligência abaixou-se ao nível de sua alma"[40]. Já ao índio, que insiste na recusa da incorporação na ordem do Ocidente, e que, "à perfeição de nossas artes, não deseja opor senão os recursos do deserto; [...] à profundeza de nossos desígnios, senão os instintos espontâneos de sua natureza selvagem"[41], não resta mais que o extermínio justificado pela lei. A democracia de Tocqueville é inconciliável com o socialismo, mas convive muito bem com a escravidão africana e o genocídio dos povos indígenas. O paradoxo aparente se resolve se observarmos que tal democracia é herdeira direta da tradição sociocultural do Ocidente, fundada na negação e exclusão do outro e na moderna concepção do individualismo proprietário; que o socialismo, enquanto irrupção do subalterno, não pode ser aceito, justamente porque é a preservação da subalternidade no trabalho assalariado, na escravidão ou nas reduções, que garante a reprodução da ordem do Ocidente.

No que se refere ao extremo Ocidente meridional, Tocqueville chegara a pensar, por um momento, para depois se arrepender, que "a considerá-lo naquele estado alternado de misérias e de crimes, sou tentado a crer que, para ele o despotismo seria uma benção"[42], além de não alimentar dúvidas de que "os americanos do norte da América venham a ser chamados a prover um dia as necessidades dos sul-americanos"[43], apoderando-se gradualmente do comércio continental. Para Tocqueville, os Estados Unidos, como extremo Ocidente, aparece como espelho inversamente refletido da Rússia, o Oriente interno, ambas potências em ascensão: "O americano luta contra os obstáculos que a natureza lhe opõe; o russo está em luta com os homens. Um combate o deserto e a barbárie, o outro a civilização com todas as suas armas [...]. Um tem por meio de ação a liberdade, o outro a servidão"[44].

Após a onda revolucionária de 1848 e sobretudo depois da intervenção russa em Budapeste, contrariando arraigada tradição política da França, Tocqueville passou a defender a unidade entre os principados germânicos, a fim de limitar

[39] Alexis de Tocqueville, *A democracia na América*, cit., p. 243.

[40] Ibidem, p. 244.

[41] Ibidem, p. 246.

[42] Ibidem, p. 175.

[43] Ibidem, p. 310.

[44] Ibidem, p. 315.

a descentralização política, que permitia o espocar de focos revolucionários, e também de evitar o núcleo do Ocidente de "cair cedo ou tarde sob o jugo ou ao menos sob a influência direta e irreversível dos tsares"[45]. A outra alternativa possível para criar uma barreira à expansão do despotismo russo seria a restauração do reino polonês e o fortalecimento da Turquia. Tocqueville, no entanto, não alimentou esperanças sobre qualquer dessas hipóteses, mesmo depois da derrota russa na Guerra da Crimeia, pois, além das dificuldades que vislumbrava para a criação desses anteparos entre a França e a Rússia, "de fato, seria um grande erro acreditar que o imenso poder do czar estivesse baseado apenas na força. Fundava-se sobretudo nas vontades e nas ardentes simpatias dos russos", reconhecendo um grau de consenso social no despotismo, pois que esse povo, "no imperador via não somente o príncipe legítimo, mas o enviado de Deus e quase o próprio Deus"[46].

A utopia liberal de Tocqueville fazia com que imaginasse na ocidentalização do mundo o único remédio eficaz contra qualquer ameaça externa. Tal percepção, que diz respeito principalmente ao Oriente, permite-lhe oferecer decidido apoio à guerra de conquista da França contra a Argélia, não deixando de lembrar ainda os riscos que poderiam advir da difusão dos ideais de igualdade entre os muçulmanos, assim como também olhar a guerra do ópio com bons olhos. De tal modo, para o teórico da liberal-democracia, o despotismo é inaceitável apenas quando coloca em risco a liberdade proprietária do Ocidente, mas é perfeitamente válido na defesa deste último privilégio que a modernidade em consolidação havia preservado: a propriedade privada. Ao mesmo tempo que é favorável ao despotismo colonial, como forma de expansão histórica do Ocidente, mesmo ao preço do etnocídio ou da degradação pela droga, Tocqueville lamenta as contendas entre os Estados do Ocidente, como a que opôs Inglaterra e França na questão egípcia.

As ameaças ao individualismo proprietário do Ocidente estavam ostensivamente presentes diante do inglês John Stuart Mill, amigo e interlocutor de Tocqueville. A conformação de um forte e organizado proletariado industrial na Inglaterra e o avanço do império britânico sobre as terras e povos do Oriente, deram-lhe os elementos para refletir as condições da preservação e expansão da vontade de domínio das classes dirigentes do Ocidente. Tendo-se formado na filosofia utilitarista de Jeremy Bentham e James Mill, procurava apresentar

---

[45] Alexis de Tocqueville, *Lembranças de 1848*, cit., p. 241.

[46] Ibidem, p. 236.

uma visão não contratualista do individualismo proprietário, a qual julgava ser capaz de dar conta dos interesses sociais gerais. Influenciado também pelo evolucionismo positivista de Auguste Comte, o filósofo liberal-democrata John Stuart Mill, militando na chamada ala radical do partido liberal, colocou-se como crítico do conservadorismo, que desde o início do século havia se apossado da vida político-cultural inglesa.

Observando que a Inglaterra vinha se transformando num Estado liberal com um governo burocrático de profissionais da política, Stuart Mill propunha reformas político-institucionais como forma de enfrentar as novas condições da modernidade, garantindo a ordem, o progresso e a permanência. Essa seria a maneira de evitar, ao mesmo tempo, a estagnação burocrática e a irrupção revolucionária que ocorrera na França. Imbuído da visão positivista, ao contrário de Tocqueville, Stuart Mill reconhecia o papel progressivo da monarquia absolutista, que lhe parecia uma forma superada de despotismo, uma corrupção da monarquia, um poder ilegítimo e discricionário, que havia cumprido um papel histórico, mas que não tinha mais lugar nas condições da modernidade ocidental. A virtual superação dos males passados (o despotismo feudal-monárquico), fazia vir à tona novos males presentes no Estado liberal (a estagnação burocrática), que deveriam ser superados através de reformas democratizantes. Essas reformas, no entanto, dever-se-iam realizar cuidando-se em evitar a emergência de um novo despotismo, representado por um possível governo de classe.

Como princípio, Stuart Mill defende o voto universal direto, divergindo de Tocqueville, que preferia a eleição indireta com alguma restrição censitária. Mas, em caso de sufrágio universal, "a grande maioria dos eleitores, em quase todos os países e muito especialmente neste aqui [a Inglaterra], seria constituída de trabalhadores manuais; e o duplo perigo de um baixo nível de inteligência política e de uma legislação de classe continuaria a existir em um grau considerável"[47].

Deriva daí a necessidade de serem criados mecanismos institucionais que garantam a exclusão da maior parte desses trabalhadores. Antes de mais nada, para essa concepção liberal-democrática, deveriam estar excluídos os analfabetos, pois "pensar em dar o sufrágio a um analfabeto seria o mesmo que pensar

[47] John Stuart Mill, *Considerações sobre o governo representativo* (trad. Manoel Innocêncio de L. Santos Jr., Brasília, Editora da UnB, 1981), p. 92.

em dá-lo a uma criança que não saiba falar; e tal pessoa não estaria sendo excluída pela sociedade, mas por sua própria preguiça"[48].

Assim, também a educação, como faceta da liberdade individual, é um bem a ser adquirido no mercado (mesmo que oferecido pela "comunidade"). No que se refere àqueles que vivem da caridade pública por não conseguirem sobreviver do próprio trabalho, considera que, "ao tornar-se dependente de outros membros da comunidade para sua própria subsistência, a pessoa abdica de sua igualdade em relação aos demais"[49]. Da mesma maneira, estariam excluídos do direito político de voto os insolventes e aqueles que não pagam impostos.

Assim, Stuart Mill exclui do direito de voto os trabalhadores pobres e marginalizados sem que precise apelar para a direta associação entre direito político e propriedade privada. Mas, como esses cuidados são insuficientes para preservar a ordem, ele sugere a introdução da pluralidade de votos como "a única maneira de suprir ou corrigir os instintos da maioria democrática"[50] e de premiar aqueles dotados de uma "superioridade mental individual", aferível pela natureza da ocupação. Assim, Stuart Mill acredita que

> um empregador é geralmente mais inteligente que um trabalhador, uma vez que deve trabalhar com a cabeça, e não apenas com as mãos; um mestre de obras é geralmente mais inteligente do que um obreiro comum, e o trabalhador especializado mais do que o não especializado; um banqueiro, um comerciante ou um industrial serão mais inteligentes do que um simples lojista, por terem interesses mais vastos e mais complicados para dirigir.[51]

Também os profissionais liberais e os estudantes universitários deveriam ver agregados a seus direitos mais de um voto em função da notória capacitação da inteligência. Mas, no que se refere aos corpos representativos locais, Stuart Mill não coloca objeções a que "o voto plural decorra simplesmente da superioridade de posses"[52], em claro refluxo ao fundamento censitário do direito de sufrágio.

---

[48] Ibidem, p. 90.

[49] Ibidem, p. 91.

[50] Ibidem, p. 80.

[51] Ibidem, p. 93.

[52] Ibidem, p. 149.

Então, para se evitar a ascensão da classe operária ao governo do Estado e a possível implementação de um programa socialista que alteraria o estatuto da propriedade privada, que seria para ele a mais clara expressão da "tirania da maioria", de um novo despotismo, Stuart Mill formula uma proposta que garante a exclusão dos pobres da vida política e a subalternidade da classe operária. Em nome da "razão" e da "justiça", Stuart Mill concede direitos desiguais à intelectualidade técnica e cultural, assim como aos grandes burgueses, isto é, aos promotores da hegemonia civil e cultural no interior do bloco histórico, como forma de garantir a submissão dos "incapacitados" e a estabilidade da ordem do Ocidente.

É assim também que, para Stuart Mill, deveriam ser impostas restrições à ação política das classes subalternas no interior do espaço público, já que "ninguém pretende que as ações sejam tão livres quanto as opiniões", citando, como exemplo,

> a opinião de que os comerciantes de cereais matam à fome o pobre, ou de que a propriedade privada é um latrocínio, não devem ser molestadas quando simplesmente veiculadas pela imprensa, mas podem incorrer em pena justa quando expostas oralmente, ou afixadas sob a forma de cartaz, em meio a uma turba excitada, reunida diante da casa de um comerciante de cereais.[53]

Incorporadas algumas das ideias de Stuart Mill, a democratização liberal na Inglaterra foi acelerada com as reformas eleitorais de 1867, que ampliou o direito de sufrágio, e de 1884, que proclamou o voto universal masculino. Essa pretensa universalidade do voto esteve limitada a proprietários de uma residência, distorcida pelo voto distrital e pelo voto plural (cujos resquícios conseguiram se manter até 1948).

Essa mesma teoria liberal-democrática que mantinha a exclusão dos trabalhadores pobres da vida política, como outro interno negativo do Ocidente, promove a crescente racialização dos povos não ocidentais para justificar a defesa do despotismo colonial e a dominação do Ocidente sobre o planeta. Ao mesmo tempo que Stuart Mill elogiava o "princípio estabelecido da política britânica (princípio professado em teoria e fielmente posto em prática) deixar que as colônias de raça europeia se governem sozinhas, exatamente como a

---

[53] John Stuart Mill, *Sobre a liberdade* (trad. e pref. Alberto da Rocha Barros, Petrópolis, Vozes, 1991), p. 97.

mãe-pátria"[54] e notava a existência de "condições de sociedade em que o despotismo vigoroso é em si a melhor forma de governo para treinar o povo nas qualidades específicas que lhe faltam para torná-lo capaz de uma civilização superior"[55]. De tal sorte que, para ele, "o despotismo é um modo legítimo de governo quando se lida com bárbaros, uma vez que se vise ao aperfeiçoamento destes, e os meios se justifiquem pela sua eficiência atual na obtenção desse resultado"[56].

Stuart Mill atualiza a questão posta por Montesquieu da possibilidade ou não de os povos do Oriente serem capazes de sair da barbárie e do despotismo de um só desenvolvendo o mesmo raciocínio: como é muito improvável que surja um legislador capaz de promover a ocidentalização do Oriente, torna-se necessária a imposição do despotismo colonial que eleve os "bárbaros" ao nível da "civilização", tome o tempo que tomar e mesmo que não queiram. Notando a situação social estacionária em que se encontrava a China, observa que, "se em algum momento avançar, sê-lo-á por obra de estrangeiros"[57]. Pode então concluir que "a condição comum (e brevemente universal) dos povos atrasados é estar sob o despotismo direto dos povos mais avançados, ou sob sua total ascendência política"[58]. Mas, ao negar a possibilidade de uma ordem liberal autônoma no Oriente, além de afirmar sua inferioridade intrínseca, não estaria também Stuart Mill sugerindo a utilização dos métodos da acumulação originária do capital, mais uma vez aproximando pobres do Ocidente e "bárbaros" do Oriente?

A obra e a trajetória de John Stuart Mill são emblemáticas para mostrar como a liberal-democracia como teoria e regime político tem o objetivo de ampliar o consenso interno do Ocidente a fim de dar um novo impulso na ocidentalização do mundo por meio do despotismo colonial. Por 35 anos foi funcionário do serviço civil da Índia, ocupando-se de assuntos do império britânico, ao mesmo tempo que publicista e deputado reformista das instituições inglesas. Assim é que, em nome da liberdade de comércio e da liberdade do povo chinês de se degradar pelo consumo de ópio, Stuart Mill apoiou as guerras do Ocidente contra a China, pois as proibições da importação de substâncias

---

54 Idem, *Considerações sobre o governo representativo*, cit., p. 172.

55 Ibidem, p. 175.

56 John Stuart Mill, *Sobre a liberdade*, cit., p. 54.

57 Ibidem, p. 113.

58 John Stuart Mill, *Considerações sobre o governo representativo*, cit., p. 175.

tóxicas "são impugnáveis, como infrações não da liberdade do produtor ou do vendedor, mas da liberdade do comprador"[59].

A racialização e a inferiorização do outro surgem no Ocidente da modernidade no momento que se impõe a chamada razão moderna e o cientificismo. Na segunda metade do século XIX, essa tendência se fortalece com o evolucionismo positivista, cujo desdobramento é o aparecimento do racismo como prática e teoria "científica". Como o liberalismo é elemento constitutivo do bloco histórico da modernidade capitalista do Ocidente, que tem como fundamento o individualismo proprietário e o sentido da liberdade que se opõe ao outro, mesmo sua variante liberal-democrática é incapaz de se orientar para um humanismo universal concreto, reproduzindo então a vontade de dominação própria do Ocidente.

A crítica comunista e a dialética Ocidente/Oriente

Nos interstícios do processo e época de consolidação e generalização da modernidade capitalista do Ocidente surge uma concepção crítico-dialética do bloco histórico que se informa pela ação política do emergente proletariado industrial, o subalterno necessário do capital. Dentre uma diversificada gama de formulações, a teoria comunista crítica forjada por Karl Marx e Friedrich Engels se sobrepôs às outras pelo maior rigor e coerência internos, pela continuidade e pela incidência sociopolítica, resultando em componente cultural decisivo contraditório da modernidade. A teoria comunista e a reflexão marxiana têm no outro interno negativo da modernidade capitalista seu elemento de perspectiva e ponto de partida para a emancipação sociopolítica do trabalho humano. É somente no outro que Marx vislumbra a possibilidade da liberdade humana e da superação da razão moderna ocidental burguesa.

O outro da modernidade é o proletariado industrial, não só por este ser expropriado dos meios de produção, o que o mantém alienado do contato direto com o mundo natural, e dos meios de conhecimento através do qual define uma personalidade, mas também porque a modernidade capitalista cancela a diversidade sexual e etária, projetando homens, mulheres e crianças no interior do mundo assalariado fabril. A razão moderna, que tudo classifica e enquadra, parte da liberdade do eu, de um eu para o qual o outro é o não homogêneo e o desassossego, devendo ser excluído, negado ou classificado

---

[59] Idem, *Sobre a liberdade*, cit., p. 139.

como inferior ou incompleto. Não se dirigindo à humanidade, mas ao egoísmo que faz do outro sua conveniência, a razão moderna trata de uma relação de liberdade e igualdade, juridicamente universalizável, entre indivíduos abstratos que se defrontam no mercado. Ora, essa visão atomista se desenvolve na realidade como violência social entre indivíduos "livres" no mercado "nacional" e entre Estados nacionais no mercado mundial.

Em mais de uma oportunidade, Marx observa a continuidade histórica do Ocidente, encontrando a origem da modernidade no processo mesmo de desagregação do feudalismo e de autonomização da acumulação do capital. Mas a crítica da ordem do Ocidente como um todo deve partir do ponto de maior desenvolvimento da modernidade e de suas perspectivas futuras. Para tal, Marx procede antes que tudo a uma crítica da ideologia, ou seja, uma crítica da autorrepresentação da modernidade capitalista, de forma a construir uma ciência negativa da racionalidade positiva do Ocidente. Se como, nessa ordem de considerações, a crítica da teologia cristã havia sido historicamente esgotada pelo próprio evolver da revolução burguesa, tratava-se agora de realizar a crítica teórico-prática tanto do liberalismo quanto da contraface "estatista" hegeliana, enquanto visão de mundo hegemônica que articula o bloco histórico do Ocidente, cuja "razão científica" explica a submissão do trabalhador pobre e a expansão predatória sobre a natureza e a humanidade não ocidental.

Desde *Sobre a questão judaica* e a *Crítica da filosofia do direito de Hegel* (1843), Marx percebe na dissociação entre as dimensões pública e privada, característica da modernidade, mais que a liberdade proprietária restrita apenas aos proprietários, que os liberais, ao centrar a leitura do real na esfera da circulação e do comércio, formalmente igualizam aos não proprietários. Nas circunstâncias da modernidade, a dimensão pública aparece como esfera da liberdade e igualdade entre indivíduos abstratos, indicando o caráter puramente formal dessa pretensa universalidade[60].

Assim, onde os liberais veem um Estado público que apenas garante a liberdade individual, Marx vê a relação alienada entre as esferas pública e privada. E, mais que isso, o Estado não é público, já que sua universalidade é mera abstração, até mesmo de uma cidadania limitada, e sim uma entidade política que, representando-se como encarnação da razão universal, garante

[60] Karl Marx, *Sobre a questão judaica* (trad. Nélio Schneider e Wanda Caldeira Brant, São Paulo, Boitempo, 2010) e *Crítica da filosofia do direito de Hegel* (trad. Leonardo de Deus e Rubens Enderle, São Paulo, Boitempo, 2010).

a despolitização da sociedade civil – entendida por Marx como conjunto das relações sociais de produção – e a reprodução do bloco histórico. Dessa forma, o Estado político falsamente público da modernidade, em sua fase de consolidação, aparece como instrumento de defesa e reprodução dos interesses do conjunto dos proprietários contra os não proprietários, sendo a monarquia constitucional a forma jurídica mais generalizada desse poder político e aquela idealizada pelos teóricos liberais do núcleo do Ocidente.

No entanto, para realizar a crítica do liberalismo, enquanto reforma laica que desemboca na modernidade e constrói um poder político jurídico destituído de qualquer aura teológica, é necessário deslindar a anatomia da sociedade civil através da crítica da ideologia da economia política, de Adam Smith, David Ricardo e dos utilitaristas, expondo a propriedade privada individual como processo histórico do Ocidente e constituição material da modernidade capitalista. Para Marx, tal ideologia é ciência e moral:

> A economia nacional, esta ciência da *riqueza* é, por isso, ao mesmo tempo, ciência do renunciar, da indigência, da *poupança* e ela chega efetivamente a poupar ao homem a *carência* de *ar* puro ou de *movimento* físico. Esta ciência da indústria maravilhosa é, simultaneamente, a ciência da *ascese* e seu verdadeiro ideal é o avarento *ascético*, mas *usurário*, e o escravo *ascético*, mas *producente*. O seu ideal moral é o *trabalhador* que leva uma parte de seu salário à caixa econômica, e ela encontrou mesmo para esta sua ideia predileta uma *arte* servil. [...] Quanto menos comeres, beberes, comprares livros, fores ao teatro, ao baile, ao restaurante, pensares, amares, teorizares, cantares, pintares, esgrimires etc., tanto mais tu *poupas*, tanto *maior* se tornará o teu tesouro quanto menos externares a tua vida, tanto mais *tens*, tanto maior é a tua vida *exteriorizada*, tanto mais acumulas da tua essência estranhada. [...] Ao trabalhador só é permitido ter tanto para que queira viver, e só é permitido querer viver para ter.[61]

Ao encarar a propriedade privada como processo, e não como ponto de partida dado, é que Marx pôde captar a raiz da relação alienada entre o público e o privado na dissociação progressiva da força de trabalho dos meios de produção e na apropriação privada dos frutos do trabalho social.

---

[61] Idem, *Manuscritos econômico-filosóficos* (trad. e notas Jesus Ranieri, São Paulo, Boitempo, 2004), p. 141-2.

Nesse processo, o capital surge como relação social que extrai a produção excedente da força de trabalho, assim como a subjetividade do trabalhador, que se vê alienado do produto de seu esforço em benefício do proprietário dos meios de produção. Onde os liberais veem uma justa relação jurídica contratual entre indivíduos iguais no mercado, realizada através do salário, o que os obriga a procurar a explicação da miséria nas momentâneas disfunções da ordem, na diferença intrínseca de capacidades entre os homens, na vagabundagem e na racialização, Marx vislumbra o processo de construção do outro interno negativo da modernidade do Ocidente no modo de produção da vida material, o que possibilita a geração de uma subjetividade social antagônica à propriedade privada e ao individualismo proprietário.

Na tradição da teoria democrática da época de construção da modernidade, Marx considera despótico todo e qualquer poder político existente, inclusive os governos liberal-representativos estabelecidos sob forma republicana ou monárquico-constitucional. Ao criticar a elegia das monarquias constitucionais e do governo representativo como aquele que garante a liberdade proprietária, Marx denuncia a existência do poder despótico vigente nas relações sociais de produção capitalistas presentes na sociedade civil, particularmente no interior das fábricas, numa abordagem muito diferente daquela dos liberais.

Para estes (como foi visto), o despotismo estaria caracterizado na intervenção do público/estatal na esfera produtiva privada e na despolitização dos proprietários, o que daria origem a um Estado burocrático. Pelo menos em parte, pela diferente concepção de um despotismo originado na sociedade civil, que tem sua raiz na diferente concepção do outro, é que Marx desdenha a análise da materialidade do Estado e de sua composição social, em troca de realçar com firmeza o papel da burguesia industrial como sujeito social ativo, principalmente no mundo da produção, que, além de tudo o mais, "subordinou o campo à cidade, os países bárbaros ou semibárbaros aos países civilizados, subordinou os povos camponeses aos povos burgueses, o Oriente ao Ocidente"[62].

A crítica da modernidade capitalista do Ocidente, cujo substrato essencial é constituído pelo processo social da propriedade privada, só pode ser efetivamente realizado por um movimento teórico-prático fundado no subalterno: o proletariado industrial forjado como força política e subjetividade antagônica. O objetivo dessa força política deve ser a revolução, "a elevação do proletariado

---

[62] Karl Marx e Friedrich Engels, *Manifesto Comunista* (trad. Álvaro Pina e Ivana Jinkings, São Paulo, Boitempo, 2010), p. 44.

a classe dominante, a conquista da democracia", que, através de "intervenções despóticas no direito de propriedade e nas relações de produção burguesas"[63] promoverá a radical transformação do modo de produção, dando origem ao processo de esvaziamento do Estado político, força concentrada de dominação, permanecendo então apenas o Estado enquanto poder público de indivíduos associados em sua livre igualdade.

Os interesses privados podem assim reverter para a emancipação e desenvolvimento do outro, que é a condição mesma de seu autodesenvolvimento: o comunismo enquanto tal é "a suprassunção (*Aufhebung*) positiva da *propriedade privada*"[64], que reabsorve a dimensão privada na pública, ao mesmo tempo que desprivatiza e desaliena o poder público, dissolvendo seu caráter político. Assim, para Marx, o comunismo "é a *verdadeira* dissolução (*Auflösung*) do antagonismo do homem com a natureza e com o homem; a verdadeira resolução (*Auflösung*) do conflito entre existência e essência, entre objetivação e autoconfirmação (*Selbstbestätigung*), entre liberdade e necessidade (*Notwendigkeit*), entre indivíduo e gênero"[65].

Mas não basta pensar a superação da propriedade privada, "é preciso uma ação comunista efetiva"[66], daí o comunismo crítico se confundir com "o momento *efetivo* necessário da emancipação e da recuperação humanas para o próximo desenvolvimento histórico", com "a figura necessária e o princípio enérgico do futuro próximo"[67] e com "o movimento *real* que supera o estado de coisas atual"[68]. Para Marx, o comunismo é a realização das potencialidades emancipatórias da modernidade, o que exige a dissolução do individualismo proprietário e do subalterno – judeu, mulher, natureza, trabalho assalariado – na teoria e na prática, assim como da vontade de domínio sobre o outro, para que enfim o trabalho apareça não como "mero meio de vida" e se torne "a primeira necessidade vital"[69]. O comunismo, portanto, é o processo de dissolução

---

[63] Ibidem, p. 57-8.

[64] Karl Marx, *Manuscritos econômico-filosóficos*, cit., p. 106.

[65] Ibidem, p. 105.

[66] Ibidem, p. 145.

[67] Ibidem, p. 114.

[68] Karl Marx e Friedrich Engels, *A ideologia alemã* (trad. Luciano Cavini Martorano, Nélio Schneider e Rubens Enderle, São Paulo, Boitempo, 2007), p. 38.

[69] Karl Marx, *Crítica do Programa de Gotha* (trad. Rubens Enderle, São Paulo, Boitempo, 2012), p. 31.

do Ocidente na história universal dos homens, o que implica também o fim do Oriente como representação do outro inferior e negativo do Ocidente, e como espaço geográfico-cultural a ser ocidentalizado.

Marx voltou suas vistas, com maior atenção, para o Oriente como outro externo do Ocidente apenas após o refluxo da onda revolucionária de 1848, havendo já incorporado a obra e as concepções de Hegel sobre a Ásia. Até então, Marx preocupara-se quase exclusivamente com a origem e a trajetória histórica da modernidade capitalista, mas, com a renovada ofensiva do Ocidente, em particular da Inglaterra, sobre o Oriente, e que resultou em sua quase total subjugação, procurou avaliar os resultados possíveis do aprofundamento do choque entre Ocidente e Oriente. Com isso, aos poucos foi se afastando da visão de Hegel, que na verdade historiciza a noção de despotismo oriental formulada anteriormente por Montesquieu.

Como visto, Hegel também pensa a Ásia como terreno adequado ao florescimento do despotismo, regime estacionário dos albores da história, no qual apenas um é livre, mas que, enquanto na China prevalece com seus aspectos positivos, na Índia aparece como degenerado. No mundo greco-romano, onde predomina a república aristocrática ou democrática, alguns são livres; mas a liberdade universal da individualidade emancipada na propriedade só se torna possível no Ocidente germânico-cristão após as reformas protestantes e a consolidação das monarquias que puseram fim à anarquia feudal. Assim, Hegel reproduz e sofistica a representação do Oriente como outro inferior, *lócus* da estagnação histórica e da subserviência, em contraposição ao dinamismo e à liberdade do Ocidente.

A Índia recebeu maior atenção de Marx porque a ocupação britânica e a revolta dos cipaios (a camada dirigente tradicional) radicalizaram o choque entre Ocidente e Oriente, sendo possível discernir mais claramente os efeitos da expansão do mercado capitalista sobre outra forma de produção da vida material. As primeiras análises de Marx, ainda utilizando categorias hegelianas, forjadas pela tradição liberal, foram expostas em pequenos artigos publicados no *New Daily Tribune*, nos quais aborda o "despotismo europeu sobreposto ao despotismo asiático"[70]. Marx nota que "a Inglaterra destruiu toda a estrutura da sociedade indiana, sem que tenham surgido ainda quaisquer sintomas de

[70] Karl Marx e Friedrich Engels, "A dominação britânica na Índia", em Karl Marx, *Sobre o colonialismo: coletânea de textos*, v. I (trad. Fernanda Barão, Lisboa, Estampa, 1977), p. 41.

reconstituição"[71]; tal estrutura era caracterizada pela ausência de propriedade privada individual e de separação entre cidade e campo, estando a produção agrícola e a manufatureira articuladas nas comunidades de aldeia, que "sempre constituíram a sólida base do despotismo oriental"[72].

Na descrição dessa forma de governo, repete a representação criada pela tradição liberal do Ocidente, mas destaca a existência de "três repartições de governo: a das finanças, ou da pilhagem interior; a da guerra, ou da pilhagem exterior; e, finalmente, a repartição das obras públicas". O despotismo inglês manteve as duas primeiras, mas de pronto destruiu a terceira e em compensação "a interferência inglesa [...] produziu assim a maior e, para falar a verdade, a única revolução social de que se ouviu falar na Ásia"[73]. De tal modo, "a Inglaterra tem que cumprir uma dupla missão na Índia: uma destruidora, outra regeneradora – a aniquilação da velha sociedade asiática e o lançamento das bases materiais da sociedade ocidental na Ásia"[74], cujos primeiros passos seriam o estabelecimento de ferrovias e meios de irrigação. A ocidentalização seria, apesar de tudo, a salvação da Índia.

Em relação à China, Marx se esmera principalmente em denunciar a agressão perpetrada pelo conjunto do Ocidente, de início pelo tráfico de ópio e depois pela força armada. Com um restrito conhecimento da formação social chinesa, as preocupações de Marx se concentram na alteração das relações entre Ocidente e Oriente, principalmente em caso de uma revolução vitoriosa em algum desses polos. A rebelião camponesa no sul da China estimulou essa reflexão, pois Marx observava que a conjunção da agressão ocidental com a rebelião popular deitaria abaixo o milenar despotismo do celeste império. Temia, porém, que o maior beneficiário fosse a monarquia absolutista russa, que vinha se confrontando com a Inglaterra, não só na China, mas também na Pérsia e no Afeganistão.

Enquanto, diante da derrota, se esvaíam as tênues ilusões de que a revolta camponesa na China se articulasse de algum modo com o redivivo movimento operário inglês, Marx deu início aos trabalhos preparatórios de *O capital*, em que amadureceu o instrumental teórico crítico da modernidade, demonstrando como a própria dinâmica do processo produtivo do capital necessariamente

---

71 Ibidem, p. 42.

72 Ibidem, p. 47.

73 Ibidem, p. 46.

74 Karl Marx e Friedrich Engels, "Os resultados prováveis do domínio britânico na Índia", em Karl Marx, *Sobre o colonialismo*, v. 1, cit., p. 98.

gera e reproduz o subalterno, assim como torna possível a emergência de uma subjetividade social antagônica. No texto preparatório conhecido como *Grundisse* está incluída a importante seção sobre as formações econômicas pré-capitalistas (conhecida como *Formen*), na qual Marx deixa sobreviver a categoria de despotismo oriental apenas como representação política, diluindo seu conteúdo científico ao buscar na propriedade comunal a base material das formações sociais arcaicas. Mais ainda, Marx procura a gênese da propriedade privada capitalista num processo desigual e global de desagregação de um comunalismo original semelhante por toda a parte. As formações sociais secundárias se afastam mais ou menos da formação social arcaica original conforme se impõe a propriedade privada individual, articulando-se espacial e historicamente sem qualquer sucessão necessária, desde que não contrariando as premissas gerais da lógica do processo histórico.

Até então Marx dedicara-se a perseguir a origem da modernidade capitalista na trajetória do Ocidente, tendo percebido sua gênese na autonomização das cidades mercantis e na desagregação das relações sociais baseadas na servidão feudal. Aprofundando agora seus estudos, Marx vê o feudalismo ocidental como a formação social secundária mais próxima da propriedade privada individual capitalista, originada sobre os escombros da forma social antiga, cuja base está na cidade e na qual a terra aparece como propriedade privada apenas na forma de posse, pois que o substrato comunal subsiste no confronto e na conquista externa. O dinamismo da formação social antiga leva à crescente diferenciação social e às relações sociais fundadas na escravidão, mas o proprietário só aparece como tal enquanto membro da comunidade.

Por sua vez, a formação germânica era baseada na propriedade comunal e na posse privada de um "estabelecimento familiar isolado, independente, garantido pela associação com outros estabelecimentos semelhantes de homens da mesma tribo e por sua reunião ocasional para finalidades bélicas, religiosas, solução de disputas legais, etc. – que constituem a base da segurança recíproca"[75].

Nesse caso, a comunidade como representação política só existe esporadicamente, embora seja premissa essencial da existência da propriedade individual. É precisamente do choque entre a forma antiga em desagregação e a forma germânica em processo de diferenciação que se originou a ordem feudal e o próprio Ocidente atual, e daí a modernidade capitalista.

---

[75] Karl Marx, *Formações econômicas pré-capitalistas* (trad. João Maia, Rio de Janeiro, Paz e Terra, 1975), p. 76.

Com a expansão do Ocidente sobre o Oriente, ocorreu o choque da modernidade conformada em torno da propriedade privada capitalista com o mais antigo substrato da propriedade comunal, permitindo que Marx viesse a discernir as formações sociais orientais como aquelas que mais se aproximavam do comunalismo originário. Já não supõe, como em 1853, estar na ausência da propriedade privada individual a chave para a compreensão do Oriente, mas agora pensa que "seu fundamento é a propriedade tribal ou comum criada, na maioria dos casos, por uma combinação de manufatura e agricultura dentro da pequena comunidade que, assim, faz-se completamente autossuficiente, em si mesma contendo todas as condições de produção e produção de excedentes"[76], de modo que "a história asiática é uma espécie de unidade indiferenciada de cidade e campo"[77]. Nessa forma social não há posse individual da terra pois "o proprietário real é, de fato, a comunidade mesma"[78] na qual "o déspota surge [...] como o pai de numerosas comunidades menores, realizando, assim a unidade comum de todas elas"[79].

Pelo fato de a forma asiática se reproduzir de modo autossustentado, articulando agricultura e artesanato, não permite que o indivíduo se emancipe da comunidade, garantindo assim sua longevidade. De tal maneira, as alterações históricas que ocorrem nas formações sociais do Oriente e na relação entre indivíduo e comunidade dependem sobremaneira da movimentação provocada pela guerra e conquista, ou então por transformações político-culturais (de caráter ético-religioso), já que a base material da vida social tende a se reproduzir sempre igual a si mesma.

Ocorre que, então, essa formação social oriental, com toda a diversidade gerada no correr dos milênios, estava se defrontando com o modernidade capitalista do Ocidente e sendo transformada em outro externo negativo; essa modernidade, através da difusão e generalização das relações mercantis, iria inelutavelmente dissolver os laços comunais e projetar indivíduos num mundo novo de fome, miséria e isolamento psicossocial, transponível apenas, segundo a perspectiva marxiana, pelo caminho da incorporação da ciência e da técnica do Ocidente e da difícil convergência de interesses com o proletariado industrial – o outro interno da modernidade.

---

[76] Ibidem, p. 67-8.

[77] Ibidem, p. 74.

[78] Ibidem, p. 76.

[79] Ibidem, p. 67.

Parece que, para Marx, a formação social eslava é uma variante da forma oriental, também baseada na propriedade comunal agrária, mas com individualidades mais diferenciadas, que passa por um longo processo de desagregação desde o século IX, quando se confronta com a forma germânico-feudal, fazendo emergir então relações sociais baseadas na escravidão e servidão acopladas à comunidade agrária. No século XVII se completa a transição dessa forma para um feudalismo oriental articulado, pelo comércio, ao segundo período manufatureiro, base original da modernidade, no qual o Ocidente ingressava, mas que ainda preservava a primitiva comunidade agrária eslava, principalmente na "fronteira econômica". Configurou-se então um novo Oriente interno que, sob um regime político despótico (na verdade uma forma política intermediária entre o "despotismo oriental" e a monarquia absolutista ocidental), chegava mesmo a ameaçar a consolidação da modernidade no núcleo do Ocidente.

As preocupações de Marx com a Rússia, até o momento que redige os *Formen*, fazendo-lhe referências apenas laterais, é basicamente com a posição do império dos tsares no cenário geopolítico, com a necessidade de desmantelar a aliança estratégica russo-prussiana no continente europeu que, em convergência com a política externa inglesa, bloqueava a generalização da revolução burguesa e a possibilidade de ascensão do movimento operário. Após a derrota russa na Guerra da Crimeia (1854-1857), o ressurgimento das rebeliões camponesas (1858-1862), a "emancipação" dos servos (1861) e a insurreição polonesa (1863), Marx percebeu que a secular inércia se rompia e passou a se interessar mais pelas condições sócio-históricas da Rússia, sempre tendo como perspectiva a revolução social. Não deixou, no entanto, de encarar o império russo como principal inimigo do movimento operário do Ocidente, particularmente das terras alemãs, o que o fez apoiar a Turquia em sua luta defensiva contra o objetivo dos tsares de alcançar o mar Mediterrâneo apossando-se de Constantinopla, e até mesmo contestar a independência dos povos eslavos dos Bálcãs.

Assim, a questão russa colocava-se para Marx como um problema teórico-prático de crescente atualidade para o movimento operário, e suas aparentes oscilações ou embaraços não podem ser vistos fora do próprio movimento do real. Se antes o feudalismo ocidental agira para desagregar a variante eslava do comunalismo e o choque da modernidade em gestação – através da ação do capital mercantil manufatureiro – configura um específico feudalismo oriental – que não elimina porém a persistente comunidade agrária –, naquele momento tratava-se de analisar o processo em ato do choque da modernidade capitalista consolidada no núcleo do Ocidente sobre a formação social russa, guardando seus efeitos e sacando conclusões políticas.

A desagregação do feudalismo oriental, num contexto global de modernidade em expansão, poderia tanto induzir um desenvolvimento capitalista subalterno ao núcleo do Ocidente, como resgatar o antigo comunalismo. Se fosse este o caso, incorporando aspectos da modernidade, poder-se-ia abrir uma via revolucionária que, de algum modo, articulada ao movimento operário ocidental, marcasse uma ruptura com o próprio Ocidente. A leitura marxiana manteve, porém, as duas possibilidades sempre em aberto, limitada que estava sua análise pela inicial escassez de informação empírica, pela dificuldade em se apreender o rápido e contraditório processo de transformação social da Rússia e pelas injunções derivadas das relações políticas com a intelectualidade revolucionária daquele país, que cada vez mais buscava contato com militantes revolucionários do Ocidente.

Essa diferenciada intelectualidade revolucionária (conhecida como *narodnik*) formou-se na Rússia sob o impacto da modernidade no Oriente feudal, formulando um genérico socialismo oriental, que identificava na tradição comunalista do campesinato a particularidade da formação social russa, opondo-se a um só tempo ao Estado feudal-absolutista e à propriedade privada capitalista que ameaçava se difundir no campo com a dissolução da servidão. Com a formação da Associação Internacional dos Trabalhadores (AIT), em 1864, e o aumento do fluxo de exilados russos para o Ocidente, os contatos e debates sobre a questão russa se aprofundaram, contando com a incisiva participação de Marx e Engels, cuja obra ficou conhecida na Rússia com a tradução do *Manifesto Comunista* (1869) e de *O capital* (1872).

No decorrer dos anos 1860, Marx foi abandonando sua visão inicial de uma crise revolucionária na Rússia segundo o padrão da Revolução Francesa, que teve por base a luta pela propriedade privada da terra, ao perceber a importância e o peso da propriedade comunal para resguardar o campesinato russo da miséria absoluta induzida pelos impostos estatais e pelos serviços prestados nas terras do Estado e dos grandes proprietários. Reconhecia ainda a especificidade da comuna agrária russa, notando sua origem indiana, precedente à invasão mongol do século XII, e sua semelhança com a comunidade germânica no que se referia à autonomização da individualidade[80].

---

[80] Pier Paolo Poggio, *Comune contadina e rivoluzione in Russia* (Milão, Jaka, 1976), p. 143-4.

Em novembro de 1877, Marx enviou uma carta à revista russa *Anais da Pátria* comentando um artigo de Mikhailóvski, na qual negava ser o artífice de uma filosofia da história universal na qual a inserção da Rússia inevitavelmente far-se-ia através do desenvolvimento capitalista. Marx disse que "o capítulo sobre a acumulação primitiva pretende somente traçar o caminho por onde, na Europa ocidental, a ordem econômica capitalista saiu das entranhas da ordem econômica feudal"[81]. No que se referia à Rússia, Marx condicionava suas perspectivas de desenvolvimento, enfatizando as dificuldades de implantação do capitalismo e a potencial alternativa apresentada pela comuna agrária, que resistia à introdução das relações de mercado capitalista no campo: "Se a Rússia tende a transformar-se numa nação capitalista, à maneira das nações da Europa ocidental – e nos últimos anos ela tem-se dado muito mal nesse sentido –, não o conseguirá sem antes transformar uma boa parte de seus camponeses em proletários"[82], quando, então, "ela perderá a mais bela oportunidade que a história ofereceu a um povo e experimentará todas as peripécias fatais do regime capitalista"[83].

Adoentado e sob o impacto do assassinato do tsar Alexandre II, em 1881, Marx procurou esclarecer sua posição diante da questão da comuna agrária russa, a pedido de Vera Zasulitch, emigrada em Zurique, e que poucos anos depois aderiria ao primeiro agrupamento marxista russo. Após três esboços, Marx acabou enviando um texto curto, reafirmando a possibilidade de um desenvolvimento não capitalista no qual a "comuna é o ponto de apoio da regeneração social na Rússia; porém, a fim de que ela possa funcionar como tal, primeiro seria preciso eliminar as influências deletérias que a assolam por todos os lados e, então, assegurar-lhe as condições normais de um desenvolvimento espontâneo"[84].

No primeiro esboço, Marx mostra que um desenvolvimento ulterior da comuna seria possível, como elemento de produção coletiva em escala nacional, tirando-se proveito da contemporaneidade da produção capitalista do Ocidente, da qual deveriam ser incorporadas as conquistas positivas, ou seja, o conhecimento técnico-científico. Mas "certamente se deveria começar colocando a comuna em estado normal sobre sua base atual"[85], e colocá-la em estado normal

---

[81] Citado em Rubem César Fernandes (org.), *Dilemas do socialismo: a controvérsia entre Marx, Engels e os populistas russos* (Rio de Janeiro, Paz e Terra, 1982), p. 166.

[82] Ibidem, p. 167.

[83] Ibidem, p. 166.

[84] Ibidem, p. 188.

[85] Ibidem, p. 180.

significa, antes de mais nada, derrotar a monarquia absolutista dos tsares, cujos domínios estatais e dos grandes proprietários, que lhes são subordinados, ameaçam sua existência, através do fisco e do trabalho que os camponeses prestam nessas terras como único meio de escapar da miséria mais completa.

Esse mesmo Estado, para fazer frente à pressão do núcleo do Ocidente, criou um capitalismo em condições de "estufa", implantando a bolsa, a especulação, os bancos, a sociedade por ações e a ferrovia. A crise agrária torna "o estado atual da comuna" insustentável, e, para os interesses articulados no Estado absolutista, "é preciso constituir em classe média rural a minoria mais ou menos rica dos camponeses e converter a maioria em proletários"[86]. Ao contrário, para preservar a comuna e utilizá-la como base de uma via não capitalista para a modernidade, em contraposição ao Ocidente, "é preciso uma revolução russa"; mas a oportunidade histórica é única e, "se a revolução for feita a tempo, se ela concentrar todas as suas forças para assegurar um livre curso à comuna rural, logo ela se desenvolverá como um elemento regenerador da sociedade russa e como fator de superioridade sobre os países submetidos ao regime capitalista"[87].

Diferentemente de Marx, que acentuava as dificuldades do desenvolvimento capitalista e da ocidentalização da Rússia, Engels enfatizava a alternativa capitalista como a mais provável, e mesmo inevitável, diante da desagregação da comuna agrária e do feudalismo oriental. Desde sua resposta a Tkátchov, em 1874, numa conjuntura de luta interna na Associação Internacional dos Trabalhadores, quando o conjunto dos emigrados russos se postou do lado de Bakúnin contra Marx e Engels, a ênfase recaía sobre as tendências capitalistas presentes na formação social russa, a fim de realçar as divergências com os *narodniks*.

A diferença principal em relação aos escritos de Marx, para quem bastava a existência sincrônica da produção capitalista no Ocidente e uma revolução no Oriente que recolocasse a comuna agrária em "condições normais", é que, para Engels, "se existe algo que ainda pode salvar a propriedade comunitária russa e permitir que ela se transforme e que viva, é uma revolução proletária na Europa ocidental"[88]. Ao menos nesse texto, Engels considera a existência das classes sociais da modernidade capitalista pré-condição da revolução socialista, já que

86 Ibidem, p. 185.

87 Ibidem, p. 185-6.

88 Ibidem, p. 152-3.

esta consiste "na vitória do proletariado sobre a burguesia e em uma nova organização da sociedade mediante a liquidação das diferenças de classe"[89].

Num texto complementar, redigido vinte anos depois, quando o movimento *narodnik* clássico encontrava-se em seus estertores e havia já um grupo consolidado de marxistas russos, Engels insiste que "a iniciativa para a transformação da comuna russa não pode sair de seu interior [como propugnavam os *narodniks*], mas unicamente do proletariado industrial do Ocidente"[90]. Ademais, Engels dilui a especificidade da comuna, antes assinalada por Marx, afirmando que a revolução socialista deveria se iniciar no núcleo do Ocidente e só a partir de então outros povos poderiam seguir um caminho mais curto rumo à modernidade, "e isto vale não somente para a Rússia, mas para todos os países que se encontram em uma fase de desenvolvimento pré-capitalista"[91]. Abria-se aqui a perspectiva de uma visão evolucionista positivista da história, pois, por um momento, Engels parecia esquecer as diferenças entre uma potência inserida no contexto do Ocidente como é a Rússia e os territórios da Índia e da China submetidos ao domínio ocidental.

A ideia de uma evolução autônoma da comuna agrária em direção a um socialismo oriental, cuja possibilidade Marx parece indicar, sem no entanto deixar muito nítido como isso poderia acontecer, ou então a visão de sua inexorável desagregação diante do desenvolvimento capitalista, caso não ocorresse uma revolução socialista no Ocidente, como aparenta ser a posição de Engels, encontra uma síntese dialética na fórmula apresentada por ambos no prefácio à edição russa de 1882 do *Manifesto Comunista*. Sempre mantendo a condicionalidade, esse texto, sugerindo uma perspectiva de superação da dualidade Ocidente/Oriente, e que pode ter inspirado a ação política dos bolcheviques em 1917, afirma que, "se a revolução russa der o sinal para uma revolução proletária no Ocidente, de modo que ambas se complementem, a atual propriedade comum da terra na Rússia poderá servir de ponto de partida para uma evolução comunista"[92].

É assim que, para Marx, a generalização da modernidade por meio do mercado capitalista tende a englobar todas as formações sociais secundárias, aquelas que transitam da propriedade comunal originária para a propriedade

---

89 Ibidem, p. 144.

90 Ibidem, p. 279.

91 Ibidem, p. 211.

92 Ibidem, p. 192-3.

capitalista individual, baseada na apropriação privada da produção social. Nesse processo, a modernidade se diversifica, em meio a sua contraditoriedade, ao mesmo tempo que cria contradições específicas ao se chocar, de forma também diferenciada, com as diversas formações sociais secundárias. A crítica comunista da modernidade atua sobre suas partes constitutivas, propondo o fim do Estado nacional e o fim da sociedade civil dos proprietários por meio do comunismo, que se concretiza na negação positiva da propriedade privada. Superando-se o egoísmo proprietário, a vontade de poder da tradição sociocultural do Ocidente se dissolveria, assim como a noção de outro negativo, podendo então a ciência e a técnica se difundir por toda a humanidade, alheia à lógica da acumulação do capital.

Em concomitância com o interesse sobre a formação social russa, Marx dedicou-se a estudar os Estados Unidos, até para efeitos comparativos, principalmente no que se referia à questão agrária. Ele percebeu que, a partir dos anos 1860, os Estados Unidos haviam deixado de ser um país de pequenos proprietários agrários e se transformado numa economia de grandes fazendas modernizadas e produzindo para o mercado mundial, e que o processo de industrialização apontava para a quebra do monopólio inglês e europeu. Com isso, os Estados Unidos e sua "fronteira" deixariam de ser apenas o escoadouro do excesso de força de trabalho do núcleo do Ocidente e fonte de matéria-prima, forjando então um numeroso proletariado industrial. A emergência do extremo Ocidente como vanguarda consolidada da modernidade capitalista e uma crise revolucionária no Oriente interno colocariam o núcleo original do Ocidente diante de uma inédita crise histórica que poderia elevar a classe operária ao poder, provocando até mesmo a dissolução dessa ordem social e a ereção de uma nova sociabilidade.

Marx acompanhou com muito detalhe a guerra civil, que culminou no fim do escravismo nos Estados Unidos. Para ele, "a batalha entre o Sul e Norte, portanto, não é nada mais do que um embate entre dois sistemas sociais: o sistema escravocrata e o sistema de trabalho livre. Como esses dois sistemas não podem mais coexistir pacificamente no continente norte-americano, a luta estourou. E só pode terminar com o triunfo de um sobre o outro"[93].

---

93 Karl Marx, "A guerra civil nos Estados Unidos (7 jan. 1861)", em Karl Marx e Friedrich Engels, *A guerra civil nos Estados Unidos* (trad. Luiz Felipe Osório e Murillo van der Laan, São Paulo, Boitempo, 2022), p. 69.

De fato, a solidariedade do proletariado inglês com a luta antiescravista e o crescimento do proletariado americano, com a crescente migração europeia, alimentaram muitas esperanças em Marx. Essa expectativa se demonstrou de maneira prática com a transferência da sede da AIT de Londres para a Filadélfia, em 1874. Seriam já os Estados Unidos a terra da promessa da luta pela liberdade, da consolidação e da dissolução do Ocidente enquanto máquina de opressão, pela ação de um novo proletariado que se forjava?

AMPLIAÇÃO E APROFUNDAMENTO DA HEGEMONIA BURGUESA

Após 1870, a modernidade capitalista surge plenamente consolidada, mas aponta para o declínio relativo do núcleo original do Ocidente, mais precisamente da Inglaterra e da França. Houve uma significativa difusão da industrialização, notadamente para os Estados Unidos e a nova Alemanha unificada, mas também para a Itália do norte, para a Escandinávia e até mesmo para a Rússia. Essa nova fase da industrialização baseada em bens de capital – no carvão, no ferro e aço – passou a aplicar o conhecimento científico imediatamente à técnica de produção, principalmente a eletricidade e a química.

O sistema fabril difundiu-se por outros setores de produção, ampliando-se o mercado de máquinas-ferramenta (principalmente de armas) e a escala produtiva, exigindo uma "administração racional científica" de cartéis, trustes e monopólios que, em certa medida, surgiram sob o influxo da grande finança. A burguesia, diferenciada e enriquecida, aproximou-se ainda mais das velhas tradições da nobreza agrária, eximindo-se de disputar a direção do Estado. Por outro lado, leis sociais tenderam também a se difundir por diversos ramos da produção, em função da crescente força dos sindicatos organizados por uma classe operária cada vez maior, qualificada e profissionalmente diferenciada[94].

Os conflitos no interior do sistema de Estados que constituíam o bloco histórico do Ocidente tenderam a se acirrar após a formação dos Estados nacionais alemão e italiano, alterando alianças estabelecidas. A vitória alemã sobre a França, em 1870, da qual decorreu a anexação da Alsácia-Lorena, provocou a ruptura da aliança estratégica russo-prussiana, consolidada na Guerra dos Sete Anos do século XVIII, e induziu uma mudança na posição internacional

---

[94] Eric Hobsbawm, *A era dos impérios: 1875-1914* (trad. Sieni Maria Campos e Yolanda Steidel de Toledo, Rio de Janeiro, Paz e Terra, 1988), e Arno J. Mayer, *A força da tradição* (trad. Denise Bottman, São Paulo, Companhia das Letras, 1990).

da Rússia, que passou a se aproximar do governo de Paris. A emergência da Alemanha como potência industrial e marítima, aos poucos aproximou também a Inglaterra de França e Rússia, fazendo com que os ingleses passassem a menosprezar as rusgas com o império tsarista na Ásia e abandonassem sua pretensão de arbitrar os conflitos continentais.

A luta pelo predomínio no interior do sistema interestatal manifestou-se principalmente na questão do Oriente, que ganhava nova faceta com a ocidentalização da Alemanha, com a irreversível desintegração do império turco e com a nova onda expansiva do conjunto do Ocidente sobre África e Ásia. A vitória russa sobre a Turquia em 1878 e a criação de Estados balcânicos, politicamente devedores do tsar, aproximaram a Áustria-Hungria e a própria Turquia da Alemanha. Procurando valorizar sua fragilidade, a Itália formalizou em 1882 aliança com Alemanha e Áustria-Hungria em torno da reivindicação de territórios na África.

Em 1885, o Ocidente elaborou um novo "Tratado de Tordesilhas" em Berlim, quando o mapa político do mundo foi redesenhado para seu poder e glória, sendo a África a vítima principal. Mas a questão que permaneceu é que a divisão do poder e da glória foi feita de maneira desigual, desconsiderando a correlação de forças e as alianças do presente, preservando os agentes e as formas de dominação do Ocidente gestadas nas fases precedentes de formação e consolidação da modernidade capitalista. Começavam a se criar as condições para conflitos internos no núcleo do Ocidente.

Enquanto isso, a expansão do Ocidente em direção ao Oriente continuava. A China, que desde 1861 via decrescer a autoridade estatal à medida que se multiplicavam as zonas de "livre comércio" sob controle inglês, francês, americano, russo e logo também alemão, teve sua situação seriamente agravada após a fulminante derrota militar diante do Japão em 1894-1895, que redefiniu o estatuto político da Coreia, que deixou de ser tributária do celeste império para cair sob protetorado nipônico. Inglaterra, França e Alemanha caíram então como uma matilha sobre a presa indefesa, tendo sido a partilha evitada por uma conjunção de forças contrastantes.

Os Estados Unidos, que haviam apenas se apossado das ilhas Filipinas após a guerra de conquista contra a frágil Espanha, em 1898, preferia que se preservasse a "liberdade" de comércio da China com o conjunto do Ocidente e a Rússia. Antevendo para breve o choque com o Japão, preferia preservar a China contra o inimigo comum. Houve ainda a insurreição popular conduzida pela organização secreta dos Punhos Harmoniosos contra a presença do Ocidente, que perpassou todo o país por dois anos (1899-1901). É de se notar que, embora beneficiando-se amplamente da desagregação da China, a postura russa foi bastante diferente daquela do núcleo do Ocidente, mantendo relações diplomáticas com o império chinês desde 1689, baseadas em igualdades formais, assim eximindo-se de perpetrar massacres e desnecessárias humilhações.

Depois do império turco, momentaneamente preservado pela falta de solução consensual para sua desintegração, e a China, dividida em esferas de influência, também a Pérsia foi submetida ao mesmo regime de ocupação por zona, compartimentada entre a Rússia e a Inglaterra. No mesmo momento que os ingleses faziam frente à resistência chinesa contra a opressiva presença do Ocidente, desencadearam a guerra contra os descendentes de holandeses (os bôeres), que antes haviam migrado para o Transvaal, consolidando, em 1902, a dominação britânica no sul da África e excluindo os africanos de qualquer trabalho qualificado. Assim, ao iniciar-se o século XX, todo o outrora poderoso, rico e culto Oriente, da mesma forma que quase todo o continente africano, estava submetido às forças político-militares do Ocidente, de seu império universal.

O impacto da consolidada modernidade do núcleo do Ocidente sobre o Oriente interno teve o efeito de acelerar a desintegração do feudalismo oriental e das monarquias absolutistas da Áustria e da Rússia, visto que, na Alemanha, a revolução burguesa desencadeada pelo Estado prussiano, ao modo de uma revolução passiva, havia promovido sua ocidentalização, ainda que incompleta. Com a derrota da revolução popular de 1848, sufocada pela intervenção das tropas russas em Budapeste, quando reivindicações nacionais e antifeudais se entrelaçaram, a Áustria pôde enfim realizar a almejada centralização administrativa do império e quebrar a resistência húngara com a ocupação militar. No entanto, a derrota militar para a Prússia em 1866 obrigou a reorganização, no ano seguinte, do Estado absolutista numa monarquia dual austro-húngara. Essa última fase da monarquia absolutista, de desagregação do feudalismo, assistiu a um progressivo deslocamento do eixo econômico do império para o oriente húngaro, que juntamente com a incorporação da Bósnia-Herzegovina, em 1908, desprendida da Turquia, realçou o poderio da nobreza.

A derrota russa na Guerra da Crimeia (1854-1857), por sua vez, havia posto a nu o atraso técnico militar dos exércitos do tsar diante do Ocidente e reacendeu a rebelião dos camponeses submetidos à servidão. Em 1861, foi formalmente abolido o trabalho servil, mas os camponeses permaneceram submetidos pelas dívidas de resgate, até mesmo estimulando uma ulterior concentração fundiária, sem que relações sociais capitalistas se difundissem com algum vigor. A autonomia administrativa concedida às comunas agrárias transformou a representação política direta dos camponeses em mera coletora de impostos do reorganizado Estado absolutista, sem que, no entanto, a predisposição cultural comunitarista, antifeudal, antiestatal e anti-individualista, fosse ainda seriamente abalada.

A construção de uma malha ferroviária e a industrialização induzida pelo Estado, que mantinha a política externa expansionista – e que para tal precisava de uma força armada modernizada –, obrigou a contração de empréstimos no Ocidente, o aumento da taxação fiscal e a venda de terras do Estado à nobreza feudal, que acabou mesmo reforçada como classe dominante, embora ainda mais dependente da ossatura estatal. A raquítica burguesia industrial, verdadeira criatura da política econômica do Estado, dependente para novos investimentos e para ampliação de mercados, e também dependente da máquina repressiva do Estado para conter a insurgência da classe operária, preferiu manter-se como classe subalterna.

Num paradoxo apenas aparente, após o massacre da Comuna de Paris e a unificação alemã, desencadeou-se no núcleo do Ocidente um processo contraditório de democratização liberal hegemônica, articulada à acumulação do capital, e de democratização socialista, potencialmente antagônica, mas que não conseguiu compor um projeto de superação da subalternidade. Tal como antes dele haviam procurado discernir Engels e Rosa Luxemburgo, na passagem que se segue Gramsci indica a conclusão do processo e época de revolução burguesa e aponta a forma particular de luta política estabelecida na consolidada modernidade capitalista do Ocidente.

> Conceito político da chamada "revolução permanente", surgido antes da revolução de 1848, como expressão cientificamente elaborada das experiências jacobinas de 1789 ao Termidor. A fórmula é própria de um período histórico no qual não existiam ainda os grandes partidos de massa e os grandes sindicatos econômicos e a sociedade estava ainda, por assim dizer, em estado de fluidez sob muitos aspectos: maior atraso do campo e monopólio quase completo da eficiência político-estatal em poucas cidades ou mesmo numa só (Paris para a França), aparelho estatal relativamente pouco desenvolvido e maior autonomia da sociedade civil diante da atividade estatal, determinado sistema das forças militares e do armamento nacional, maior autonomia das economias nacionais diante das relações econômicas do mercado mundial, etc. No período posterior a 1870, com

> a expansão colonial europeia, todos esses elementos mudam, as relações de organização internas e internacionais do Estado tornam-se mais complexas e maciças e a fórmula quarentoitesca da "revolução permanente" é elaborada e superada na ciência política pela fórmula da "hegemonia civil". Ocorre na arte política o mesmo que ocorre na arte militar: a guerra de movimento transforma-se sempre mais em guerra de posição.[95]

Ainda que fazendo uso de uma linguagem militar, Gramsci indica a centralidade da questão democrática no processo de desenvolvimento da contraditoriedade da moderna ordem social do Ocidente, pois é através da multiplicação das instituições sociais que se disputa o consenso e a própria direção político-cultural da modernidade. Ocorre que a limitação intrínseca da democratização liberal, expressa na permanente reposição da questão do outro inferior e negativo, levaria o Ocidente à guerra civil generalizada, ao passo que a alternativa da democratização socialista colocaria no horizonte a dissolução do Ocidente, com a radicalização, generalização e negação da modernidade capitalista.

Com as significativas exceções dos Estados Unidos, republicanos na origem, e da França, cujas classes dominantes, ideologicamente monarquistas, só conseguiram se unificar sob um regime parlamentar republicano, a democratização liberal preservou a forma monárquico-constitucional de governo do Estado. A democratização liberal processou-se pela extensão do estatuto da cidadania civil e política, particularmente do direito de sufrágio, e pela conformação de uma oposição política parlamentar articulada em partidos de opinião. O "sufrágio universal" limitado ao gênero masculino acabava sendo desfigurado pelo voto uninominal, plural e resquícios censitários, pela existência de uma Câmara Alta no Parlamento, pela exigência de residência fixa e de comprovado grau de alfabetização, o que acabava por reduzir o eleitorado a uma minoria.

O progresso técnico e a exigência de caução deram origem a uma imprensa de grande difusão e penetração, capaz de criar uma "opinião pública", reduzindo ao mesmo tempo a uma insignificância a imprensa alternativa operária ou religiosa-conservadora, ao passo que a escola, em grande medida, continuava aos cuidados de instituições religiosas e com acesso limitados às camadas proprietárias. Assim como as instituições articuladoras do consenso social, também aquelas cuja razão de ser era a coerção foram ampliadas com base em

[95] Antonio Gramsci, *Quaderni del carcere*, cit., p. 1.566.

novas técnicas: tanto os corpos armados de defesa interna do Estado como os exércitos tornaram-se pouco vulneráveis a uma insurreição popular ou a uma invasão externa de surpresa. Com isso, a burocracia estatal cresceu muito, assim como a carga de impostos, e o Estado passou a intervir discretamente na economia, defendendo mercados, regulamentando o conflito intracapital e investindo no conhecimento científico.

A democratização liberal, por toda parte, tendeu a perder fôlego a partir da última década do século XIX. Diante da renovada luta irlandesa contra a dominação imperial e o fortalecimento do movimento operário, a Inglaterra tornou-se fortemente conservadora e expansionista, quase desaparecendo a oposição parlamentar. Na França, o predomínio republicano teve o que fazer com a oposição monárquico-católica, estreitando ainda mais os laços com a Rússia, indícios do fortalecimento dos herdeiros da antiga nobreza. Sobre o movimento socialista alemão, em meados dos anos 1890, voltou a pairar a ameaça da ilegalidade, por pouco não concretizada, mas o "sufrágio universal" foi efetivamente revogado na região de Hannover, em troca de um sistema eleitoral em três graus, semelhante ao da Prússia.

As tentativas que se seguiram ao final da guerra civil americana de incorporar os ex-escravos negros ao estatuto da cidadania foram barradas a partir de 1890, quando se tornava clara a tendência de aliança entre os negros e os imigrantes europeus pobres. De tal sorte que o direito de voto dos negros foi revogado com base na "raça" ou então nos testes de alfabetização, enquanto a lei antitruste mostrou-se eficaz apenas contra as organizações sindicais, sempre em nome da liberdade individual. Quando, em 1896, o Partido Popular viu-se engolfado pelo Partido Democrático, e ambos foram derrotados pelos conservadores republicanos, em nome do puritanismo e da raça branca, os Estados Unidos estavam prontos para a demarcação das fronteiras externas iniciais do novo condutor do império universal do Ocidente, iniciada em 1898, com a guerra contra a Espanha, que possibilitou a ocupação das ilhas Filipinas, de Porto Rico e o sufocamento da revolução cubana.

É certo que toda a democratização liberal se fez em nome do individualismo proprietário, tratando-se então de gerar não apenas um número maior de cidadãos eleitores ou de soldados patriotas, mas um número maior de proprietários, mesmo que esse objetivo fosse pouco definido, até para que não fosse facilmente contraditado pela realidade. Essa massa de indivíduos proprietários privados, por todo o Ocidente, tendia a fazer se representar por uma liderança individual visível que aparecia não só como o administrador da coisa pública, mas também como a força externa do Estado: assim eram Bismarck na Alemanha, Gladstone e Disraeli na Inglaterra e o presidente dos Estados Unidos no cargo. Essa liderança encarnava a ideologia nacionalista dos Estados liberais democratizados e expansionistas, voltados à subalternização e racialização de outros povos e nacionalidades. Tudo isso respaldado pela ideologia (ou religião) da ciência positiva, fundada na dissociação entre sujeito e objeto, entre conhecimento e ação, e na redução da vida social dos homens ao paradigma das ciências naturais: ampliava-se com isso a possibilidade da negação "científica" do outro, tendo o evolucionismo e o racismo por instrumentos.

A democratização liberal ocorreu precisamente quando a modernidade capitalista consolidada retomava sua carreira expansionista sobre o Oriente e todo o planeta, e a oposição antagônica interna à ordem do Ocidente se organizava sob o ideário socialista. Ora, a democratização liberal, ao fazer entender que todos os cidadãos de um mesmo Estado são formalmente iguais e que os trabalhadores manuais não são apenas máquinas bípedes, como havia sugerido Edmund Burke, a um só tempo amplia o consenso e criminaliza a dissensão, identificada como traição nacional. A questão do outro negativo tende a ser deslocada para o estrangeiro, principalmente para o não ocidental e não branco, mas de qualquer maneira para todos que não partilham do sentimento de nação, de sua identidade cultural e de suas instituições políticas e religiosas. É passível de pena tudo que atente contra a nação, sendo os judeus e os revolucionários internacionalistas os mais visados.

A ideologia estatal do nacionalismo, que surge articulada à democratização liberal, ao ampliar o consenso interno, neutraliza parcialmente o outro interno representado nos expropriados de toda ordem, aumenta a força de cada Estado particular no interior do sistema de Estados do bloco histórico do Ocidente e impulsiona a expansão, visando à apropriação do outro externo: democratização liberal e nova onda expansiva do Ocidente sobre o Oriente e o mundo são aspectos do mesmo movimento. Dessa maneira, a modernidade reproduz, por meio do nacionalismo, a representação do império universal do Ocidente, sem saber exatamente quem é o agente de sua realização, pois essa é uma disputa em aberto, que tende à criação de representações político-culturais que fazem convergir as ideias de raça, religião, nação e liderança política.

A laicização da ideia de império universal ocorreu na Inglaterra da época da revolução burguesa, transferindo-se depois para o extremo Ocidente setentrional, germinando e passando a concorrer com a matriz após a guerra hispano-americana de 1898. Certo que as guerras da França revolucionária também sustentaram essa pretensão universalizante, assim como as terras germânicas, alimentadas pelo romantismo conservador, mantiveram sua ambição no contexto da modernidade tardia. Com a emergência e consolidação da modernidade capitalista e a configuração dos Estados nacionais, uma das contradições que envolvem o processo de ocidentalização do mundo é justamente a questão muitas vezes reposta de qual Estado ou aliança de Estados seria o realizador do império universal. É precisamente essa contenda não resolvida no interior do núcleo do Ocidente e sua extensão americana, e a sobrevivência na Rússia do império cristão do Oriente, que iria explodir na crise do Ocidente, a todos envolvendo.

O processo de proletarização e a aglomeração de grande massa de força de trabalho disponível para o capital nas zonas urbano-industriais deram substrato material a um processo de democratização socialista, a contradição principal que se perscrutava. Colocada em contato na cidade, a diversificada cultura popular de origem agrária encaminhou-se para uma nova síntese, ao defrontar-se com novas condições socioambientais e culturais e com a necessidade objetiva de fazer frente à exploração do capital e às instituições estatais.

Em oposição ao individualismo proprietário, a classe operária definiu uma identidade organizando-se em formas diversas de solidariedade social e experiências coletivas, mas foram o sindicato e o partido de massa as principais instituições promotoras da democratização socialista, que tem na relação não excludente entre as dimensões pública e privada sua mais importante característica. Os sindicatos organizaram círculos cada vez mais amplos de trabalhadores, conseguindo legalizar sua atuação na busca de melhores condições de venda da força de trabalho, movimentando-os em função de ideologias anarquistas, socialistas ou meramente assistencialistas. De alguma maneira associados aos sindicatos econômicos de classe, surgiram partidos de massa de base operária e popular, que tiveram no Partido Social-Democrata da Alemanha (SPD, na sigla em alemão), fundado em 1875, seu exemplo e inspiração.

No correr dos anos 1880, multiplicaram-se por todo o Ocidente partidos operários orientados pelo ideário socialista, com maior ou menor participação de intelectuais, até que, em 1889, uma organização, a Internacional Operária Socialista, pretensa sucedânea da AIT, começou a tomar forma. O sindicato e o partido ocuparam-se da instância da sociabilidade e da educação através da organização de escolas e da publicação de panfletos, jornais, revistas e livros. Cervejarias e *saloons* transformaram-se em espaços públicos de debate e organização política da classe operária e dos trabalhadores pobres.

Através de canções, da criação de símbolos específicos (como a bandeira vermelha) e da comemoração de determinadas datas, que articulavam festa e luta (como o aniversário da Comuna de Paris ou o Primeiro de Maio), fazendo de ruas e praças um espaço público prefigurativo de uma ordem social alternativa, foi se consolidando uma cultura operária antagônica ao individualismo proprietário do liberalismo e fundada numa concepção socialista. Esse antagonismo estava materializado no partido de massa oposto ao partido de opinião, numa imprensa "classista" oposta àquela "independente", porta-voz de uma pretensa "opinião pública", na opção pelo sufrágio universal irrestrito, segundo o princípio de cada cabeça um voto, contra as restrições apregoadas pelos liberais com o argumento de defesa da "governabilidade", na república democrática como forma de governo, no internacionalismo contra o nacionalismo imperial, e, finalmente, na paz universal contra a militarização dos Estados e a conquista externa.

Além das alterações nas alianças no interior do sistema de Estados do Ocidente, a derrota da Comuna de Paris e a unificação alemã também transferiram o eixo da luta socialista para a Alemanha, criando condições para que, lentamente, a teoria socialista baseada no nome de Marx viesse a preponderar, transformando-se em marxismo (na verdade uma síntese da cultura política socialista de origem operária com algumas formulações teóricas de Marx). Diante da necessidade de se alcançar uma ampla difusão em busca da supremacia sobre outras tendências socialistas ou anarquistas, desde fins dos anos 1870, com o *Anti-Dühring* de Engels, quase certamente aprovado por Marx, o marxismo foi tomando forma como visão sistemática do mundo ao mesmo tempo que perdia a radicalidade crítica presente nos mais complexos textos de análise filosófica e histórica do autor nascido em Trier.

Na década seguinte, com a formação em série de partidos operários e socialistas, a necessidade de difundir as ideias marxianas implicou sua vulgarização e abertura de espaço para a intrusão positivista. Na preocupação de comprovar suas hipóteses, Engels (mas também Marx) fez concessões à concepção evolucionista e naturalista da história, como em *A origem da família, da propriedade privada e do Estado*, publicada em 1884, cerca de um ano após a morte de Marx[96].

---

96 Friedrich Engels, *A origem da família, da propriedade privada e do Estado* (trad. Nélio Schneider, São Paulo, Boitempo, 2017).

A análise do desenvolvimento capitalista recente, sintetizado por Engels no "Prefácio" de 1895, também sugere alguma concessão às forças objetivas do processo histórico, mas a publicação "censurada" do texto na imprensa partidária indicava já a latente crise estratégica do movimento socialista e o distanciamento da questão do fortalecimento da subjetividade antagônica à ordem do Ocidente, possível apenas através do exercício da crítica radical e permanente das representações científicas e culturais produzidas na modernidade.

Nesse escrito, considerado seu "testamento político", Engels vislumbra, porém, uma nova política de transformação para o movimento socialista. Observa que nas condições então vigentes, em que "o proletariado descobriu que as instituições do Estado, nas quais se organiza o domínio da burguesia, admitem ainda outros manuseios com os quais a classe trabalhadora pode combatê-las"[97], ele "é obrigado a avançar lentamente de uma posição a outra mediante a luta dura e renhida"[98] de acumulação de forças e ocupação de espaços públicos e nas instituições, "para que as massas compreendam o que deve ser feito faz-se necessário um trabalho longo e persistente"[99]. O confronto com o poder do capital dar-se-ia, portanto, após uma longa operação de cerco e ocupação de espaços que fraturaria suas forças defensivas e, no curso do processo revolucionário, envolveria forças crescentes do proletariado conscientemente organizado.

A morte de Engels, em 1895, coincidindo com a retomada da expansão econômica capitalista, facilitou a já iniciada intrusão positivista nas concepções do movimento socialista e sua consequente incorporação subalterna na ordem sociocultural do Ocidente. Pouco importa que o ponto de partida de Bernstein estivesse nas filosofias neokantistas, que permitiam encarar o socialismo como um imperativo ético ditado pela razão, e não uma possibilidade do contraditório desenvolvimento do real, do qual a subjetividade humana é elemento imprescindível. Por fora desse sujeito ético, Bernstein observa uma realidade dotada de leis positivas que tocaria ao movimento socialista conhecer e se adaptar. Na verdade, para Bernstein, a tarefa do movimento socialista seria o de dar novo impulso à democratização liberal, já que, ao dissociar sujeito e objeto do conhecimento e ao encarar o socialismo como herdeiro direto da tradição liberal, a questão da subjetividade social antagônica e da

---

97 Idem, "Prefácio" (6 mar. 1895), cit., p. 22.

98 Ibidem, p. 17.

99 Ibidem, p. 26-7.

democratização socialista fica diluída. Era não dissociar o conhecimento científico positivo de sua vontade subjetiva precisamente o equívoco que Bernstein julgava haver encontrado em Marx!

Por outra via, Kautsky radicalizava o objetivismo latente no último Engels, fazendo uma leitura evolucionista naturalista do processo histórico, fincada na concepção positivista, segundo a qual o socialismo surgiria como produto natural e inexorável do desenvolvimento das forças produtivas do capital, cabendo ao movimento socialista lutar apenas por condições que, evitando retrocessos, garantissem um parto menos doloroso. Da mesma maneira que Bernstein, também Kautsky premia pela continuidade da democratização liberal, até que, de maneira natural, amadurecessem as condições materiais para a passagem para o socialismo. Não se aventava a necessidade do questionamento subjetivo da ordem sociocultural do Ocidente, para não se incorrer no risco de se resvalar para um subjetivismo não científico que poderia trazer catastróficas consequências políticas para o movimento operário socialista.

Desde os anos 1880, quando a expansão conquistadora do Ocidente ganhava novo impulso, o movimento operário socialista, ainda que de forma incerta e titubeante, começou a se preocupar com o tema da expansão colonial, procurando seu significado no quadro do desenvolvimento capitalista e seus reflexos imediatos na situação da classe operária. Ao mesmo tempo que se firmava a ideia do primado quase absoluto da revolução socialista no Ocidente, circunscrevendo assim a formulação da política socialista, ficava para trás a suposição de Marx da possibilidade de uma revolução conectada, de horizontes universais, que se desencadeasse a partir do Ocidente ou do Oriente. Por princípio, o movimento socialista opunha-se à política e à ideologia imperial-nacionalista, manifestando sua simpatia pelos povos agredidos, embora por vezes, como sinal da intrusão positivista que começava a ocorrer, levantasse dúvidas sobre a universalidade do humanismo socialista, como fazia Kautsky já em 1882, quando afirmava que "os nossos princípios [socialistas] valem incondicionalmente só para os povos do nosso âmbito de civilização"[100].

A oposição à sanha expansiva do Ocidente permanecia apenas como juízo de valor, encontrando grande dificuldade em dar conta do significado da

100 Citado em Franco Andreucci, "La questione coloniale e l'imperialismo", em Eric Hobsbawm (org.), *Storia del marxismo*, v. 2: *Il marxismo nell'età della Seconda Interzionale* (Turim, Einaudi, 1979), p. 869 [ed. bras.: *História do marxismo*, v. 2: *O marxismo na época da Segunda Internacional*, trad. Leandro Konder e Carlos Nelson Coutinho, Rio de Janeiro, Paz e Terra, 2010].

difusão da modernidade capitalista e sua permanente recriação do subalterno. Respostas para a questão ganharam maior urgência com o ingresso de socialistas nos parlamentos nacionais de alguns Estados, fazendo com que o assunto entrasse na pauta de seminários e congressos internacionais, permitindo o progressivo delineamento de duas tendências divergentes no interior do movimento socialista. Uma delas, defendida por Belfort-Bax, Hyndman e Max Beer, mantinha a oposição de princípio a qualquer política colonial, mas continuava sem formular uma exequível política socialista que derivasse da análise crítica do capitalismo. A outra, de início de maneira tímida, mas depois com maior desprendimento, procurava diferenciar uma política colonial da burguesia de outra possível política colonial socialista: tudo não passaria de uma mera questão de método na inevitável e necessária expansão universal do Ocidente e da forma como se deveria processar a apropriação do outro. Também nesse aspecto o movimento socialista, através da incorporação das teorias "cientificistas", ofereceu-se a seguir as concepções político-culturais hegemônicas no Ocidente[101].

De tal maneira, ao formular um marxismo positivista, o movimento socialista adaptou-se ao processo de democratização liberal, encontrando uma via de superação de sua crise estratégica. Ao aceitar a condição de não exercer a difícil crítica da alta cultura da modernidade capitalista, ao cindir o sujeito do objeto do processo histórico, o marxismo positivista encarou como falsa a questão indicada por Marx sobre a necessidade de se formular uma teoria da ação revolucionária e uma subjetividade cultural antagônica, o que acabou por congelar o processo de democratização socialista. A intrusão positivista na teoria socialista crítica garantiu a hegemonia liberal no início do século XX, e seu predomínio na Internacional Socialista, além de preservar a inferioridade presente do outro interno do Ocidente, na expectativa do futuro socialista, pressupunha uma *doux* apropriação do outro externo, através da indução do processo "civilizatório" aos "bárbaros". O pensamento socialista viu-se então reduzido a um mero e fantasioso humanismo abstrato, subalterno ao liberalismo e reprodutor da ordem do Ocidente, dando origem ao reformismo.

---

[101] Georges Haupt, "Europa socialista e Asia coloniale", em *L'Internazionale Socialista dalla Comune a Lenin* (Turim, Einaudi, 1978), p. 146-84.

4
A CRISE DO OCIDENTE E O LIBERALISMO DA CRISE

O início da Guerra dos Trinta Anos e a derrota da revolução socialista

O fortalecimento numérico e organizativo do movimento operário no núcleo do Ocidente, mesmo que debilitado em seu antagonismo social, e a revolução democrática no império russo, em 1905, acentuaram a tendência já presente de recomposição conservadora do bloco de poder estabelecido no conjunto dos Estados do Ocidente, com o resgate das representações culturais da nobreza e da instituição monárquica. Cada vez mais a burguesia deixa de constituir-se em agente da democratização liberal, não só porque esta abria espaços políticos para a penetração da classe operária, mas também porque seus interesses materiais, definidos no processo de acumulação, agindo na mesma direção, passaram a aproximá-la das camadas sociais de origem agrária que se entrelaçavam com a ossatura estatal.

O crescimento da indústria petroquímica e do aço, em grande medida aplicada na fabricação de instrumentos de morte, cujo maior comprador só podia ser a força armada do Estado, fez vir à tona interesses convergentes do grande banco que financia empreendimentos na indústria bélica, do alto comando militar e da burocracia estatal. A atividade econômica, justapondo burguesia privada e Estado, tendeu a se estender e multiplicar na construção da infraestrutura produtiva, na conquista e espoliação colonial e na constituição da força de defesa e agressão, enquanto o crescimento da ideologia nacionalista difundia-se através da escola e do serviço militar obrigatório. O resultado é a atenuação e mesmo paralisia da democratização liberal, pois, ao mesmo tempo que se efetua a concentração do poder econômico e seu entrelaçamento com o poder político-público, este também se concentra e se identifica com o poder executivo, e mesmo a extensão do sufrágio está associada à militarização da vida social[1].

Essas tendências gestaram a crise do bloco histórico do Ocidente irrompida em 1914 sob forma de guerra civil. O epicentro da crise foi de caráter político, tendo derivado da configuração de duas alianças contrapostas de Estados, a partir da dissolução da antiga pentarquia (formada por Inglaterra, França, Áustria, Prússia e Rússia), que predominou no século XIX e dificultava a generalização de conflitos interestatais, potencializados pela concorrência no mercado capitalista mundial. Por uma parte, a Alemanha, em rápido processo de desenvolvimento capitalista, forjou, em nome do pangermanismo, uma aliança com a Áustria-Hungria, agregando uma Turquia em busca da ocidentalização depois da revolução de 1908, de modo a criar uma zona econômica que gostaria ver se estender do mar Báltico ao golfo Pérsico. Essa colocação internacional da Alemanha pode ser vista como um elemento a mais a bloquear a conclusão de seu processo de ocidentalização, ao mantê-la atada ao Oriente interno, nas alianças e nos interesses expansivos que a colocavam em rota de colisão com a Rússia, ao desejar ampliar seus espaços econômicos para os países bálticos, para a Polônia e para a Ucrânia.

Assim, a aliança dos impérios centrais tinha por outro negativo, além do interno movimento socialista dos trabalhadores industriais, o pan-eslavismo auspiciado pelo império russo, o qual, tendo a Sérvia como principal instrumento, almejava atingir o mar Mediterrâneo. A relativa debilitação do núcleo original do Ocidente diante do extremo Ocidente setentrional americano, por um lado, e diante da constituição da aliança germânica, por outro, obrigou a aproximação de França e Inglaterra, em torno das bandeiras do liberalismo, e destes com a Rússia, em nome do antigermanismo. Enquanto tiveram destaque as questões coloniais, a Itália manteve-se próxima da aliança germânica, deslocando-se aos poucos para o lado da França quando as questões continentais passaram a predominar, o que, com a eclosão da guerra, permitiu a emergência de uma solidariedade dos povos latinos, incluindo a Romênia, em função antigermânica. Em relação ao Oriente externo e ao outro externo em geral, no entanto, após a insurreição popular na China, desencadeada pelo movimento dos Punhos Harmoniosos, e mais ainda após a revolução democrática na Rússia,

---

1 Eric Hobsbawm, *A era dos impérios: 1875-1914* (trad. Sieni Maria Campos e Yolanda Steidel de Toledo, Rio de Janeiro, Paz e Terra, 1988), e Arno J. Mayer, *A força da tradição* (trad. Denise Bottmann, São Paulo, Companhia das Letras, 1990).

em 1905, a tendência foi o Ocidente provisoriamente se acordar sobre os pedaços do mundo que caberiam a cada Estado.

Não foram, portanto, as disputas em torno da apropriação do outro externo – o conjunto de povos não ocidentais – a provocar a crise político-militar que colocaria em xeque a própria existência do Ocidente, mas a recomposição conservadora do poder político e sua associação com interesses privados ligados à grande finança e à indústria bélica, e o envolvimento dos Estados feudal-absolutistas do Oriente interno em crise terminal, na disputa pelos espólios do moribundo império turco. Uma grande Sérvia fortalecida por duas vitórias militares sucessivas em 1912 e 1913, e candidata a "Piemonte" dos Bálcãs, na analogia forjada por Gramsci, inviabilizaria o projeto estratégico germânico, ameaçando a estabilidade do império Habsburgo e colocando uma cunha diante do médio Oriente, além de tornar o império russo próximo de seu secular objetivo de encontrar portos nos mares quentes. A guerra austro-serva, em julho de 1914, provocou uma reação em cadeia que envolveu todo o sistema de Estados do Ocidente, colocando frente a frente os dois blocos político-militares. O início do processo revolucionário em 1917 na Rússia, sob hegemonia liberal burguesa e consequente programa de ocidentalização da economia e do Estado, reforçou o discurso da luta entre o Ocidente liberal e o "prussianismo". A retirada da Rússia, após a vitória da democracia socialista, sob condução dos bolcheviques, foi compensada com o ingresso dos Estados Unidos, definindo o resultado da guerra em favor do redefinido núcleo do Ocidente.

A mobilização total para a guerra promoveu não só o congelamento da democratização liberal como também a estrepitosa derrota do movimento operário socialista, que em sua grande maioria capitulou diante do nacionalismo e da guerra. A liberdade proprietária viu-se ameaçada por requisições de guerra e pelos interesses gerais do poder político-militar, a escola e a imprensa tornaram-se objeto de censura e de mobilização para os objetivos da guerra. Do ponto de vista institucional e operacional, observou-se uma exacerbação da tendência à concentração de poderes em mãos do poder executivo, exatamente naqueles países de tradição liberal consolidada.

Embora o presidencialismo republicano dos Estados Unidos tivesse esse aspecto como marca de origem e tendo levado essa predisposição ainda mais longe desde 1917, também a Inglaterra, a França e a Itália, principalmente após a reorganização das direções governamentais em 1918, mostraram eficácia na mobilização para a guerra, concentrando poder e recursos, ao mesmo tempo que mantendo o controle do outro interno, se este porventura ousasse contestar a guerra ou a ordem social (que naquela circunstância tendia a ser a mesma coisa). Os Estados de persistente tradição feudal-absolutista do Oriente interno, e mesmo a Alemanha, não tiveram o mesmo êxito, nem na mobilização total nem no controle do outro interno.

Com o movimento socialista, o outro interno por excelência da modernidade capitalista, submetido à hegemonia liberal, e praticamente realizada a conquista das formações socioculturais extraocidentais, o outro externo, o conjunto do Ocidente dominante, na ausência de qualquer ameaça imediata à ordem, entregou-se à autofagia, resgatando, porém, uma série de outros internos a serem contidos a fim de que se exteriorizasse a violência intrínseca da modernidade. Com a guerra, foram representados como outros internos negativos estrangeiros, pacifistas e revolucionários de diversos matizes, aos quais, expropriados de seus direitos civis e políticos, cabia a expulsão, a prisão ou a morte. Exacerbou-se a tendência à racialização, introjetando-se no interior do próprio Ocidente "branco" o que era referente apenas ao outro externo: os povos e culturas de outros Estados foram também racializados, criando-se solidariedades agressivo-defensivas entre "raças" germânicas, eslavas ou latinas.

Ao mesmo tempo que o Ocidente mergulhava na guerra civil, o impacto da difusão da modernidade capitalista, por meio do mercado e dos canhões, sobre as formações sociais de seu Oriente interno e externo, acabou por desagregar as formas de dominação política e de solidariedade socioeconômicas arcaicas, desencadeando, a partir de 1905, um longo e multifacetado processo revolucionário, cujo epicentro foi a Rússia, e que se entrelaçou num processo único, com a crise do Ocidente. Na virada do século, o fluxo externo de financiamento da economia russa, oriundo principalmente da França, diminuiu consideravelmente, coincidindo com uma renovada atividade sociopolítica de oposição à autocracia tsarista.

Exauridos pelos impostos, pelas dívidas e pela concentração fundiária, os camponeses se agitavam pela partilha da terra, nos moldes tradicionais. Desse fermento surgiria, a partir de 1902, o Partido Socialista Revolucionário (SR), organização extremamente heterogênea e fluida, que recolhe a herança *narodnik*, inclusive o apelo ao terror como forma de luta política. A repressão às greves operárias de 1901 só fizeram estimular a organização sindical e política do proletariado industrial e dar início a uma nova estação de lutas. O Partido Operário Social-Democrata da Rússia (POSDR), fundado em 1898, realizou um tenso congresso, concluído em Londres, em 1903, do qual saiu dividido sobre como se organizar para os futuros embates e sobre o conteúdo social e político da revolução que se avizinhava. A burguesia agrária e industrial, por sua vez, aproveitando da esvaziada estrutura representativa dos *zemstvos* (órgãos de poder local), promoveu um congresso nacional que pedia reformas em direção à monarquia constitucional, organizando-se no Partido Constitucionalista Democrático (KD).

Em manobra desastrada, uma parte da burocracia, ligada ao alto comando das forças armadas, vislumbrou na guerra contra o Japão a possibilidade de barrar o movimento democrático e acertar, ao mesmo tempo, pendências relativas ao extremo Oriente e à China. As sucessivas derrotas na frente de batalha reforçaram as lutas sociais em andamento até a explosão revolucionária de janeiro de 1905. Desencadeada pela classe operária, a revolução passa a ser conduzida pela burguesia liberal representada no KD, mas logo se alastrou para o campo.

No outono desse ano, a revolução recrudesceu, com a convergência do movimento operário – que criara o primeiro soviete em São Petesburgo a 13 de outubro, presidido por Leon Trótski –, com as radicalizadas reivindicações camponesas pela partilha da terra e pela eminência da catástrofe militar, que poderia até provocar a desagregação do Exército. Diante disso, o Estado reconheceu a derrota diante do Japão, fez concessões que deram uma fachada liberal ao regime, e manteve a tropa no extremo Oriente, até que ela estivesse pronta para retornar ao coração do império e reprimir o movimento das comunas agrárias, já que a reaproximação da burguesia com a nobreza havia isolado o movimento operário, que acabou também reprimido em sua experiência de conselhos como auto-organização.

Criou-se alguma expectativa de que a Rússia pudesse se encaminhar para um processo passivo de ocidentalização, ao estilo prussiano, com a formação de uma assembleia representativa eleita por "graus" hierárquicos e com alterações na política agrária, visando à destruição da comuna de exploração familiar e posse coletiva e à difusão da propriedade privada em benefício da burguesia agrária (*kulacs*). Mas a impermeabilidade do Estado tsarista diante das instituições representativas, mesmo dotadas de parcos poderes, e a resistência dos camponeses à difusão da propriedade privada individual, fizeram ver que a construção de uma monarquia constitucional que incorporasse a modernidade capitalista do Ocidente constituía uma vã esperança[2].

---

2 Pier Paolo Poggio, *Comune contadina e rivoluzione in Russia* (Milão, Jaca, 1976), e Theda Skopcol, *Estados e revoluções sociais: análise comparativa da França, Rússia e China* (trad. Fátima Murta, Lisboa, Presença, 1985).

As dificuldades da monarquia absolutista russa ensejaram, sob pressão das instituições religiosas e da burguesia mercantil, a instalação de uma Assembleia Legislativa na monarquia persa, preservada mesmo quando esse país se viu dividido em esferas de influência entre Rússia e Inglaterra. Ainda na esteira da revolução russa, em 1908, o Comitê pela União e o Progresso (Jovens Turcos) tomou o poder na Turquia, projetando a ocidentalização, primeiro do império, depois apenas da etnia turca, que, para definir sua identidade nacional, apelou para a repressão em massa. Enquanto o império se desintegrava definitivamente na guerra, promoveu a assimilação forçada, a expulsão em massa e o massacre dos povos submetidos (com destaque para os armênios e curdos), tudo em nome da "ordem e progresso" do Ocidente.

O abalo maior e mais duradouro, no entanto, envolveu o decrépito império manchu na China, que desabou em 1911. As manobras tendo em vista a restauração do celeste império sob controle do Ocidente fracassaram diante da resistência das camadas sociais modernas e pelo início da guerra civil no Ocidente, dando ainda a oportunidade que o Japão esperava para invadir a China. A partir de 1916, a China viu-se fragmentada entre diversos chefes militares locais (os "senhores da guerra"), cada vez mais submetidos aos interesses de Japão e Estados Unidos, à medida que os Estados europeus recuavam. A revolução de 1925-1927 reunificou a China e, após ter massacrado os comunistas, procurou instituir um Estado liberal não democrático que tentava a rota da modernidade aproximando-se dos Estados Unidos, até como forma de resistir ao Japão. Ao doloroso impacto da modernidade, os povos do Oriente resistiram com a revivescência das grandes religiões tradicionais ao mesmo tempo que procuraram absorver do Ocidente a forma do Estado nacional a fim de preservar ou recompor sua autonomia e identidade cultural nas condições impostas pela realidade do mercado capitalista. Nesse sentido, por exemplo, é que se moviam as correntes pela emancipação política de Egito e Índia.

Com o início da guerra civil do Ocidente, mais uma vez na Rússia se entrecruzou uma crise revolucionária própria da modernidade capitalista em gestação com a irrupção das formas comunais orientais, no mesmo processo de desagregação do feudalismo oriental e do Estado absolutista. Embora a oposição ao absolutismo tivesse ganhado novo fôlego a partir de 1912, foi com a sequência de derrotas militares, desde 1916, que surgiu uma oposição liberal na Duma, em concomitância com o espocar de greves e do movimento pacifista, ainda que o movimento socialista estivesse estilhaçado.

O arrastar da guerra e a imposição do racionamento de pão provocaram uma greve e uma manifestação, em 8 de março de 1917, conduzida por mulheres. Em menos de uma semana, a greve se alastrou pelas fábricas, os soldados se rebelaram contra os oficiais, e a pressão conjunta dos liberais da Duma e dos socialistas do soviete, ressurgido em 13 de março, deitaram abaixo a monarquia absolutista, desencadeando um contraditório processo de democratização, a um tempo liberal e socialista. A burguesia agroindustrial e o alto comando do Exército, por meio da Duma, tomaram momentaneamente as rédeas da revolução democrática, com um programa que previa a ocidentalização do país através da instauração de uma república liberal parlamentar, tendo a França por modelo, mas cuja institucionalidade seria definida por uma Assembleia Constituinte. A factibilidade desse projeto estava, porém, condicionada à manutenção da aliança da Rússia com o núcleo do Ocidente e à vitória sobre a Alemanha.

A democratização liberal era apoiada pelos socialistas ocidentalistas (mencheviques) e socialistas revolucionários (*neonarodniks*), que não se davam conta que o soviete era produto e instrumento da autoatividade e autogoverno de sujeitos coletivos em formação e que davam início a um processo de democratização socialista. A esta importa a tendência ao esvaziamento do poder político, com as estruturas representativas e burocráticas eletivas e revogáveis, e a autogestão do processo produtivo. Na instituição do soviete encontram-se resgatadas formas arcaicas de autogoverno das comunas agrárias e ao mesmo tempo toma forma a moderna democracia operário-industrial.

Da revolução democrática em andamento, a classe operária esperava ganhos salariais, leis sociais e o fim da guerra; os soldados-camponeses desejavam assistência social e o fim das hostilidades; os camponeses lutavam pela partilha comunitária da terra; e as nacionalidades submetidas aos grão-russos desejavam independência (fineses, baltas e poloneses), autonomia (ucranianos e transcaucasianos) ou a equiparação de direitos civis e políticos, incluindo liberdade de expressão cultural (judeus e parte dos muçulmanos).

As manifestações populares contra a continuidade da guerra e da penúria forçaram a entrada de mencheviques e esseristas num novo governo de coalizão. O projeto liberal democrático exigia que se criassem novas formas de centralização do poder em torno do governo de coalizão, enquanto a oposição socialista bolchevique defendia o autogoverno operário-camponês a partir dos sovietes. A vitória da primeira posição no Congresso Panrusso dos Sovietes, no mês de junho, fez com que os bolcheviques optassem pela ocupação política dos espaços públicos. O ameaçador afastamento dos liberais do governo e do processo democrático, associado aos tumultos populares de julho, forjaram um novo governo de coalizão que tinha por objetivo o esvaziamento político dos sovietes e a perseguição aos bolcheviques. A democratização liberal estava rapidamente atingindo seus limites e, para tentar evitar a desintegração do Estado, convocou-se uma conferência representativa dos vários setores sociais, cujo rotundo fracasso ensejou, em setembro, uma manobra golpista das forças do antigo regime, com respaldo dos liberais.

O fracasso do golpe tornou irreversível a desagregação das instituições estatais diante da sublevação revolucionária nos campos. A revolução das comunas agrárias, que não pôde esperar pela Assembleia Constituinte, viu-se fortalecida pela desintegração do Exército e pelo retorno dos soldados-camponeses, dando início à partilha da terra, tendo em pouco tempo transformado a Rússia num país de pequenos agricultores que não legitimavam a propriedade privada e tinham seus negócios conduzidos pelas assembleias locais das aldeias. Diante do avanço dos bolcheviques, esseristas maximalistas e anarquistas nos sovietes, a convenção das forças políticas que continuavam apoiando a democratização liberal, realizada em fins de setembro, revelou-se também um inteiro fracasso. Finalmente, na noite de 6 para 7 de novembro de 1917, os sovietes tornaram-se o único poder, sob condução dos bolcheviques, e, no dia seguinte, o II Congresso Panrusso dos Sovietes nomeou um novo governo, produto da democratização socialista.

O novo governo, formado exclusivamente por bolcheviques, reconheceu a partilha da terra em andamento e o direito à autonomia das nacionalidades, dando início a negociações visando à retirada da Rússia da guerra. Nesse momento, o território do decaído império russo constituía uma federação de comunas autônomas, onde o Estado, enquanto instrumento de coerção, momentaneamente deixara de existir. A dissolução da Assembleia Constituinte, em janeiro de 1918, visou a impedir a reproposição da democratização liberal, de resto impossível, e de um poder dual com os esseristas majoritários, continuadores do deposto governo provisório e configurado como maioria legislativa. Ao mesmo tempo que conclamavam os povos do Oriente a uma geral sublevação contra o Ocidente, os bolcheviques, com a retirada da Rússia da guerra, procuravam liberar a classe operária alemã do compromisso com a "defesa da Pátria". Assim, a revolução desencadeada na Rússia visava unir os seres sociais subjugados pela vontade de domínio do Ocidente, tanto em seu interior como no exterior, numa equação revolucionária de proporções universais.

A retirada da Rússia da guerra foi amplamente compensada pela entrada dos Estados Unidos, tanto do ponto de vista econômico-militar como do reforço da identidade liberal do Ocidente, levando à desestabilização dos impérios centrais, em outubro/novembro de 1918. Uma revolução de caráter nacional-liberal desintegrou o império Habsburgo, dando origem a quatro novos Estados: Checoslováquia, Hungria, Áustria e Iugoslávia. A unanimidade nacional alemã em torno da guerra, rompida em meados de 1916, com manifestações contra a carestia e a guerra, permitiu que em abril de 1917, sob o influxo do início da revolução na Rússia, se formasse o Partido Social-Democrata Independente (USPD, na sigla em alemão) e, no fim do ano, uma série de greves oferecessem indícios de um movimento de democratização socialista.

A revolta dos marinheiros de Kiel, em novembro de 1918, foi o sinal para a revolução que pôs abaixo a monarquia e originou um processo entrelaçado e contraditório de democratização liberal e socialista, análogo ao que ocorrera no Oriente russo. O SPD, aliado ao alto comando do Exército imperial e com o apoio discreto de parte da burguesia foi, a partir do governo e do Parlamento, a principal força propulsora da democratização liberal, mas teve que confrontar-se com o USPD e a Liga de Spartakus, que buscavam ocupar os espaços públicos e organizar um contrapoder nos conselhos de operários e soldados. A ainda embrionária dualidade de poderes rompeu-se quando, em janeiro de 1919, o governo social-democrata desencadeou a repressão, convocando o aparelho de repressão estatal e "voluntários", para dar cabo dos organismos de democracia socialista e impedir o lançamento de pontes de contato com a Revolução Russa.

Na Áustria, os socialistas (chamados austromarxistas) conseguiram estruturar amplo consenso social que impediu a explicitação de uma dualidade de poderes, pois eram ao mesmo tempo força majoritária (41%) num governo parlamentar de coalizão e nos conselhos operários (90%), de modo que as tentativas de ocupação das ruas pelos comunistas resultaram em fracasso. Assim, por certo período, na Áustria, democratização liberal e democratização socialista ocorreram paralelamente e sob hegemonia da primeira, situação ditada por considerações de ordem externa, como a ocupação do território austríaco por tropas francesas. Na Hungria, porém, o processo de democratização apresentou-se em fases sucessivas e sobrepostas. A tentativa desesperada do governo liberal-democrata de Mihály Karolyi, na Hungria, de aproximar-se dos Estados Unidos para atenuar a sanha territorial de Romênia e Iugoslávia, apoiadas pela França, e impedir a revolução social, mostrou-se infrutífera, acabando por ser substituído, em 21 de março de 1919, por um governo fundado em conselhos de operários e soldados.

Essa experiência de democratização socialista foi derrotada após 133 dias, diante da resistência camponesa ao programa de socialização da terra e das antigas classes dirigentes, conjugada com a pressão militar de Checoslováquia e Romênia, respaldadas pela França. Pelas armas do exército popular, a revolução húngara estendeu o poder soviético para a Eslováquia e inspirou a instauração de uma meteórica república de conselhos na Baviera, sufocada pelo Exército da nova república alemã. Os dirigentes da revolução húngara tinham ciência de que somente a difusão do movimento poderia garantir sua sobrevivência, e daí a insistência – delicadamente refutada – para que os austromarxistas se apossassem do poder em Viena. O trágico resultado foi o banimento da democracia tanto na Áustria como na Hungria em favor da restauração política das velhas classes dominantes, em uma ditadura que duraria até 1944[3]. O início da fase de refluxo da revolução socialista está demarcado pelo fracasso da manifestação internacional convocada para 21 de junho de 1919, embora tenha constituído o ponto de partida para a formação dos conselhos de fábrica nas cidades do norte da Itália, também desarticulados em fins de 1920.

A derrota da democratização socialista no Ocidente passivo deveu-se ao fato de ter sido desencadeada após a guerra, permitindo que o Exército pudesse se recompor com vistas à defesa da ordem, com o apoio dos camponeses já amplamente imbuídos do individualismo proprietário do Ocidente, e também pelo fato de que grande parte da classe operária, representada pelas frações majoritárias do movimento socialista, subalternas ao liberalismo, ter por objetivo apenas a ampliação do estatuto da cidadania e a criação de leis sociais dentro do Estado nacional e da ordem do capital. No Oriente russo, pelo contrário, o esfacelamento do Estado feudal-absolutista, a inconsistência do capital privado e a força das instâncias comunitárias permitiram a prevalência da democratização socialista. O bloqueio desta ocorreu por outros motivos: a destruição física da classe operária, a anomia social no campo e a necessidade de se recompor o Estado com sua burocracia (em parte herdada do Estado absolutista) e a força militar a partir da forma Partido Comunista, prefiguração desse novo Estado anticapitalista, condicionado pela guerra contrarrevolucionária que se estendeu por três anos.

---

[3] Pasquale Fornaro, *Crisi postbellica e rivoluzione* (Milão, Franco Angeli, 1987).

O núcleo forte do Ocidente liberal, vencedor dessa fase da Guerra dos Trinta Anos, mostrou-se imune à irrupção revolucionária do outro interno devido à força da hegemonia do bloco de poder instituído. A classe operária apoiou a guerra e, embora fortalecida em sua organização sindical, permaneceu afastada das instâncias decisórias do Estado e fragmentou-se em sua representação política. No entanto, a intervenção político-militar dos Estados Unidos e o financiamento dos créditos de guerra transferiram definitivamente o eixo do poder do Ocidente para a América setentrional, que passou assim a constituir-se em polo de agregação de um novo império universal, aos poucos atraindo, deslocando ou substituindo a Inglaterra, no extremo Oriente e no extremo Ocidente meridional. Obstáculos às pretensões imperiais dos Estados Unidos surgiram ainda na continuação da Guerra dos Trinta Anos, encarnados no Japão, na União Soviética e na Alemanha, dos quais tornou-se necessário inventar representações negativas a fim de estimular a movimentação da força econômica e militar.

À medida que ia se delineando o confronto com o Japão, tomava forma a imagem de um perigo oriental, mais nítida conforme os japoneses recusavam explicitamente o Ocidente, visto como ameaça a sua identidade cultural e a seu próprio projeto imperial oriental. A revolução popular socialista que destruiu o império oriental tsarista foi substituída, na visão do senso comum do Ocidente liberal, por um novo despotismo que articulava a ameaça do outro externo, enquanto Estado oriental anticapitalista, com as reivindicações e lutas do outro interno, o movimento operário de conotação anarquista ou marxista. Mesmo quando parte da grande imprensa de orientação e inspiração liberal, em meados dos anos 1920, estava se convencendo de que a economia soviética se encaminhava para o capitalismo, como a comprovar a inexistência de qualquer alternativa, a persistência da ditadura comunista e a existência da Internacional Comunista, faziam sempre da União Soviética uma ameaça à consecução do império universal do Ocidente.

O derrotado império alemão, desconsiderada sua transformação em república liberal-democrática e tentativa de completar sua ocidentalização, através de sucessivas acusações de "prussianismo" atávico e da constatação da força dos partidos operários de extração marxista, manteve seu estatuto de Ocidente incompleto. A Alemanha republicana, atacada pelo movimento comunista, que a queria próxima da União Soviética, esse novo Oriente despótico dos pesadelos liberais, e pelas forças nacionalistas e conservadoras de diversas matizes, estas sim, herdeiras do prussianismo, tinha na social-democracia o principal esteio para o aprofundamento da ocidentalização do Estado. Mas (como bem percebera Max Weber), ao insistir no anúncio do fim do capitalismo, mesmo que apenas no discurso, a social-democracia perdeu-se num limbo entre Ocidente e Oriente, que vinham em processo de recomposição, como formas sociais diferenciadas e como representação de sua realidade, tornando-se também vítima do nazismo.

O Ato de Espionagem, editado quando os Estados Unidos ingressaram na guerra, entendia como hostil qualquer contestação dos símbolos do Estado americano e de sua política de guerra[4]. Tornou-se assim possível a punição do dissenso interno, e o reforçamento da imagem do presidente com a aura sacra de defensor e propagador do americanismo que, ao externalizar o conflito, agia tão somente para a construção do novo império universal, que não podia conter nada de antagônico dentro de si que não fosse considerado negativo e intrusão do outro externo – os novos orientes, japonês, russo ou alemão. A retomada da crise do Ocidente e o ingresso da Guerra dos Trinta Anos numa nova fase, em certa medida, foi resultado da resistência ao novo império do Ocidente ao qual foram contrapostas formas alternativas de revolução passiva, sem o mesmo poder universalizante econômico e ideológico do americanismo, mas que também decorreram da derrota da revolução socialista e da recomposição da dualidade Ocidente/Oriente. Esse o caso do nazifascismo (interno ao Ocidente), do stalinismo (Oriente interno) e do niponismo (Oriente externo), todos opostos ao Ocidente liberal e seu projeto imperial.

O LIBERALISMO DIANTE DO NOVO DESPOTISMO

A crise do bloco histórico do Ocidente, expressa na guerra civil, e da qual decorreu o congelamento e mesmo o retrocesso do processo de democratização liberal, implicou também a crise cultural do liberalismo como teoria política e visão de mundo que dava esteio à ordem social propulsora da acumulação capitalista. O acirramento do medo da desagregação social diante do processo de "desclassamento" e nivelamento sociocultural, provocou uma maior multifacetação do liberalismo em crise, particularmente daquele positivamente

---

[4] Domenico Losurdo, *Democrazia o bonapartismo* (Turim, Bollati Boringhieri, 1993), p. 167--72 [ed. bras.: *Democracia ou bonapartismo: triunfo e decadência do sufrágio universal*, trad. Luiz Sérgio Henriques, São Paulo, Editora Unesp, 2004].

preocupado com a questão da democracia e da liberdade política. Com frequente pretensão de superar os horizontes teóricos tradicionais, com objetivo de estabilização da ordem do Ocidente por meio de reformas, houve uma tentativa de repensar o Estado público e sua relação com a esfera privada.

Vistos como agentes de planificação do social e de acumulação da riqueza material, pareceu necessário redefinir o papel dirigente dos intelectuais e da burocracia estatal governamental, a fim de fazer da democracia uma atribuição do Estado, justificando a intervenção na esfera privada com a finalidade de preservar a liberdade individual e política, própria da ordem social do Ocidente, tal qual representada pelo liberalismo. Aos poucos, e à medida que o fascismo ascendia no Ocidente passivo e o socialismo estatal se configurava como novo Oriente, a noção de totalitarismo se consolidou como representação do outro negativo da liberal-democracia e do Ocidente, elemento, ele mesmo, da crise da modernidade capitalista.

O recuo da burguesia diante da democratização liberal e a crise do Ocidente, dentro desse quadro de preocupações, foram antecipados nas reflexões de Max Weber, que presenciou seus primeiros e cruciais lances, como a guerra, a revolução e as tendências à "organização" do capitalismo, sintomas da crise da modernidade e do individualismo proprietário. Weber localiza o máximo de liberdade individual precisamente nos albores da modernidade, produto de uma conjunção específica e não reproduzível de circunstâncias históricas. A expansão comercial marítima, a estrutura da empresa mercantil manufatureira, o conhecimento científico da natureza pela ação de personalidades universais e a difusão de uma ética laica, deram origem à liberdade e à singularidade do Ocidente moderno.

Ao definir a singularidade do moderno na difusão de uma conduta racional de vida em relação a fins, a qual aplica a ciência racional positiva às atividades produtivas cotidianas, respaldadas por uma ética do trabalho e da acumulação derivada do puritanismo, Weber nota que a modernidade implica a dessacralização do mundo, das relações sociais e da natureza. A dimensão política da modernidade está marcada pela formação dos Estados nacionais, constituindo "uma relação de homens dominando homens, relação mantida por meio da violência legítima (isto é, considerada como legítima)"[5] e mantida através da dominação racional burocrática e legal.

---

[5] Max Weber, *Ensaios de sociologia* (trad. Waltensir Dutra, Rio de Janeiro, Zahar, 1977), p. 98-9.

Assim é que, para Weber, o moderno capitalismo do Ocidente constitui-se numa realidade única, dotada de uma particular razão histórica, não universalizável, e cujas origens feudais são irrelevantes. Nisso Weber se diferencia de Montesquieu e Tocqueville, que davam grande importância à continuidade histórica do Ocidente e ao papel desempenhado pela nobreza feudal, mesmo nas condições da modernidade, mas herda deles o método de pesquisa do específico e do particular, além, é claro, da concepção liberal e o pessimismo diante da emergência de um novo despotismo. Nas condições particulares da modernidade capitalista, o elemento estabilizador da ordem social, na acepção de Weber, só pode ser uma burguesia empreendedora, capaz de hegemonia na defesa da liberdade individual proprietária, sempre ameaçada pela sobrevivência de uma nobreza agrária de viés militarista e burocrático patrimonial, e pela emergência de um movimento socialista que projeta a exacerbação da dominação burocrática racional e gesta um moderno despotismo.

Embora recuse a possibilidade de juízos e valores universais *a priori*, Max Weber aproxima-se do neokantismo ao tomar a subjetividade do sujeito cognoscente como ponto de partida da ciência que organiza fragmentos da realidade externa objetiva, impossível de ser apreendida em sua totalidade. Contrapondo-se ao romantismo conservador irracional e ao evolucionismo organicista do positivismo científico, que malbarata a ação social e os conflitos da subjetividade humana, Weber precisa repropor o objetivismo científico através de uma pretensa neutralidade axiológica que permite construir tipos ideais positivos, isentos de contradição. A visão crítica da tradição científica do Ocidente, para a qual não vislumbra uma via de saída, faz com que Weber se resigne a tratar o proletariado industrial e os povos dominados pelo Ocidente como dotados de uma positividade própria que não pode negar sua concreta situação histórica de subalternidade.

Mesmo reconhecendo, como Montesquieu, que todo regime se corrompe e autodestrói, a teoria social de Max Weber, por dissociar a subjetividade socialmente ativa do processo de conhecimento científico, não é capaz de refletir sobre os temas da transição e da revolução. A dissociação entre sujeito e objeto, economia e política, e o concomitante contato com o neokantismo e o positivismo, estabelecem convergências entre a reflexão do liberal Weber e do social-democrata Bernstein, que possibilitam algum paralelismo nas posturas políticas referentes à realidade da Alemanha republicana[6].

---

[6] Maurício Tragtenberg, "Max Weber", em *Burocracia e ideologia* (São Paulo, Ática, 1974), p. 108-85.

Como em Maquiavel, também para Weber, a política estabelece, sempre por meio de alguma violência, uma específica forma de dominação, na qual há sujeitos dominantes e sujeitos dominados, além de um quadro administrativo da ordem. Típica da modernidade é a administração burocrática racional e legal que seleciona seus quadros através da competência e saber técnico. Essa forma de dominação burocrática nasce em concomitância com a democracia, no processo de luta contra a dominação feudal patrimonial, dando origem à modernidade e à liberdade individual proprietária, garantida no Estado de direito liberal. Para Weber, "o Estado democrático, assim como o Estado absoluto, elimina a administração feudal, patrimonial, patrícia, ou de outros dignitários que exercem o poder de forma honorária ou hereditária e a substitui por funcionários civis", como parte de um processo que determina "a separação do trabalhador do meio material de produção, de destruição, de administração, de pesquisa acadêmica, e de finanças"[7].

Ao mesmo tempo que a dominação burocrática racional e legal consolida a liberdade individual proprietária, típica da modernidade, porta em si o germe da destruição da liberdade e a emergência de uma nova escravidão ou de um moderno despotismo ocidental. A burocracia racional surge do nivelamento das diferenças sociais e constitui o mais eficiente instrumento de administração, e só ela permite a separação entre direito público e privado. A racionalidade da burocracia, pública ou privada, advém do conhecimento científico que permite a definição de esferas de saber, o cálculo de meios e objetivos operacionais, implicando o mais alto grau de eficácia. O máximo de eficácia da autoridade racional burocrática e legal é atingido quando sob a forma monocrática, ou seja, quando um presidente ou primeiro-ministro subordinam sob seu comando o conjunto da administração burocrática pública, preservando os interesses dos proprietários privados individuais. O cesarismo é, enfim, a melhor forma de administração política, ainda que resguardada a aparência liberal-democrática.

Com alguma frequência, a burocracia escapa desse tipo ideal, até constituir-se, a partir de fins do século XIX, em força política diferenciada na modernidade, determinando diretrizes e finalidades, pela generalização de sua racionalidade. Embora a existência de uma economia mercantil monetária seja pré-condição para a burocracia racional, esta serve de elemento catalisador que

---

7 Max Weber, *Parlamentarismo e governo numa Alemanha reconstruída* (trad. Maurício Tragtenberg, São Paulo, Abril Cultural, 1974, coleção Os Pensadores), p. 22-3.

privilegia os interesses burgueses que, por sua vez, permeiam sempre mais a administração da empresa privada, resultando que, "quanto maior for a empresa, maior será a burocracia que a envolve"[8].

Com a revolução técnico-científica e a fragmentação do saber e das especialidades, e ainda a formação de cartéis e trustes, a militarização dos Estados e formação de sindicatos e partidos de massa, a burocratização racional torna-se um fenômeno consolidado que perpassa todas as dimensões da modernidade capitalista. Essa situação permite que a burocracia, que é um instrumento técnico eficiente, se autonomize no político, constituindo-se em grupo separado do corpo social, com a pretensão de dirigi-lo, usando o conhecimento como instrumento de preservação de seus interesses particulares e condição para a incorporação de novos membros. Isso significa o aprisionamento da liberdade dos modernos, submetidos a uma nova forma de servidão, um despotismo ocidental marcado pela impessoalidade, e por uma hierarquia social baseada na fragmentação dos saberes mais do que na diferença da riqueza material acumulada privadamente.

Da mesma maneira que os políticos de vocação, a burguesia empresarial, por sua própria atividade, é guardiã da liberdade individual proprietária, ao garantir a reprodução dos conflitos de interesses políticos e econômicos que movimentam a ordem social moderna. Dependendo da ação social dessa camada, a burocracia racional e legal manter-se-ia em sua função técnica ou então se comporia como força política e estrato social diferenciado portador de um moderno despotismo, no qual o conhecimento seria transformado em instrumento de dominação. Embora a burocratização fosse a tendência geral da modernidade, com "o crescente domínio público na esfera econômica"[9], para Weber, era acelerada e radicalizada pelas proposições do movimento socialista, que, ao abolir o dinamismo social e político próprio do capitalismo privado, agia no sentido de criar uma ordem social estacionária e despótica. Na previsão weberiana, no limite, "a burocracia estatal reinaria absoluta se o capitalismo privado fosse eliminado" e

> tal Estado seria ainda mais indestrutível se na esfera social uma ordem de *status* fosse imposta aos governados, ligada à burocracia e na verdade a ele subordinada, como nos Estados de trabalhos forçados do passado, uma estratificação social

[8] Ibidem, p. 22.

[9] Ibidem, p. 23.

> "orgânica" semelhante à de tipo egípcio-oriental surgiria, então, mas, em contraste com esta, seria tão austeramente racional como uma máquina. Quem iria querer negar que tal potencialidade jaz nas entranhas do futuro?[10]

Mas, diante desse cenário apavorante, dessa "concha de servidão", "a questão não é como promover e apressar esse processo, mas, ao contrário, como opor resistência para preservar a humanidade desse amesquinhamento da alma, dessa dominação do modo de vida burocrático"[11].

Todo o edifício da teoria social weberiana foi construído a partir da realidade sócio-histórica da Alemanha e da Europa centro-oriental, estando preocupado com sua particularidade e com sua deficiente inserção no Ocidente, enquanto cultura política e institucionalidade liberal-democrática. Weber concebe a perspectiva histórica da Alemanha bifurcada e oscilante entre o despótico Oriente eslavo (tsarista ou bolchevique que fosse) e o liberal Ocidente anglo--americano (com suas raízes puritanas). A origem da Alemanha como Ocidente inconcluso e que por isso mesmo tem seu futuro em jogo, Weber detecta na via "passiva" de construção da modernidade capitalista e do Estado nacional alemão, que bloqueou a emergência de partidos políticos e de um Parlamento forte, por meio dos quais se expressassem os conflitos de interesses e selecionassem lideranças políticas que impedissem que a burocracia estatal agisse sem controle. O "cesarismo" de Bismarck não permitiu que a burguesia surgisse como força hegemônica, tendo tornado a burocracia prussiana autônoma na esfera política, a qual tinha sua ação intermediada por partidos nobiliárquicos dependentes do Estado ou da Igreja.

Para que se completasse a ocidentalização da Alemanha, seriam necessários avanços no contexto da organização burocrática racional da produção e do próprio processo de trabalho e, principalmente, no ordenamento institucional, possibilitando uma democratização liberal ativa, capaz de selecionar lideranças cesaristas. Para tal era preciso que se configurassem partidos políticos com base de massa, que dessem expressão à diversidade da cultura política presente na sociedade civil alemã, burocraticamente organizados, a partir de um programa, com imprensa, funcionários e representação parlamentar.

---

[10] Ibidem, p. 31.

[11] Max Weber, "Comentário sobre a burocratização (1909)", citado em Jacob P. Mayer, *Max Weber e a política alemã* (trad. Ana Cândida Perez, Brasília, Editora da UnB, 1985), p. 94.

Só assim tornar-se-ia possível uma instituição parlamentar forte, que servisse de laboratório de seleção de lideranças políticas capazes de, com o respaldo do sufrágio universal, manter a burocracia estatal sob controle, que deveria resignar-se a sua função pública técnico-científica. Assim, a fim de preservar espaços de liberdade individual proprietária, a proposta de Weber se endereçava para o estabelecimento de uma democracia plebiscitária que elegesse o monocrata da burocracia racional legal pública, mantendo-a sob controle da esfera privada, através da parlamentarização da vida política.

A democratização liberal, único caminho capaz de garantir a um só tempo a ocidentalização e inviabilizar a regressão orientalista da Alemanha, possível tanto pela dominação russa como pela vitória do projeto socialista, ou, pior ainda, por uma composição de ambos, representada pela ameaça espartaquista, teria que tomar a forma de um cesarismo plebiscitário, que resolve a questão da escolha de uma liderança carismática e sua sucessão no Parlamento (como na Inglaterra) ou na eleição periódica (como nos Estados Unidos). Ora, só é possível identificar essa solução institucional como democrática desde que se tome o mercado capitalista como o espaço da liberdade, pois pelo demais é apenas uma forma de seleção de sucessivos ditadores ("césares"), já que o espaço público cotidiano é mantido fora do processo decisório. Pode-se então dizer que há uma forma de ditadura democrática cujo fundamento é a acumulação de capital e a hegemonia liberal burguesa, garantida por "um animado complexo de associações rigorosamente exclusivas, embora voluntárias"[12].

As seitas protestantes que se transferiram para a América do Norte no século XVII, levando consigo as premissas do individualismo proprietário, fundando o extremo Ocidente, foram as primeiras associações voluntárias e a base da democracia americana, como anteriormente analisada por Tocqueville. E era, de uma maneira ou de outra, através delas que se filtrava a administração pública, alterada a cada mudança de chefe de Estado. Mas mesmo os Estados Unidos não podem manter-se imunes ao processo de burocratização, pois, apesar da resistência "democrática" à profissionalização do serviço público, "o burocratismo profissional se difunde com extrema rapidez"[13] e, "para os Estados Unidos, esta guerra [1914-1918] terá como consequência o crescimento de um Estado com um grande exército, um corpo de oficiais e uma burocracia"[14].

---

[12] Max Weber, *Ensaios de sociologia*, cit., p. 356.

[13] Max Weber e Émile Durkheim, *Socialismo* (trad. Angela Ramalho e Antonia Bandeira, Rio de Janeiro, Relume-Dumará, 1993), p. 94.

[14] Ibidem, p. 95.

Esse é, juntamente com a formação de uma "aristocracia do dinheiro" e a valorização dos círculos universitários, um aspecto da "europeização" dos Estados Unidos, em troca da "americanização" da Europa pela massificação e pela incorporação do taylorismo no processo de trabalho. Por outro lado, os partidos políticos americanos, que buscam elevar seu líder ao cargo de chefe de Estado e consigo milhares de funcionários públicos, ilustram de maneira ideal o regime cesarista ou de democracia plebiscitária, auspiciado por Weber e pelo liberalismo do início da crise do bloco histórico do Ocidente, e do qual se aproximava o reformismo social-democrata.

A relativa convergência de posições entre Max Weber e a política do SPD, ambos favoráveis à democratização liberal, além dos aventados contatos teóricos, ocorreu em torno do projeto de inserção da classe operária no estatuto da cidadania plena no interior do Estado nacional, como elemento de ocidentalização e fortalecimento da Alemanha no sistema interestatal. O objetivo dessa política seria evitar o isolamento estratégico e a possível desagregação da Alemanha diante da pressão conjugada da Rússia revolucionária e da aliança franco-anglo-americana, sendo mais importante encontrar aliados externos que promover anexações territoriais. Para a promoção do poder externo alemão seria necessária uma política econômica que promovesse o crescimento da riqueza material e que se definisse uma cultura nacional suficientemente homogênea a fazer frente a ameaças revolucionárias internacionalistas ou a minorias étnicas, como os poloneses da Prússia oriental[15].

Nota-se, ainda uma vez, a indissociável articulação entre o projeto de democratização liberal e o controle/negação do outro, seja pela incorporação subalterna da classe operária e da própria teoria socialista, seja pela sujeição de minorias e outras culturas (eslavas, nesse caso). Weber acreditava que o viés anticapitalista do discurso social-democrata empurrava a burguesia para os braços da nobreza *junker*, e que somente a assunção clara da prática reformista com a rejeição de qualquer veleidade revolucionária permitir-lhe-ia participar como coadjuvante na democratização liberal a ser conduzida pela burguesia, legitimando assim a atividade sindical e parlamentar da classe operária[16].

Embora as circunstâncias históricas que deram origem à liberdade individual proprietária não tenham ocorrido na Alemanha, esta contava com

---

[15] David Beetham, *Max Weber and the Theory of Modern Politics* (Cambridge, Polity, 1985), cap. 5.

[16] Ibidem, cap. 6.

chances de se ocidentalizar, enquanto a Rússia surgia, aos olhos de Max Weber, como um inexorável Oriente despótico, ao qual dever-se-ia voltar as costas. Weber sabia ser inútil sua simpatia pelos liberais russos, pois os percebia como derrotados de antemão. A incorporação da produção capitalista num ambiente no qual predominava a comuna agrária impedia o florescimento do individualismo proprietário e do mercado capitalista, deixando os liberais sem sustentação social.

A intrínseca ligação da Igreja ortodoxa com o Estado absolutista, de um lado, e o horizonte sociocultural dos camponeses que almejavam um contato direto com o tsar e a liquidação da burocracia local e da nobreza da terra, por outro, eram elementos de arcaísmo que inviabilizavam a democratização liberal e a ocidentalização da Rússia. Como a burguesia mantivera-se afastada da revolução, o que pôde vir à tona em 1905 foi apenas uma "democracia de fachada", feita para contemplar os bancos credores do Ocidente e que implicou a racionalização da burocracia tsarista e uma maior nitidez na contraposição entre sociedade desorganizada e burocracia estatal.

A leitura de Weber para a queda da monarquia absolutista em março de 1917 foi a de uma remoção pura e simples do monarca para que se revitalizasse a "democracia de fachada", acrescida agora de uma aparência revolucionária em função da presença de esseristas e mencheviques na área de governo, elemento ocasional que cedo ou tarde seria extirpado pelas armas. Quando os bolcheviques se alçaram ao poder, Weber não viu mais que uma ditadura militar expressando os interesses materiais dos soldados e dos revolucionários profissionais que, apesar do ideário socialista, deveria adotar medidas para promover a organização racional capitalista da indústria, ainda que sem burguesia.

Os liberais poderiam entabular acordos com os socialistas, mas seriam superados por eles, justamente por não contarem com real apoio da camada burguesa e do campesinato infenso ao individualismo proprietário. Um eventual poder socialista consolidado na Rússia seria a síntese de um despotismo burocrático patrimonial oriental com o moderno despotismo gerado pela burocratização racional da produção e da administração. Para Weber, portanto, a ocidentalização da Rússia só seria possível, e mesmo assim de modo parcial, na base produtiva, sendo inviável uma democratização liberal que recriasse as condições para a liberdade individual proprietária[17].

---

17 Ibidem, cap. 7.

A compreensão weberiana do Oriente foi composta pelo contraste com a modernidade capitalista do Ocidente e, ao reafirmar a neutralidade axiológica da ciência social, com a construção de uma particular positividade do objeto de estudo. Em contraposição às seitas ascéticas do protestantismo, que deram origem à ética capitalista, Weber identifica na ética econômica de cada uma das grandes religiões do Oriente sua singularidade e "de um ponto de vista preciso: a forma pela qual se relacionam com o racionalismo econômico"[18], tendo a ação racional com relação a fins mundanos como tipo ideal de conduta de vida.

Mesmo reconhecendo que "todas as religiões são individualidades históricas de natureza altamente complexa"[19], em seu conjunto Oriente significa arcaísmo e ausência da razão que tipifica o Ocidente, único espaço sócio-histórico da liberdade. O Oriente se caracteriza pela ação tradicional que implica uma norma inviolável de conduta, ditada por uma racionalidade sacra. De tal maneira que a ação social tende à especialização econômica, atividade esta também coberta por um caráter religioso definidor da vocação no mundo, e que não permite a ocorrência de transformações.

Nesse quadro teórico-analítico, a subalternidade do Oriente está garantida, não restando outra alternativa que a dominação do Ocidente, já que, por iniciativa histórica própria, não seria capaz de atingir a racionalidade econômica. Para Weber,

> a essência do obstáculo não está nas dificuldades particulares como tal, que cada um dos grandes sistemas religiosos, por sua vez, colocou, ou pareceu colocar, à economia moderna. A essência da obstrução estava antes no "espírito" da totalidade do sistema. Nas épocas modernas nem sempre foi fácil, mas finalmente tornou-se possível, empregar o trabalho de casta indiano nas fábricas modernas. E, antes disso, foi mesmo possível, explorar o trabalho dos artesãos indianos de forma capitalista, tal como se fazia habitualmente nas áreas coloniais, depois que o mecanismo acabado do capitalismo moderno pôde ser importado da Europa.[20]

Essa análise científica se coadunava com a postura política de Weber, favorável a uma aproximação com a Inglaterra, respaldada pela forte convicção da necessidade de se completar a ocidentalização da Alemanha e da impossibilidade

---

18 Max Weber, *Ensaios de sociologia*, cit., p. 337.

19 Ibidem, p. 336.

20 Ibidem, p. 467.

da ocidentalização da Rússia, que se reproduzia como ameaça à Alemanha e ao Ocidente. Tal aproximação implicaria um acordo sobre os interesses comuns no Oriente Médio, assim como na China, para onde a Alemanha estendia sua esfera de influência político-econômica, tornando os dois países aliados contra a ameaça russa e fortalecendo a unidade do Ocidente. Resguardados os particulares interesses de potência, o Ocidente deveria manter-se unido na espoliação racional do resto do mundo ou na defesa contra a ameaça que o Oriente russo poderia vir a representar. Após a guerra, Weber acreditava que "a hegemonia mundial da América do Norte era tão inevitável quanto a de Roma após as Guerras Púnicas. Esperamos [continuava ele] que não seja partilhada com a Rússia. Para mim, esse deve ser o objetivo de nossa futura política mundial, pois o perigo russo foi afastado apenas no presente, mas não para sempre"[21].

O liberalismo e o medo do totalitarismo oriental: a nova face do despotismo

A continuidade da crise do bloco histórico do Ocidente infirmou o ceticismo de Weber, vendo-se a democratização liberal bloqueada pela dificuldade da burguesia em dirigir o processo, recompondo sua hegemonia num novo patamar. A crise foi mais incisiva nas áreas de revolução burguesa passiva (Alemanha e Itália) e no ex-Oriente interno em decomposição (Áustria-Hungria e Rússia), de modo a criar, em meio aos acirrados conflitos socioculturais, uma diáspora intelectual significativa que, migrando para o Ocidente anglo-americano, apresentou importantes teóricos da crise e formuladores de projetos de recomposição da ordem social do Ocidente do ponto de vista do liberalismo. Ainda que a crise do liberalismo constitua um elemento da crise do bloco histórico, permaneceu alicerçando frutífera reflexão sobre as formas de se evitar a desagregação do Ocidente.

Sob as circunstâncias da Guerra dos Trinta Anos, um certo número de intelectuais de perfil liberal, oriundos da "fronteira" do núcleo do Ocidente com o Oriente interno, e emigrados para Inglaterra ou Estados Unidos, promoveram a adequação do liberalismo ao projeto de reconstrução do império universal do Ocidente alicerçado no Atlântico Norte. Deixando-se de lado aqueles como Friedrich Hayek e Karl Popper – continuadores teóricos de

[21] Citado em Jacob P. Mayer, *Max Weber e a política alemã*, cit., p. 78.

Von Mises – em função de seu notório desprezo pela democracia (o que os fez permanecer por longo tempo inúteis para a ação político-cultural de recomposição hegemônica), o destaque fica para a reflexão de Karl Mannhein, Joseph Schumpeter e Hannah Arendt. A tendência geral do liberalismo concebido por esses intelectuais era o de identificar liberalismo com democracia e esta com a natureza do Ocidente, ao mesmo tempo que foi se construindo a noção de totalitarismo como outro negativo da liberal-democracia, resultado provável de qualquer revolução ou desagregação da ordem, materializado nos fascismos e no stalinismo.

A fim de se evitar a generalização do totalitarismo e a conseguinte desagregação do Ocidente liberal, foi necessário buscar a compreensão da guerra civil mais ou menos aberta que se travava. Com a burocratização do processo produtivo e decisório, com a militarização da vida e com a impossibilidade de se manter a acumulação do capital entregue a sua dinâmica intrínseca, alguns cânones clássicos do liberalismo tiveram de ser abandonados. Foram nuançadas as relações entre as noções de liberdade e propriedade, admitindo-se uma maior extensão do sufrágio e a emergência da assistência social estatal, tendo sido assimilada a ideia de planejamento empresarial e estatal (até então patrimônio exclusivo do ideário dos socialistas). Com a crise final das classes dirigentes de origem nobiliárquica e com as dificuldades da burguesia em conduzir a reprodução da ordem, começou-se a valorizar a intelectualidade técnica e cultural, a se pensar fórmulas de reciclagem da camada governante, passando então a democracia a ser teorizada como método de seleção dos governantes, sendo assim dissociada de seus fundamentos econômico-sociais e passando a ser vista como atributo do Estado.

Considerando-se que a classe operária, de acordo com uma ampliada ética do trabalho, deveria ser incorporada ao estatuto da cidadania, o subalterno negativo interno passou a ser representado na massa desqualificada, no "populacho" ou "ralé", nos marginalizados pelas alterações técnicas e no processo de trabalho. O outro externo, o Oriente especificamente, diversificou-se: surgiram movimentos pela autonomia cultural e pela formação de Estados nos domínios orientais do Ocidente. O expansionismo japonês, entrelaçado com o sistema de Estados do Ocidente, tornou-se uma ameaça econômica e militar. A revivescência das culturas e religiões do Oriente realçaram o interesse acadêmico do Ocidente por esse objeto de estudo, servindo como elemento para a formulação política tendo em vista preservar sob novas formas a submissão do Oriente.

Os setores mais lúcidos do pensamento liberal-democrático perceberam a inutilidade do estatuto colonial, preferindo que a liberal-democracia se difundisse, à medida que amadurecessem novos Estados nacionais, para além do núcleo do Ocidente. A melhor maneira de garantir a ocidentalização universal seria pela difusão do individualismo, da visão liberal de mundo, do mercado capitalista, para parcelas crescentes da humanidade, reciclando-se parte das camadas dominantes tradicionais, ou seja, pelo estímulo a revoluções passivas[22].

O multifacetado liberalismo da crise expressou-se de maneira muito lúcida na obra do húngaro Karl Mannhein, partícipe do círculo de Heidelberg, que testemunhou o fracasso da democratização liberal na Europa centro-oriental e emigrou para a Inglaterra, onde admirou a continuidade institucional e a capacidade de reciclagem de suas classes dirigentes. Baseado na ética cristã, Mannhein reconhecia a igualdade ontológica dos seres humanos, que deveria ser socialmente garantida pela igualdade de oportunidades, forma de estabelecer e preservar a real desigualdade. A liberdade, até pelo valor que dava à camada intelectual, estava associada à ideia de autonomia individual, aspecto distintivo da modernidade, e à propriedade privada apenas enquanto garantia aquela e meio de acesso à cultura. O problema que se colocava era que a autonomia individual levada a extremos, numa ordem social de base urbano-industrial, levaria à desintegração social e à guerra civil generalizada.

Tornava-se então necessário certo grau de renúncia ao individualismo, em função do planejamento da vida social e da própria preservação da liberdade, sem o que o totalitarismo seria inevitável. Já que a propriedade deixara de ser padrão direto de inclusão no estatuto da cidadania, dever-se-ia dirigir o processo de democratização liberal construindo-se um novo e legítimo governo representativo. O risco que se apresentava (e ao qual a Alemanha havia sucumbido) é que o rápido deslocamento das classes dirigentes tradicionais desse oportunidade a que grupos emergentes, representando interesses particularistas, provocasse tamanha crise de legitimidade que conduzisse à anomia social e ao totalitarismo, à negação da tradição liberal do Ocidente.

A solução apontada por Mannhein, a fim de evitar a desintegração da ordem social do Ocidente, foi o planejamento democrático, para o qual seria necessário lançar mão de técnicas sociais, entendidas como "todos os métodos que influem no comportamento humano para que este se encaixe nos padrões de interação

---

22 Edward W. Said, *Orientalismo: o Oriente como invenção do Ocidente* (trad. Rosaura Eichenberg, São Paulo, Companhia das Letras, 1990), p. 253-60.

e organização sociais existentes"[23]. Através dessas técnicas sociais, nas quais se incluem imprensa, escola, radiodifusão, induzir-se-ia a formação de uma cidadania ativa organizada democraticamente, segundo os princípios da tolerância. O planejamento social para a liberdade e a preservação da liberdade individual só seriam possíveis pela construção de um largo consenso, que exigiria a colaboração entre as classes, situação na qual as classes médias teriam um papel decisivo, ao mesmo tempo de estabilizador e de filtro.

Para liberais, como Mannhein, que acreditavam que a reprodução da ordem sócio-histórica do Ocidente, assim como a acumulação do capital que lhe dá movimento, deveria ser planejada,

> as esperanças dos reformistas baseiam-se na suposição de que, graças às técnicas modernas de planificação social, também pode ser equilibrada a sociedade contemporânea do grande capitalismo. O que importa é que as classes alta e média tenham interesse na criação e preservação de uma estrutura societal estável, mediante a outorga de serviços suficientes e melhorias sociais às classes baixas, para que estas tenham interesse na manutenção da ordem social, tornando-se também um elemento estabilizador.[24]

Como se vê, Mannhein tem todo um desenho de uma revolução passiva fundada no liberalismo, projetando a integração e colaboração entre as forças sociais da ordem capitalista, um modo de, ao fim, fortalecer a hegemonia burguesa.

Permanece ainda a questão do como evitar forças disruptivas que levassem ao totalitarismo. Antes de tudo assinalando que "o sistema bipartidário é o ideal para que a democracia funcione adequadamente" (tal como na Inglaterra!)[25], devendo ser preservado ou estabelecido, pois que tende a marginalizar ou absorver forças políticas antagônicas. Depois seria preciso definir com clareza a cargo de quem ficaria o planejamento, e aí Mannhein reafirma o papel crucial da camada intelectual na reprodução da ordem, visto que ela "condensa em si mesmo todos os interesses que penetram a vida social"[26], apesar de os indivíduos não perderem a marca de sua origem. Assim, a chave

---

[23] Karl Mannhein, *Liberdade, poder e planificação democrática* (trad. Miguel Maillet, São Paulo, Mestre Jou, 1972), p. 24.

[24] Ibidem, p. 110.

[25] Ibidem, p. 216.

[26] Karl Mannhein, *Ideologia e utopia* (trad. Emílio Willems, Porto Alegre, Globo, 1956), p. 145.

da integração social e do planejamento estaria a cargo "desse estrato intermediário, relativamente desligado, aberto ao ingresso constante de indivíduos das mais diversas classes e grupos sociais, com todos os pontos de vista possíveis"[27]. Mannhein recupera, dentro da tradição do positivismo e do liberalismo, a visão de Durkheim de integração social, assim como a função estabilizadora da ordem que Stuart Mill designava aos intelectuais imbuídos da ética do cristianismo.

O risco da irrupção do outro, que implicaria a conformação de alguma forma de totalitarismo, estaria antes de mais nada na revolução socialista projetada pelos partidos comunistas, mas estes poderiam ser integrados à ordem (como de fato foram). Mais preocupante é o comportamento do "populacho", problema sobre o qual Mannhein recomenda aos "partidos da ordem" que façam "reconhecer como inimigo comum, não as massas educadas, mas a multidão enraivecida, explorada e excitada pelos demagogos"[28]. O outro interno negativo da democracia seriam, então, os deslocados pelo processo de acumulação capitalista, deixados sem ocupação e alimentando rancores em relação à ordem social. O totalitarismo, assim como o despotismo oriental para Montesquieu, surge como outro externo que poderia se internalizar.

Exemplos de totalitarismo eram o nazismo e o stalinismo, embora Mannhein guardasse bem as diferenças. Para ele, "o Estado totalitário e monopartidário representa [...] a adaptação de uma classe governante à era de organização de massas, na qual a principal fonte de poder já não se baseia na sociedade e nas pequenas associações, mas na organização em grande escala que controla os métodos violentos de coação, as comunicações e a administração"[29].

As técnicas sociais são mais bem manipuladas pelo Estado totalitário porque estas tendem naturalmente para a concentração e burocratização do poder, que no limite leva a uma ordem social estacionária. Mannhein enfatizava o caráter bárbaro, repressivo, antimoderno e anti-Ocidente do nazismo, mas ao stalinismo reconhecia o esforço para arrancar a Rússia do atraso secular. No entanto, para Mannhein, a maior deficiência do totalitarismo está no método de seleção de sua classe dirigente, pois que "um grupo dirigente organizado, especialmente quando deve seu triunfo a uma revolução, precisa criar a

[27] Ibidem, p. 149.

[28] Karl Mannhein, *Liberdade, poder e planificação democrática*, cit., p. 202.

[29] Ibidem, p. 118.

coesão num prazo muito curto e, portanto, empregará formas de arregimentação implacáveis, tanto para o ingresso em suas fileiras quanto para estabelecer uma lealdade permanente"[30].

Pouco tempo antes de Mannhein haver se estabelecido na Inglaterra, em 1932 Joseph Schumpeter havia chegado aos Estados Unidos. Economista de formação, fora ministro das Finanças da Áustria em 1919-1920 pelo partido católico. O pessimismo de sua leitura da crise do bloco histórico do Ocidente está oculto por trás de uma fina ironia e do apego às instituições e à ordem social vigente no país que o acolheu. Pretendia, dentro da tradição positivista, encarnar o intelectual dotado de razão científica, axiologicamente neutro, produto da liberdade individual e da laicidade da modernidade capitalista do Ocidente, que tem na empresa privada sua força motriz e no Estado liberal sua forma política.

Pelo fato de contrariar a "racionalidade" inerente ao capitalismo de livre concorrência no mercado, Schumpeter se opunha ao imperialismo, que entendia ser uma política estatal de expansão violenta, respaldada por resíduos arcaicos e pré-capitalistas que tinham em vista a aquisição de territórios e esferas de influência. Os Estados Unidos, segundo acreditava, ao prescindir da conquista imperial de novos territórios (desconsiderando a série de agressões perpetradas contra a Ibero-América), ofereceria o melhor exemplo de difusão dessa "racionalidade" capitalista e liberal.

Em 1942, Schumpeter publicou a influente obra política *Capitalismo, socialismo, democracia*, que balizou toda a moderna teoria da democracia de orientação liberal. Defende a ideia de que o regime democrático conduzido pela burguesia empresarial, expressão máxima da liberdade individual proprietária, havia atingido seu apogeu entre 1870 e 1914, quando teria então, com a guerra, entrado em crise. A origem da crise do Ocidente e da democracia estariam, segundo essa análise de Schumpeter, na própria lógica do desenvolvimento capitalista, que, ao gerar "a unidade industrial gigante perfeitamente burocratizada não apenas desaloja a pequena e média firma e 'expropria' seus proprietários, mas ao final desaloja o empresário e expropria a burguesia como classe que, no processo, deve perder não apenas sua renda, mas também, o que é infinitamente mais importante, sua função"[31].

---

30 Ibidem, p. 120.

31 Joseph Schumpeter, *Capitalismo, socialismo e democracia* (trad. Sérgio Góes de Paula, Rio de Janeiro, Zahar, 1984), p. 176.

Acontece que "a estrutura política de uma nação é profundamente afetada pela eliminação de uma multidão de pequenas e médias empresas"[32], pois "o processo capitalista, ao substituir as paredes e as máquinas de uma fábrica por um mero pacote de ações, tira a vida da ideia de propriedade"[33], removendo assim também o próprio substrato material da democracia burguesa. É assim que o próprio desenvolvimento capitalista destrói os invólucros sociais que garantiam sua estabilidade.

Da mesma maneira que o capitalismo elimina o artesanato corporativo e o campesinato pré-capitalista, elimina, por meio da concentração da riqueza, os pequenos e médios proprietários industriais, corroendo sua própria base social de legitimação. Por outro lado, o desenvolvimento capitalista viu-se protegido por uma classe dirigente originada da sociedade feudal, que, constituindo a materialidade do Estado, ao mesmo tempo que considerava os interesses burgueses, mantinha-se afastada destes. Amparado nos exemplos históricos de França e Alemanha, Schumpeter infere a dificuldade de se estabilizar a dominação direta da burguesia sem que conte com a sustentação de estruturas econômicas e políticas herdadas do feudalismo, pois, "ao romper com a estrutura pré-capitalista da sociedade, o capitalismo rompeu não apenas as barreiras que lhe impedem o progresso, mas também os esteios que lhe impedem o desmoronamento"[34].

Schumpeter vislumbrava no socialismo uma via possível de superação da crise da modernidade capitalista, e o percebia mesmo como sendo algo até certo ponto inevitável. No entanto, a definição de Schumpeter, segundo ele mesmo, "se apoia exclusivamente na questão econômica"[35], fazendo com que o socialismo seja visto apenas como uma variante da organização da produção industrial do capitalismo, do qual o socialismo estatal da União Soviética não se diferenciava qualitativamente. O que caracteriza o socialismo é a administração burocrática centralizada, culturalmente indeterminada, que pode levar a uma ordem social estagnada. Mas nem esse é um fim necessário, pois o planejamento central pode estabelecer estímulos individuais e formas de ascensão social que de fato existiam na União Soviética.

---

[32] Ibidem, p. 183.

[33] Ibidem, p. 185.

[34] Ibidem, p. 181.

[35] Ibidem, p. 218.

Tendo identificado o socialismo com estatização da economia, Schumpeter percebia duas vias de realização da socialização: uma originada a partir de uma economia atrasada, efetivada por meio de uma revolução, cujo exemplo é a União Soviética de Stálin; outra seria a estatização realizada numa economia madura, que ocorreria por evolução. Diante da crise e dos riscos de desagregação, poder-se-iam "visualizar situações em que o socialismo possa ser a única maneira de restaurar a disciplina social"[36].

Entendido dessa maneira, o socialismo não é visto como outro negativo do Ocidente, mas uma possível solução positiva da crise, que poderia ser implementado por partidos de inspiração socialista ocidental, consubstanciando assim, na verdade dos fatos, uma revolução passiva que preservaria o Ocidente. Como, para Schumpeter, socialismo e democracia constituem dimensões diferenciadas da realidade social, eles podem se sobrepor ou não, embora seja mais provável esse encontro nas economias maduras do Ocidente.

Como então Schumpeter concebe a democracia se ela não se refere à organização da vida material? A crise gerada pelo desenvolvimento capitalista, ao esvaziar a função da burguesia empresarial e a noção de propriedade privada individual, colocou também em crise a teoria clássica da democracia fundada na concepção de "bem comum" (Locke) ou da "vontade geral" (Rousseau), incorporadas pela filosofia utilitarista do século XIX. Apelando para a questionável autoridade de Gustave Le Bon (o qual partia da premissa do comportamento irracional das multidões), Schumpeter recusa a possibilidade de se chegar racionalmente a alguma conclusão do que poderia ser o "bem comum" ou a "vontade geral" por atividade direta ou representação política democrática.

Para Schumpeter, democracia é um método político de tomada de decisões, não estando diretamente relacionada à extensão ou à periodicidade do sufrágio. Assim, o método democrático e a própria existência da democracia não se desqualificam pela exclusão das mulheres e dos trabalhadores pobres, ou pela discriminação baseada em motivos étnicos ou religiosos. Os Estados Unidos não deixavam de ser uma democracia (da qual, na verdade, era o melhor exemplo) por excluir os negros da mais elementar cidadania civil e política em vastas áreas de seu território ou por manter os orientais em campos de concentração, no momento mesmo que Schumpeter escrevia essas páginas. Da vida democrática deveriam participar apenas os aptos para tal, definidos por alguma regra expressando uma opinião social e política dominante.

---

[36] Ibidem, p. 272.

Se "a aptidão é medida pela capacidade de cada um se manter"[37], definidos graus e opiniões, é perfeitamente lógico que se excluam mulheres, pobres, negros e não cristãos do estatuto da cidadania sem comprometimento da vida democrática. Decidido quem está apto para votar, pode-se então escolher um governo legitimado pela aprovação "popular", mas que, uma vez empossado, conta com grande grau de autonomia diante do corpo eleitoral. Nesse caso, o Parlamento não é um órgão de representação política de interesses econômicos e políticos conflitantes presentes no mundo social, mas "é um órgão de Estado, exatamente como o Executivo ou a corte de justiça"[38]. A democracia passa ser atributo do Estado, embora não se exija que "qualquer função do Estado esteja sujeita a seu método político"[39].

Mas se a democracia não tem fundamentos econômico-sociais e não tem relação com a extensão do sufrágio, limitando-se a um método político estabelecido por aqueles que participam do jogo, qual é então a institucionalidade democrática defendida por Schumpeter? É aquela que deixa ao eleitor a função social de selecionar a liderança política entre aqueles que a tal se propõem, fazendo uso das armas da propaganda comercial (recursos financeiros antes de mais nada!). Assim, o procedimento democrático é uma projeção do mercado capitalista para a esfera política, quando se confrontam oferta e procura, mas também fraude e manipulação, na escolha de um líder (presidente ou primeiro-ministro), que poderá ser ou não reconduzido.

Essa democracia entendida como procedimento e mercado político funciona bem com uma burocracia eficiente e com um governo escolhido num sistema bipartidário, onde "um partido é um grupo cujos membros se propõem a agir combinadamente na luta competitiva pelo poder político"[40]. E, já que não é instrumento de representação política, é conveniente que se evite a proporcionalidade do voto, apelando-se para o voto "distrital"[41], que dilui a conformação de interesses sociais.

A proposição de Schumpeter de uma democracia liberal aproxima-se bastante daquela de Weber de um "cesarismo democrático" juridicamente definido. No caso de Schumpeter, o princípio competitivo pode ser temporariamente suspenso em favor de uma liderança monopolista, quando se virem ameaçados

---

37 Ibidem, p. 306.

38 Ibidem, p. 310.

39 Ibidem, p. 364.

40 Ibidem, p. 353.

41 Ibidem, p. 340.

os interesses do país no campo externo, ou então "os princípios estruturais da sociedade"[42]. Contraditório para quem rejeita a existência de algum "bem comum", mas aceita a supressão da democracia diante da guerra ou da insurgência revolucionária contra a ordem social. Um exemplo claro era a continuidade indefinida da presidência de F. D. Roosevelt nos Estados Unidos.

Desde que no liberalismo da crise não existe mais sentido em filtrar a camada dirigente do Estado pelo nascimento ou pela propriedade, inda mais nos Estados Unidos, trata-se de selecionar a oligarquia do poder através de mecanismos institucionais, aprioristicamente definidos como democráticos, embora rejeite a formação de uma subjetividade social antagônica e a exclusão e negação do outro mantenha-se como aspecto distintivo. Nessa formulação, ao cidadão comum caberia ater-se a seus negócios privados ou públicos locais, limitando sua atividade política ao voto no mercado de candidatos a líder.

Todo o liberalismo da crise efetua uma avaliação crítica de sua própria tradição cultural, pretendendo ultrapassá-la. A judia alemã Hannah Arendt, que se transferiu para os Estados Unidos definitivamente em 1941, é quem leva mais longe essa pretensão, ao projetar a superação da unilinearidade positivista do liberalismo e do economicismo de certo marxismo. Estando basicamente de acordo com os autores anteriormente referidos, Hannah Arendt percebe a força geradora da crise no próprio desenvolvimento histórico do Ocidente, muito particularmente desde 1884 até a conflagração iniciada em 1914, com seus desdobramentos.

Em 1950, no "Prefácio à primeira edição" de *Origens do totalitarismo*, Hannah Arendt afirmava que, durante a crise, "a corrente subterrânea da história ocidental veio à luz e usurpou a dignidade de nossa tradição"[43], significando que o outro da tradição humanista liberal havia irrompido no Ocidente, colocando sua própria existência em risco. Quem seria esse outro, capaz de ameaçar o humanismo liberal? Qual sua origem? Esse outro de duas faces seria o "capital especulativo" ou supérfluo e a "ralé", originados de uma "riqueza tremendamente ampliada, resultante da produção capitalista num sistema social baseado na má distribuição"[44] e que se uniram para colocar em prática a política imperialista.

---

[42] Ibidem, p. 368.

[43] Hannah Arendt, *Origens do totalitarismo: antissemitismo, imperialismo, totalitarismo* (trad. Roberto Raposo, São Paulo, Companhia das Letras, 2013), p. 13.

[44] Ibidem, p. 177.

Enquanto o capital especulativo se aproxima do Estado para forçar a conquista de colônias, a ralé, sua aliada, "composta que era de refugo de todas as classes" e era "subproduto da sociedade burguesa, gerada por ela diretamente e, portanto, nunca separável dela completamente"[45], poderia ser elemento de conversão da democracia em despotismo, o que consolidaria seu papel negador dos próprios interesses da burguesia e da ordem liberal do Ocidente. Essa interação política entre o capital especulativo e a ralé, entendendo que "somente o acúmulo ilimitado de poder pode levar ao acúmulo ilimitado de capital"[46], levou a emancipação política da burguesia e a exportação da violência do Estado para o além-mar, fazendo com que suas instituições perdessem a legitimidade que contavam diante da nação, revertendo assim numa crise do próprio Estado liberal mais ou menos democratizado e impedindo que os valores liberais do Ocidente, baseados no império da lei e nos direitos do homem, se difundissem pela humanidade.

O imperialismo da ralé e da burguesia especulativa coloca em crise o Estado nacional-liberal por querer construir impérios, necessariamente pela conquista e pela devastação do outro externo, e não por agregação e consenso, nos parâmetros da lei (como teria sido na antiga Roma). Ao emancipar-se politicamente, a burguesia "privatiza" o Estado e se aproxima do poder político, semeando a destruição do Estado-nação e das instituições liberais, dando origem ao totalitarismo, radical negação do Ocidente liberal. Para Hannah Arendt, portanto, o imperialismo, a conquista e o genocídio são um indesejável subproduto do Ocidente, originado de um anormal processo de acumulação capitalista e de uma má distribuição da riqueza social, gerando elementos sociais negativos e disruptivos, e não características intrínsecas à trajetória histórica do Ocidente e da modernidade capitalista.

A crise que grassava no núcleo original do Ocidente e seu Oriente interno era fundamentalmente uma crise do Estado nacional de base agrária proprietária, do liberalismo democrático, dos partidos políticos representantes de interesses sociais, da autoridade legítima e da própria razão. Abriu-se então o espaço para o crescimento do racismo e das burocracias parasitárias, que foi fortemente potencializado por movimentos sociopolíticos de caráter imperialista interno e de unificação étnica, originários da Rússia (pan-eslavismo) e Áustria (pangermanismo), que seriam o embrião dos movimentos totalitários

---

[45] Ibidem, p. 185.

[46] Ibidem, p. 166.

bolchevique e nazista. Estariam aí ausentes o Estado, a nação e a lei, aspectos distintivos do Ocidente liberal.

O vendaval da crise, a partir de 1914, aumentou o número de "desclassados" e desnacionalizados, pondo fim aos direitos do homem, definidos pelo liberalismo, e colocando em marcha uma massa humana sem identidade, sem individualidade e sem perspectiva, que iria compor os movimentos totalitários e arruinar definitivamente os partidos de "classe", necessários à democratização liberal. O homem-massa surge, não da crescente igualdade de condições entre indivíduos proprietários e do nivelamento cultural, como acreditava Tocqueville, mas da crise do indivíduo liberal (e do individualismo proprietário) que se vê destituído de qualquer propriedade e referência sociocultural, pois não conta com meios materiais de acumulação, nem sua força de trabalho tem qualquer valor.

Dessa forma, a razão, a propriedade de si, se esvai, por não haver como reconhecer relações sociais estáveis que lhe permita reconhecer qualquer autoridade legítima, por estar, em muitos casos, destituído até mesmo de nacionalidade. Assim é que o indivíduo formalmente livre e igual a qualquer outro diante da lei de um determinado Estado-nação e identificado com uma classe, transforma-se num indivíduo atomizado, cuja existência, por si mesma, nega o Estado liberal e o mercado capitalista, projetando um verdadeiro retorno ao hobbesiano estado de natureza. Para Hannah Arendt, a crise permite a emergência de variadas formas políticas antidemocráticas, de regimes políticos autoritários unipartidários (como o fascismo italiano) a meras tiranias, que em verdade não constituíam novidade na história do Ocidente.

A novidade da crise do Ocidente, partindo dos movimentos imperialistas de unificação étnica oriundos do Oriente europeu, é a emergência de movimentos e partidos totalitários que se estruturaram a partir de uma massa de indivíduos atomizados e isolados, único estado social que pode garantir lealdade ao líder e à organização. A liderança capaz de dar vida ao movimento totalitário de massa é constituída pela ralé, que preserva valores da burguesia, embora o totalitarismo seja um movimento antiburguês, que se mostra capaz de angariar a simpatia da elite intelectual. O movimento se organiza como partido, utilizando a propaganda e o terror social, enquanto, pela difusão de uma ideologia capaz de previsão histórica, dona de uma lógica própria irrefutável, promove a doutrinação de seus membros, pelo menos até que o poder seja alcançado.

Por promover a anulação completa da individualidade, o totalitarismo é antiutilitário e prescreve a utopia da dominação mundial (ou do "império universal"). É em nome desse objetivo que a organização partidária se sobrepõe ao Estado, ignorando e liquidando a ordem jurídica, de modo que o Estado totalitário é um não Estado que assiste a uma progressiva multiplicação e sobreposição de órgãos, que expressa e estimula o amorfismo social e o antiutilitarismo, redundando numa economia irracional, desde que "para o homem ocidental o poder tem certa conexão com as posses, a riqueza, os tesouros e os bens terrenos; para o homem totalitário, essa conexão desaparece numa espécie de mecanismo desmaterializado cujo movimento gera poder como a fricção gera eletricidade"[47].

O objetivo da dominação total é atingido pelo terror, cujos instrumentos são a polícia secreta e os campos de concentração. Para as forças armadas, regulares ou não, doutrinadas pela ideologia totalitária, já que o objetivo é a conquista do mundo, não há fronteiras definidas, não havendo, portanto, diferença entre cidadão e estrangeiro, apenas entre aquele que está ou não incorporado e submetido ao movimento totalitário. As formas totalitárias que Hannah Arendt descreve são adequadas, e isso ela não faz notar, a uma época de conflito social generalizado no seio do Ocidente, e que são, em certa medida, incorporáveis pelos regimes liberais, sem que estes se descaracterizem, como exemplificam bem os campos de concentração e a perseguição política e étnica nos Estados Unidos.

Para Hannah Arendt, o nazismo e o comunismo são duas manifestações dessa novíssima forma de dominação que é o totalitarismo. O nazismo surge dos escombros da ordem social individualista, que a duras penas a Alemanha vinha construindo e a crise desintegrou, alçando-se constitucionalmente ao poder de Estado em 1933, levando consigo as massas organizadas como movimento totalitário. A dominação total do nazismo, porém, só tomou contornos definidos em 1942 e só se consolidaria em caso de vitória militar, quando então haveria massas humanas em número suficiente para o sacrifício. Com a derrota, o totalitarismo germânico ficou apenas nos primeiros passos de seus projetos exterminadores, cujo ritmo dependia da vontade do líder.

O totalitarismo bolchevista-comunista, por sua vez, é um desdobramento da ditadura revolucionária unipartidária surgida em 1917 na Rússia, quando, em 1929, Stálin "começou a preparar o país para o governo totalitário", dando início à produção artificial de "uma massa atomizada e amorfa"[48], através,

---

47 Ibidem, p. 468.

48 Ibidem, p. 369.

inicialmente, da destruição dos sovietes como instância representativa, e depois, sucessivamente, do campesinato, da classe operária e da burocracia estatal, processo completado em 1938. Ao contrário do nazismo, o totalitarismo comunista arrefeceu durante a guerra, para voltar em 1945, com toda a força.

A vitória militar da União Soviética permitiu não só o reforço do totalitarismo, até a morte de Stálin, em 1953, mas também sua expansão para a Europa oriental e a China, além de terem todos os partidos comunistas do mundo se tornado movimentos totalitários. Ainda para Hannah Arendt, após a morte de Stálin, ter-se-ia iniciado um processo de destotalitarização, cujas raízes não são explicadas nem explicáveis nesse quadro teórico que não aponta saídas plausíveis do totalitarismo que não seja o colapso. A única hipótese para o aparente retorno da União Soviética à situação de ditadura unipartidária, que prevalecia antes de 1929, era o fim do clima de guerra aberta e o surgimento de forças sociopolíticas organizadas e conflitantes, inconcebíveis sob a dominação totalitária.

A noção de totalitarismo tem sua origem, ao redor de 1915, na luta pela entrada da Itália na guerra, cujos defensores, entre os quais se encontrava Mussolini, invocavam a necessidade da mobilização total em defesa dos interesses da nação. O termo continuou sendo usado na Itália fascista em senso positivo ou negativo de acordo com a visão que se tinha do novo regime. Nos *Quaderni del carcere*, Gramsci usou essa expressão em senso negativo em relação ao fascismo, referindo-se à tendência à concentração do poder, mas também no sentido positivo de capacidade da práxis revolucionária de conceber e organizar a totalidade[49]. De forma polêmica, também os opositores marxistas do stalinismo, como Trótski, Bukhárin e Hilferding, fizeram uso da expressão, a fim de chamar atenção para os riscos de involução que ocorria na União Soviética.

Foi, porém, nos anos 1940, por meio de Franz Neumann e Hannah Arendt, principalmente, que se buscou dar foros de conceito científico a esse termo, tendo a cultura liberal como esteio. Com a guerra ainda em andamento, o alemão Franz Neumann, antigo militante do SPD e que emigrara para os Estados Unidos em 1936, observava o mitológico monstro Behemoth caminhando sobre a terra. Sob tal jugo, "o poder do Estado não é somente unificado, mas é absoluto"[50], reduzindo-se a escombros as liberdades civis e políticas conquistadas com a revolução burguesa.

---

[49] Antonio Gramsci, *Quaderni del carcere*, cit., p. 800 e p. 1.760.

[50] Franz Neumann, *Behemoth: The Structure and Practice of National Socialism, 1933-1944* (Nova York, Harper & Row, 1973), p. 52.

A formulação de Franz Neumann, ainda fazendo uso de categorias marxistas, antes de se converter inteiramente ao liberalismo na década seguinte, antecipa a obra de Hannah Arendt, expressando também uma preocupação que parte da autonomia da sociedade civil, compondo o conceito de totalitarismo em torno de pares antinômicos daquilo que seria o desejável conteúdo da liberal-democracia. Assim, as debilidades entrevistas na teoria do totalitarismo, mesmo na sofisticada formulação de Hannah Arendt, são compreensíveis desde que se entenda que – numa época de crise e recomposição do bloco histórico do Ocidente – essa concepção traz à tona uma representação política que por recíproca oposição valoriza e eleva o Ocidente liberal, na mesma medida que serve como elemento para a reinvenção de um novo Oriente negativo e inferior.

Embora tanto Franz Neumann como Hannah Arendt afirmem o ineditismo da dominação totalitária e de sua conceituação, o fato é que, pelos traços distintivos e pela representação que a circunscreve como mal supremo e outro negativo do Ocidente, essa noção descende em linha direta do conceito de despotismo oriental de Montesquieu e até mesmo da visão do demônio como síntese de todo o mal, como expressa pela visão teológica de um Bernard de Clairvaux. Como o despotismo oriental, o totalitarismo é caracterizado fundamentalmente pela ausência e pela negatividade: de forma geral, nele não há individualidade, não há interesses, não há propriedade, não há lei, não há autoridade, não há racionalidade, não há fronteiras, não havendo, portanto, sociedade civil e Estado político, que caracterizam a ordem social liberal do Ocidente.

O totalitarismo, como o despotismo oriental, apresenta uma igualdade indiferenciada que gravita em torno do líder; é um planisfério referenciado pelo líder, guardião e intérprete da ideologia. Essa igualdade indiferenciada impede que venha à tona a liberdade individual, definida pela propriedade e pela racionalidade que dela advém (que Hannah Arendt julga intrínseca ao homem e espera que seja a fonte de redenção contra o inferno totalitário), impossibilitando a definição de uma norma legal e mesmo de uma moral. E se é o medo a movimentar o despotismo oriental, o movimento do totalitarismo é dado pelo terror conduzido por uma ideologia autorreferida.

A relação entre os conceitos de despotismo oriental e totalitarismo pode ser levada ainda mais longe se considerarmos que Hannah Arendt descortina sua origem no Oriente interno (Rússia e Áustria absolutistas) e supõe ainda que "o regime totalitário encontra ambiente assustadoramente favorável nas áreas de tradicional despotismo oriental, como a Índia ou a China, onde [...] o sentimento de superficialidade do homem massa prevalece há séculos no desprezo pela vida humana"[51].

Assim como para Montesquieu o despotismo é próprio do Oriente, também o é para Hannah Arendt o totalitarismo. O liberal francês temia que o fantasma do despotismo oriental, essa representação negativa do outro, irrompesse no Ocidente pela corrupção da monarquia bourbônica, mas Hannah Arendt teve de encarar o terror da efetiva irrupção da não materialidade do totalitarismo, essa entidade diabólica gestada pelo Oriente, no interior do Ocidente, a partir do momento que se apossou da Alemanha, internalizando o outro negativo de origem externa.

Construído com base em universais abstratos e tendo o indivíduo como ponto de partida, o conceito de totalitarismo, assim como havia já observado Voltaire em relação à noção de despotismo oriental composta por Montesquieu, é arbitrário e redutivo da diversidade do real. Para Hannah Arendt, enquanto o totalitarismo é a representação do inferno, onde não há possibilidade de salvação, o autoritarismo de ditaduras unipartidárias, tantas das quais criadas e apoiadas pelo núcleo do Ocidente, poderia significar o purgatório que levaria à redenção e ao paraíso do Ocidente liberal-democrático. Não foi difícil que essa elaboração encontrasse, desde os anos 1950, sua vulgata conservadora, transformada em senso comum e instrumento de luta ideológica entre um Ocidente liberal recomposto da crise e um novo Oriente totalitário-comunista, ameaçador e inferior.

É necessário, nesse contexto, ainda que de passagem, e até para reforçar o que está sendo dito, recordar o relativo fracasso da tentativa do alemão Karl Wittfogel, emigrado para os Estados Unidos em 1937, de resgatar a antiga categoria de despotismo oriental, com o fito de explicar os regimes erigidos na União Soviética e na China. A tese exposta em seu livro *O despotismo oriental*, publicado em 1957, apareceu como uma variante menos bem-sucedida e mais circunscrita que a de totalitarismo, no esforço de representação apologética do Ocidente liberal em contraposição ao mal essencial do Oriente. De fato, voltar, pura e simplesmente, à categoria de despotismo oriental e encarar a União Soviética e a China como sua mais completa realização, servia apenas para radicalizar a dualidade Ocidente/Oriente e eludir a complexidade e o senso de ineditismo do fenômeno sócio-histórico em questão, tal como pretendia

[51] Hannah Arendt, *Origens do totalitarismo*, cit., p. 361.

demonstrar Hannah Arendt, enfatizando sua gênese a partir das condições da modernidade e da crise do Ocidente.

A elaboração de Wittfogel, por aquilo que contém de caricato, de imediato dificultava a absorção da ideia da possível irrupção de formas antiliberais de poder no seio do Ocidente – um despotismo ocidental –, em função de conflitos inerentes à moderna sociedade de massas, acabando por indicar em toda contestação da ordem liberal uma ação direta ou sub-reptícia do inimigo oriental. Ademais, se no século XVIII, quando o conhecimento histórico do Oriente era bastante limitado, Montesquieu fora criticado pela indevida generalização, na segunda metade do século XX, com um grau de conhecimento científico bem mais apurado, o resgate e preservação da categoria de despotismo oriental já não seria nem menos admissível[52].

Como contraponto do totalitarismo, em sua análise das revoluções da modernidade, numa aproximação com Tocqueville, Hannah Arendt valorizava precisamente a Revolução Americana do século XVIII, por esta haver, supunha ela, prescindido da violência. Esse fato se explica por haver desde logo sido forjada uma Constituição política baseada no princípio federativo aglutinador das "repúblicas elementares", que lhe garantiu legitimidade, associando, com relativo sucesso – como no exemplo da antiga república romana –, religião, tradição e autoridade, algo que não foram capazes de fazer a Revolução Francesa, e muito menos a Russa. O sistema bipartidário coexistente com a divisibilidade do poder e o "reconhecimento da oposição como uma instituição governamental"[53] garantem a estabilidade institucional e a representação dos cidadãos, que podem almejar o controle dos governantes, mas não a efetiva participação na coisa pública, e ainda menos a alteração da ordem social.

Nessa concepção de democracia,

> os partidos, por causa de seu monopólio de nomeação, não podem ser vistos como órgãos populares, mas são, ao contrário, os próprios instrumentos eficientes através dos quais o poder do povo é reduzido e controlado. [...] O que chamamos hoje de democracia é uma forma de governo em que a minoria governa, pelo menos supostamente, no interesse da maioria. Esse governo é tido como

[52] Karl A. Wittfogel, *Il dispotismo orientale: Il sistema di produzione asiático: dalle origini al suo encontro com il capitalismo occidentale* (Milão, PGreco, 2011 [1968]).

[53] Hannah Arendt, *Da revolução* (trad. Fernando Dídimo Vieira, São Paulo/Brasília, Ática/Editora da UnB, 1988), p. 211-2.

democrático na medida em que o bem-estar do povo e a felicidade individual sejam suas metas principais.[54]

Os partidos, porém, sob pena de trair sua função governamental, tornando-se elementos subversivos da ordem democrática, não podem, como no exemplo dos partidos comunistas, se degenerar "em movimentos de massa que atuam fora do parlamento e que invadiram os domínios privados e sociais da vida familiar, da educação e dos interesses econômicos e culturais"[55].

O que Hannah Arendt parece mesmo não suportar é a emergência de qualquer forma de antagonismo social que se oponha à ordem liberal, logo identificado como totalitário. Exatamente por sua capacidade de agregar, pelo acordo da lei, outros territórios e indivíduos de outras nacionalidades, neutralizando tendências totalitárias, os Estados Unidos surgiam como o agente mais apto a universalizar, com um mínimo de violência, os valores do liberalismo e da democracia (entendido como governo representativo + bem-estar social). Entende-se assim que o eixo construtor de um novo império universal do Ocidente liberal que derrotasse o totalitarismo comunista oriental só poderiam ser mesmo os Estados Unidos.

[54] Ibidem, p. 215.

[55] Ibidem, p. 215-6.

5
DA REFUNDAÇÃO DA CRÍTICA COMUNISTA ÀS REVOLUÇÕES PASSIVAS DO SÉCULO XX

A crise do bloco histórico do Ocidente e a revolução socialista internacional

A crise do bloco histórico do Ocidente manifestou-se com maior força precisamente no Oriente interno (Rússia e Áustria-Hungria) e nas áreas de revolução burguesa passiva (Alemanha e Itália). A própria gravidade da crise e a relativa debilidade (ou mesmo ausência) da hegemonia liberal permitiu que nessas áreas, como aspecto constitutivo da crise, ressurgisse a questão do outro negativo e antagônico à ordem sociocultural do Ocidente, por meio de um movimento de refundação da teoria e ação política comunista, a partir da tradição cultural originada em Marx. Preservando a ideia da classe operária industrial como outro da modernidade capitalista, um diversificado, heterogêneo, mas criticamente solidário, movimento de refundação procurou resgatar o tema da revolução e da democracia socialista.

Partindo da conflitualidade social gerada pela dinâmica da acumulação do capital, a polonesa-alemã Rosa Luxemburgo e o russo Vladímir Lênin, num primeiro momento, o húngaro György Lukács e o italiano Antonio Gramsci, em seguida, buscaram materializar a revitalizada teoria comunista num movimento sociopolítico, tendo em vista a ativação revolucionária da classe operária e das massas populares, através da difusão de uma subjetividade social antagônica à ordem, que redundaria, segundo auspiciavam, na superação da modernidade capitalista e também da dualidade Ocidente/Oriente.

Nessa perspectiva, o resgate da dialética histórica era o passo necessário para o estabelecimento do estatuto da vontade humana na transformação da contraditoriedade do real e o ponto de partida do movimento de refundação.

Este ocorreu em oposição à situação de subalternidade em que o movimento operário socialista se encontrava, submetido que estava à hegemonia liberal, à concepção racional-positivista, e assistindo à burocratização do sindicato e do partido operário, instituições inseridas na ordem do capital e, ao mesmo tempo, originárias da democratização socialista.

A refundação da teoria comunista estava já presente, em estado germinal, em *Reforma social ou revolução?*, obra de Rosa Luxemburgo de 1899, na qual refuta as teses da necessidade de "revisão" do marxismo. Eduard Bernstein, com o reconhecimento implícito da hegemonia liberal, procurava resolver o conflito entre discurso e prática política da social-democracia, apontando uma via de superação da crise estratégica na qual estava imersa. Começando por contestar a "teoria do colapso", Bernstein afirmava que o capitalismo havia superado a ciclicidade das crises, permitindo que o socialismo derivasse da luta sindical (que transferiria parte da riqueza social para os trabalhadores), de reformas sociais legais e da democratização política, que teriam o condão de promover o crescente controle social da produção, o esvaziamento das contradições de classe, a generalização da cidadania e a dissolução do Estado na sociedade, permitindo a difusão da justiça social.

Rosa contrasta as teses de Bernstein em seu próprio terreno, qual seja, o das tendências do ordenamento social do Ocidente na virada do século, partindo do sentido das transformações das décadas precedentes. Segundo a leitura de Rosa, o esquema teórico de Bernstein significava fundamentalmente um refluxo ao liberalismo burguês na economia e na política. Mas o cerne da divergência encontra-se na questão da subjetividade antagônica ao capitalismo e na questão da conquista do poder. Para Rosa, o sindicato e o partido estão objetivamente inseridos no cotidiano da ordem do capital, mas sua função é, além da defesa dos interesses imediatos da classe operária, o de prepará-la subjetivamente, exercitando sua vontade para a conquista do poder e para a construção do socialismo.

Ao contrário de Bernstein, Rosa percebia uma crescente intervenção do Estado classista no processo de acumulação capitalista, da qual derivaria o militarismo e as possibilidades de guerra. Assim, o "colapso" para Rosa, longe de ser fenômeno intrinsecamente econômico, teria um caráter político-militar, em função da politização exacerbada da economia capitalista. Com a militarização dos Estados e o desenvolvimento da "política mundial" (que posteriormente seria chamada de imperialismo), a tendência seria o congelamento do processo democrático e sua dissociação da burguesia, de modo que o eixo da luta pela democracia e a consequente transparência dos conflitos sociais, cairia em mãos do movimento operário e socialista. A tentativa teórica de Rosa Luxemburgo busca articular o tema da democracia ao da revolução proletária socialista, tanto que julga que "a democracia em suma é indispensável, não enquanto torna supérflua a conquista do poder político por parte do proletariado, mas, ao contrário, porque faz dessa conquista uma necessidade e ao mesmo tempo a única possibilidade"[1].

O prelúdio da refundação ocorreu desde 1904, quando uma onda de greves de massa perpassou toda a região fronteiriça entre o núcleo do Ocidente e o Oriente interno, culminando na revolução democrática no império russo. A greve de massa de inspiração anarquista – a greve geral – havia sido recusada pelo movimento socialista, mas retornou como forma de luta por melhores condições de vida e por liberdades democráticas. No Oriente russo, Lênin dedicava sua atividade teórico-política à diferenciação da moderna teoria socialista de extração marxiana do socialismo oriental *narodnik* e na organização de uma vontade coletiva materializada no partido revolucionário, conforme exposto em *O que fazer?*, de 1903[2], onde repropõe a questão, de origem marxiana, mas também *narodnik*, da subjetividade antagônica. Esse texto, apresentado ao II Congresso do Partido Operário Social-Democrata da Rússia (POSDR), demarcou a divisão entre bolcheviques, que o subscreveram, e os críticos mencheviques. Lênin se defrontava com a difusão da modernidade capitalista sobre o Oriente feudal-absolutista em crise, quando a revolução de 1905 obrigou-o, no calor da hora, a teorizar esse problema, debatendo com todas as forças políticas envolvidas no processo revolucionário, mas principalmente com os mencheviques.

Em abril de 1905 realizou-se o III Congresso do POSDR, com a presença apenas dos bolcheviques, e uma conferência paralela dos mencheviques, fazendo com que Lênin expusesse as divergências e esclarecesse suas posições em *Duas táticas da social-democracia na revolução democrática*[3], redigido logo em seguida.

---

1 Rosa Luxemburgo, "Riforma sociale o rivoluzione?", em *Scritti politici* (Roma, Riuniti, 1976), p. 196 [ed. port.: *Reforma social ou revolução?*, trad. Manuel Augusto Araújo, Lisboa, Estampa, 1970].

2 Vladímir Ilitch Lênin, *O que fazer?* (trad. Edições Avante!, São Paulo, Boitempo, 2020).

3 Idem, *Duas táticas da social-democracia na revolução democrática* (trad. Edições Avante!, São Paulo, Boitempo, 2022).

Havia certo consenso de que a natureza e o conteúdo da revolução eram burgueses, no sentido de que deveria estimular o desenvolvimento das forças de produção do capital. Os mencheviques, imbuídos do evolucionismo do marxismo positivista predominante no Ocidente, e que tinha em Plekhánov um expoente na Rússia, lutavam pela ocidentalização do Oriente russo, através da atualização de sua economia e instituições, segundo os padrões estabelecidos no Ocidente. Para que se alcançasse uma república liberal-democrática, pensavam os mencheviques, era necessária uma aliança entre as forças sociais da modernidade, com o apoio do campesinato sendo conseguido através da transferência do problema da terra aos zemstvos, instituições locais controladas pela burguesia agrária. Mantendo-se na oposição, os sociais-democratas, a um só tempo, fortaleceriam a democracia, garantindo a ocidentalização do país, e preparariam o terreno para o socialismo.

O desenho estratégico de Lênin e dos bolcheviques era bastante diferente. Partindo da consideração de que, diante da debilidade do mercado interno, da dependência da burguesia diante do Estado feudal-absolutista e do financiamento externo, assim como de sua cultura antirrevolucionária, a única classe social de caráter nacional capaz de ocidentalizar a Rússia era a classe operária. Diante da tibieza da burguesia no processo revolucionário antitsarista, a classe operária deveria ter como aliados o proletariado agrícola e o campesinato pobre. Para Lênin, então, a revolução democrático-burguesa seria levada a cabo por uma aliança entre o subalterno da modernidade capitalista do Ocidente que se difundia e o Oriente comunal agrário em decomposição que resistia ao feudalismo.

Em caso de uma vitória completa dessa aliança sociopolítica, viria a lume uma república democrática, institucionalizada a partir de uma Assembleia Constituinte convocada pelo governo provisório revolucionário. Como seria inevitável a resistência das forças do antigo regime, a república democrática deveria assumir formas ditatoriais, a fim de neutralizar as camadas sociais despojadas do poder político. Em caso de consolidação da hegemonia política do partido operário (ou seja, dos bolcheviques), deveria ser aplicado o projeto de estatização da terra, gerida por comitês políticos de camponeses pobres. Mas, se a correlação de forças políticas não fosse tão favorável, seria implementado o programa *neonarodnik* do Partido Socialista Revolucionário (SR), que prescrevia a partilha da terra, segundo a tradição comunal, utilizando a consigna da socialização da terra.

O IV Congresso Unificado do POSDR, realizado em abril de 1906, deu maioria aos mencheviques. Lênin se encarregou das teses sobre a questão agrária, as quais evitavam posições de princípio e articulavam o programa ao movimento do real, ideias ao fim expostas em livro em *O programa agrário*[4]. A possibilidade da repartição da terra manteria aspectos de Oriente na nova Rússia democrática, enquanto a estatização significaria a radicalização extrema da revolução burguesa, introjetando assim a Rússia na modernidade capitalista do Ocidente, mas criando de imediato condições de transposição do próprio Ocidente, bloqueando a difusão do individualismo proprietário. Essas condições estariam colocadas com a eliminação da monarquia absolutista grã-russa, que significava uma ameaça fatal para o movimento socialista como um todo, oferecendo ao mesmo tempo uma nova aliança para a classe operária do Ocidente lutar contra a subalternidade a que estava sujeita. O ritmo da passagem para a revolução socialista dependeria então da ação do movimento socialista ocidental, particularmente da Alemanha.

O movimento grevista vinha em ascensão na Alemanha desde 1903, tendo atingido seu apogeu em janeiro-fevereiro de 1905, coincidindo então com o início da revolução na Rússia. Embora com divergências na questão da organização partidária, já que Rosa deveria se opor à tendência à burocratização do partido e do sindicato, valorizando as manifestações sociais autônomas, e Lênin precisava enfatizar a necessidade da organização centralizada e disciplinada para agir numa ordem social relativamente amorfa e com sindicalismo embrionário, ambos pertencem ao mesmo campo teórico-político, atuando em diferentes condições sociopolíticas. Quando, em abril de 1907, o primeiro-ministro Piotr Stolípin dissolveu a Duma, e o movimento revolucionário na Rússia estava esgotado, as posições de Rosa, favoráveis à radicalização do movimento, apesar de mantidas algumas aparências, também estavam derrotadas pela burocracia sindical alemã.

O congresso sindical de maio de 1905 decidiu colocar freios no movimento grevista, evitando um possível crescimento posterior que pudesse ultrapassar a própria organização dos sindicatos. O congresso do Partido Social-Democrata da Alemanha (SPD, na sigla em alemão) realizado em setembro, deu destaque na tribuna às teses de Rosa e da esquerda, mas, na verdade, os postos-chave foram sendo ocupados por nomes oriundos do aparelho, cujas posições convergiam com Bernstein e os "revisionistas". No ano seguinte, uma conferência

---

4 Vladímir Ilitch Lênin, *O programa agrário* (São Paulo, Ciências Humanas, 1980).

secreta entre lideranças sindicais e partidárias preparou o caminho para a capitulação da direção política aos desígnios do sindicalismo que, ao refutar a tese da greve de massa, consolidou sua estratégia de ganhos materiais dentro da ordem e de aliança política com setores liberais democratizantes da burguesia, assim como o apoio aos desígnios imperialistas da Alemanha, posição consagrada no congresso de Mannheim, em setembro de 1907.

Rosa Luxemburgo redigiu em 1906, na Rússia, seu *Greve de massas, partido e sindicato*, onde defende a congruência e interdependência do processo revolucionário na Rússia e na Alemanha. A greve de massa seria a forma de luta que torna explícito o conflito social da ordem burguesa e define o contorno do movimento de sua superação. Assim, a "revolução é antes de tudo uma profunda alteração nas relações sociais entre as classes"[5], potencializada pela greve de massa, que tendencialmente dissolve a diferença entre luta econômica e luta política, e entre as dimensões pública e privada da vida social, corroendo a dominação política da burguesia e radicalizando a democracia no limite da dissolução da diferença entre dirigentes e dirigidos. A perspectiva antiburocrática de Rosa faz com que encare o partido como processo e produto do movimento de massas, como momento de síntese e direção, no qual aparece como ato de cultura capaz de dar substância à subjetividade antagônica.

Embora reconhecesse, como os liberais e seus adversários no movimento socialista, a enorme diferença de condições sócio-históricas entre Rússia e Alemanha, Rosa argumentava que "o moderno desenvolvimento da Rússia no sentido do grande capitalismo e a atividade espiritual de uma quinzena de anos da social-democracia, que animou e dirigiu a luta econômica, cumpriram uma boa dose de trabalho cultural, mesmo sem as garantias externas do ordenamento jurídico burguês"[6].

Desse modo, os objetivos revolucionários da classe operária de ambos os países surgiam como coincidentes. Se a missão da revolução russa, de imediato, era a eliminação do absolutismo monárquico de versão oriental e a instauração de um Estado moderno parlamentar de formato ocidental, o fato é que "nesta revolução formalmente burguesa a oposição da sociedade burguesa ao absolutismo é dominada pela oposição do proletariado à sociedade burguesa, que a

---

[5] Rosa Luxemburgo, "Sciopero Generale, Partito e Sindacate", em *Scritti politici*, cit., p. 331 [ed. bras.: *Greve de massas, partido e sindicatos*, trad. José Reis, São Paulo, Kairós, 1979, p. 331]. A tradução do título do escrito de Rosa, em italiano, está errada.

[6] Ibidem, p. 338.

luta do proletariado é dirigida contemporaneamente e com igual força contra o absolutismo e contra a exploração capitalista"[7].

Mesmo subestimando muito a capacidade de reprodução da democracia burguesa e da cultura política liberal, Rosa percebeu que a difusão da modernidade para o Oriente interno, colocando tardiamente a questão da revolução burguesa, permitia que o proletariado industrial, através da práxis socialista eliminasse a própria dualidade Ocidente/Oriente. Diante da crise latente do Ocidente e dos limites da democratização liberal, Rosa não vislumbra outra alternativa senão a revolução socialista, mas, para que ela venha a ocorrer, é preciso que se reconheça na greve de massa não uma especificidade russo-oriental, mas "uma forma geral da luta de classe proletária"[8], cuja implicação direta deve ser "que os operários alemães aprendam a considerar a revolução russa como seu próprio assunto"[9].

Ao contrário de Rosa e Lênin, que vislumbravam a negação da ordem social do Ocidente por meio da ativação política dos seres sociais subalternos e da contestação da dualidade Ocidente/Oriente, a maioria do movimento operário socialista, convergindo com a hegemônica representação ideológica liberal, reafirmava as diferenças entre Ocidente e Oriente, superáveis apenas em caso de homologação. Enquanto a Alemanha apresentava como tarefa para a social-democracia a realização plena da democracia liberal parlamentar, através da ampliação e equalização do direito de voto, significando a completa ocidentalização que permitiria ao SPD lutar pela maioria governamental, na Rússia, o processo revolucionário deveria, ao abater o tsarismo, almejar não mais que uma democracia liberal que permitisse a paulatina homologação do Oriente interno ao núcleo do Ocidente e a generalização da liberal-democracia. Nessa formulação, de nítido viés liberal, a atividade antagônica da classe operária não tem sentido e tanto a Rússia revolucionária como a greve de massas não têm nada a dizer aos alemães, pois são eventos particulares e não generalizáveis, surgidos da crise da monarquia absolutista de estirpe oriental, enquanto a falta de tradição revolucionária na Alemanha não deixaria ao SPD outra alternativa que não a via parlamentar[10].

---

[7] Ibidem, p. 348-9.

[8] Ibidem, p. 350.

[9] Ibidem, p. 351.

[10] Ver Massimo Salvatori, "La socialdemocrazia tedesca e la rivoluzione russa del 1905: Il dibattito sullo sciopero di massa e sulle 'differenze' fra Oriente e Occidente", em Eric

A derrota da revolução russa e a proximidade de Kautsky das posições de Rosa e Lênin, nessa conjuntura sucedânea ao debate sobre o revisionismo de Bernstein, não permitiu perceber claramente a intrusão positivista e o horizonte político convergente de sua reflexão com a teoria da revisão, impedindo assim que a teoria comunista crítica refundada tomasse forma e consciência. Nos anos seguintes ao congresso de Mannheim do SPD, o isolamento da esquerda só aumentou, enquanto o "realismo" reformista começou a oferecer seus frutos. Preservando a russofobia e baseando-se no apoio popular à expansão imperialista, o SPD negociou seu apoio à militarização em troca da ampliação dos direitos dos trabalhadores, até que, em 1910, uma nova maioria partidária foi formada pela composição entre o chamado "centro ortodoxo" (Kautsky) e os "revisionistas" (Bernstein). De outra parte, na Rússia se deparava com a repressão que se abatia sobre o POSDR em crise política e organizativa, e com o projeto estatal de imposição de um projeto de ocidentalização passiva, que Lênin havia chamado de "via prussiana"[11].

Enquanto isso, Lênin, até por sua posição – dentro do Oriente interno –, teve condições de observar a importância da movimentação revolucionária que ocorria no Oriente, quase em toda a fronteira asiática do império russo. De fato, a revolução russa de 1905 se fez acompanhar de solavancos revolucionários na Turquia, na Pérsia, na Índia, na China. Lênin, mais do que qualquer outro, denunciou o colonialismo e concebeu a dialética entre a luta do movimento operário do Ocidente e a luta anticolonial dos povos do Oriente. Isso só foi possível por ter antes concebido a aliança da classe operária com o campesinato como estratégia da revolução na Rússia.

As condições para que desabrochasse o movimento de refundação da práxis revolucionária amadureceram no início da nova década. Assiste-se a uma retomada das greves operárias de massa na Rússia e Alemanha, que fazem convergir interesses econômicos e políticos. A luta pelo sufrágio igual e universal na Prússia e Saxônia, dando novo estímulo à mobilização popular sugeriu a Rosa a proposição da palavra de ordem da república democrática, provocando a ruptura

---

Hobsbawm (org.), *Storia del marxismo*, v. 2: *Il marxismo nell'età della Seconda Internazionale* (Turim, Einaudi, 1979), p. 547-94 [ed. bras.: *História do marxismo*, v. 2: *O marxismo na época da Segunda Internacional*, trad. Leandro Konder e Carlos Nelson Coutinho, Rio de Janeiro, Paz e Terra, 2010].

11 Vladímir Ilitch Lênin, *O programa agrário*, cit., p. 29 e seg.

com Kautsky e gerando, a partir de 1912, uma diferenciada e muito diversificada área de esquerda, que recusava a institucionalidade do império germânico.

Na Rússia, a partir de 1910, as greves retomaram o ritmo ascendente, com um grande salto de qualidade em 1º de maio de 1912. As divergências, sem solução na esquerda russa, e em grande parte transferida para o exílio no Ocidente, desembocaram num POSDR de orientação bolchevique na conferência realizada em Praga, em 1912. Esse movimento em direção à cisão, crucial para a definição teórica e organizativa da refundação, foi reforçada pela controvérsia em torno da militarização crescente dos Estados e da expansão econômica e político-militar do Ocidente sobre o mundo. A questão do Marrocos e as guerras balcânicas antecipavam a guerra civil generalizada, que tornaria evidente a crise do bloco histórico, colocando o tema da revolução socialista na ordem do dia.

O eixo temático em torno do qual se conformou a refundação do comunismo, enquanto crítica prática da modernidade capitalista, foi a questão do imperialismo. Uma primeira abordagem liberal-democrática da questão havia já sido proposta por John Hobson (um simpatizante do reformismo fabiano) em seu *Imperialismo: um estudo* (1902)[12]. Sugere ser esse um fenômeno que distorce as instituições e o próprio processo capitalista inglês em favor de uma ínfima minoria de financistas ao desviar recursos e bens de consumo para as colônias em detrimento de possíveis melhorias nas condições de vida para trabalhadores e camadas médias da própria Inglaterra. Depois o socialista austríaco Rudolf Hilferding, em *O capital financeiro* (1910)[13], observava a grande importância que assumia o capital bancário na economia alemã, mas acreditava que a concorrência poderia ser regulada ou mesmo suprimida, implicando a evitabilidade da guerra e a passagem para um socialismo estatal, pela via da nacionalização dos meios de financiamento. Kautsky acreditava – opinião expressa em artigos publicados entre 1913 e 1915 no periódico *Neue Zeit* – que a expansão imperialista, estimulada pelas camadas agrárias e pela indústria pesada, contrariava os reais interesses da burguesia, pois sua "racionalidade" indicava a construção de uma ordem pacífica num Ocidente democrático, e

[12] John A. Hobson, *Imperialism: A Study* (Nova York, Cosimo Classics, 2005) [ed. bras.: *Imperialismo: um estudo*, Florianópolis, EdUFSC, no prelo].

[13] Rudolf Hilferding, *O capital financeiro* (trad. Reinaldo Mestrinel, São Paulo, Nova Cultural, 1985, coleção Os Economistas).

que a expansão deveria ocorrer pelos pacíficos meios do mercado capitalista e não pela violência armada.

As análises de Rosa Luxemburgo e de Lênin, relevadas as diferenças em teoria econômica, caminham em bem outra direção, levando à conclusão de que somente a revolução socialista evitaria e superaria a catástrofe da guerra imperialista. Para Rosa, a apropriação e a destruição de formas sociais não capitalistas são inerentes a todo processo de acumulação do capital, entrelaçando processo econômico e violência política. De tal modo que "a acumulação capitalista tomada em seu conjunto, como processo histórico concreto, tem assim dois diferentes lados. O primeiro se cumpre nos espaços de produção de mais-valor – a fábrica, a mina, a empresa agrícola – e o mercado. Sob esse aspecto a acumulação é um processo puramente econômico"[14], durante o qual é gestado o outro interno da modernidade capitalista, o proletariado. No entanto, "o outro aspecto da acumulação do capital tem por arena a cena mundial, por protagonistas o capital e as formas de produção não capitalistas. Dominam aqui como métodos, a política colonial, o sistema de empréstimos internacionais, a política de esferas de interesse, as guerras"[15], que são o território da violência aberta contra o outro externo, que muda de perfil segundo as contingências históricas ditadas pelos interesses do Ocidente.

A acumulação do capital, para se reproduzir de modo ampliado, além do aumento de produtividade (questão que Rosa chega quase a desconsiderar), precisa destruir e incorporar a economia camponesa e artesanal de origem feudal (o Ocidente atrasado) e a economia oriental comunal em todas suas variantes, difundindo e ampliando o mercado capitalista sobre os escombros de quaisquer outras formas socioeconômicas. Os empréstimos e o militarismo seriam métodos de difusão do mercado capitalista e de apropriação do outro externo. Nessa perspectiva, é inviável o surgimento de burguesias revolucionárias autônomas contrapostas ao núcleo do Ocidente, pois, pelo contrário, a acumulação do capital tende, em meio a resistências e fortes tensões sociais, mais acentuadas nas zonas de "fronteira", a engolfar todo o planeta e toda vida social humana. Nesse trajeto, a guerra e a degeneração na barbárie seriam

[14] Rosa Luxemburgo, *L'Acumulazione del capitale* (Turim, Einaudi, 1974), p. 445 [ed. bras.: *A acumulação do capital*, trad. Luiz Alberto Moniz Bandeira, Rio de Janeiro, Civilização Brasileira, 2021].

[15] Idem.

inevitáveis, a menos que a ação de uma vontade coletiva revolucionária, centrada na classe operária, barrasse esse processo, propondo uma nova ordem social.

Desde fins do século XIX, a reprodução ampliada do capital encontra na indústria bélica uma demanda irrenunciável, não só como investimento econômico produtivo, mas também como instrumento de violência político-militar contra os Estados e capitais concorrentes, contra o movimento socialista (enquanto outro interno) e contra os povos não ocidentais (enquanto outro externo), daí ser a guerra uma tendência inelutável do desenvolvimento capitalista. Invocando uma subjetividade social antagônica, Rosa opõe revolução socialista a guerra imperialista, produto de uma crise político-militar gestada nos interstícios do processo de acumulação do capital, e não por uma mera catástrofe econômica. Nessa circunstância, "o imperialismo é expressão política da acumulação do capital em sua luta de concorrência em torno dos resíduos dos ambientes não capitalistas ainda não colocados sob sequestro"[16].

Parece, no entanto, que Rosa entende que o processo de apropriação das formas sociais externas à acumulação capitalista estivesse por se completar, significando que o capitalismo estivesse chegando aos limites de sua dinâmica e que uma época de estagnação se aproximava, o que só poderia acirrar os conflitos político-militares na disputa pela apropriação econômica. Assim, estagnação capitalista e guerra, ambiente propício à barbárie, deveria ser a tônica, em caso de a revolução socialista não se concretizar.

Um certo viés economicista, presente no conjunto da teoria socialista, não permite que Rosa perceba que a apropriação destrutiva da natureza (como outro externo) e de outras culturas são aspectos essenciais desse processo de difusão da modernidade capitalista, que inclui os valores do individualismo proprietário e uma necessária representação ideológica que justifica a expansão do Ocidente, aceitos não só pelas diversas camadas sociais internas, mas também por parte das classes dirigentes dos países dominados. Essa percepção talvez lhe tivesse permitido vislumbrar possíveis saídas para a crise do Ocidente, da acumulação do capital e do próprio liberalismo, tal como o reformismo social-democrata passar a conduzir a democratização liberal, abandonada pela burguesia.

Lênin escreveu seu ensaio sobre o *Imperialismo, estágio superior do capitalismo* no primeiro semestre de 1916, quando a guerra e a catástrofe política do movimento socialista eram já um fato. Mesmo reconhecendo que o imperialismo,

---

[16] Ibidem, p. 447.

enquanto expansão e conquista colonial é ao mesmo tempo anterior e intrínseco ao capitalismo, aqui é visto fundamentalmente como fase peculiar, necessária e derradeira do processo da acumulação do capital, após o que pode ser transformado em seu contrário, o socialismo. Mas isso depende da ação política revolucionária, num contexto de guerra diante do qual o movimento socialista, em sua grande maioria, havia capitulado. O processo de concentração do capital industrial e bancário, e sua fusão no capital financeiro, criam uma diferenciação na burguesia – com o surgimento da oligarquia financeira – que acirra os conflitos entre os monopólios que disputam o mercado capitalista mundial e entre os diversos imperialismos, levando-os à guerra. Os interesses dos monopólios e do poder político tornam-se mais próximos e o próprio Estado torna-se agente da exportação de capitais e defensor de mercados.

A crise do Ocidente, para Lênin, deriva então da lógica do processo de acumulação capitalista, que, na fase imperialista, leva a extremos suas contradições intrínsecas entre capitais e entre capital e trabalho: o núcleo dominante do Ocidente se confronta violentamente com todos seus outros negativos internos e externos. E, tanto quanto Rosa, Lênin, citando Hilferding, encara o imperialismo como momento derradeiro e inelutável da apropriação do Ocidente sobre o que lhe é externo, quando, pela violência, "revolucionam-se completamente as velhas relações sociais, destrói-se o isolamento agrário milenar das 'nações à margem da história', que se veem arrastadas para o torvelinho capitalista"[17]. E não como os teóricos liberais ou social-reformistas que no imperialismo percebem apenas um desvio ou degeneração do ascendente processo civilizatório do Ocidente.

Embora a guerra fizesse parte do cenário do capitalismo imperialista, poderia ocorrer de forma localizada e subsequente ou então se generalizar, como aconteceu a partir de 1914. O setor do movimento socialista que percebia nas monarquias imperiais e no militarismo o inimigo político que respaldava a grande propriedade e a ordem do capital, pressionando por uma redivisão das esferas de influência, vinha em ascensão relativa desde 1912, no intuito de garantir a paz e a democracia lutando pela revolução. O início da guerra, com a capitulação da maioria de sua direção política, significou uma grande derrota para o movimento operário socialista, mudando os termos da luta revolucionária. Uma vez iniciada a guerra, para Lênin, tratava-se de fazer a revolução

[17] Vladímir Ilitch Lênin, *Imperialismo, estágio superior do capitalismo* (trad. Edições Avante! e Paula Vaz de Almeida, São Paulo, Boitempo, 2021), p. 147.

contra os Estados que haviam, em diferentes medidas, reduzido os direitos democráticos a uma ficção, ao concentrar toda a força do poder político tendo em vista a conquista e a destruição. Contra a guerra e a dominação imperialista deveriam unir-se a classe operária, os camponeses e os povos submetidos ao jugo do Ocidente, dando início a um processo global de revolução socialista.

Para que essa possibilidade se efetivasse – num prazo e ritmo imprevisíveis – tornava-se necessário – e eis o segundo eixo condutor do movimento de refundação – resgatar a subjetividade social antagônica à ordem do capital, retirando o movimento socialista da situação de subalternidade diante do nacionalismo e do liberalismo. Decisiva era a ideia do resgate da dialética marxiana e da cisão teórico-organizativa com o reformismo, caudatário da guerra imperialista. Lênin via as bases materiais do reformismo (polemicamente chamado de oportunismo) como tendo-se originado no mesmo processo de gestação do capitalismo imperialista, que permitiu a melhoria relativa do padrão de vida de setores operários e a ampliação do estatuto da cidadania, preservando a exclusão da maioria dos trabalhadores pobres. Para Lênin, "o principal no oportunismo é a ideia da colaboração entre as classes"[18], de onde se conclui que o oportunismo é "a aliança entre uma parte dos operários e a burguesia contra a massa proletária"[19].

Essa aliança, que se estende ao Estado nacional e à política de expansão do capital, é atuada pela burocracia sindical e partidária, criada pela "aristocracia operária", com seus funcionários, parlamentares e jornalistas, atraídos para o interior da ordem capitalista e criando um deslocamento nas relações interclasses. O combate ao reformismo implica, portanto, além de uma cisão teórico-orgânica, também uma cisão social, pois, se a "aristocracia operária", através de suas condições socioeconômicas, aderiu à ordem do capital, passou a ser inimiga das massas proletárias do Ocidente e do resto da humanidade, havendo uma redefinição sociológica do perfil do outro negativo da ordem burguesa. A luta contra a "aristocracia operária" deveria ser sustentada em nome das massas a fim de difundir entre elas a consciência revolucionária.

A questão crucial que Lênin não observa de modo mais acurado, e que tem implicações políticas sérias, é que, além das prebendas materiais que o

---

[18] Idem, "La bancarrota de la II Internacional", em *Obras escogidas*, v. 5, cit., p. 256 [ed. bras.: *A falência da II Internacional*, trad. Armando Boito Júnior e Maria Luiza Gonçalves, São Paulo, Kairós, 1979].

[19] Ibidem, p. 257.

desenvolvimento capitalista é capaz de oferecer a setores subalternos, o capitalismo é capaz também de dissuadir e persuadir através de representações socioculturais, diluindo a subjetividade antagônica gestada no contraditório da modernidade. O liberalismo e a ciência racional positiva desarmam a crítica comunista pela dialética coerção/consenso ampliado, originando o reformismo como agente de reprodução da ordem social do Ocidente.

Mesmo tendo rompido com Kautsky antes de Lênin, Rosa Luxemburgo é bastante reticente ao tema da cisão, não só por recusar eficácia a medidas administrativas e por ter mais claro – desde o debate com Bernstein – a influência da cultura liberal no movimento socialista, mas também por ter em mente uma política de alianças sociais diferente de Lênin, mais adequada ao Ocidente, e que de início incluía a chamada "aristocracia operária", que deveria ser dissociada da burguesia pela luta político-ideológica. No decorrer da guerra, Rosa insistia na preservação da unidade operária e que "a tarefa imediata do socialismo é a emancipação espiritual do proletariado da tutela da burguesia, que se evidencia no influxo da ideologia nacionalista", insistindo ainda que "a pátria dos proletários, na defesa da qual deve estar subordinado tudo o mais, é a Internacional Socialista"[20].

Para Rosa, o reformismo é produto de uma contradição inerente ao movimento operário, pois ao mesmo tempo que este é parte da ordem e nela vive seu cotidiano, almeja também a transposição da ordem na realização do socialismo. Apenas a luta de massas envolta pela teoria socialista pode manter unidas essas facetas do modo de ser do movimento operário. No momento, porém, em que ocorre uma dissociação, provocada pelos ganhos materiais e pelo fortalecimento organizativo dentro da ordem, com a perda do objetivo histórico do socialismo, surge o reformismo. No caso concreto da Alemanha, o reformismo é produto da convergência da revisão teórica perpetrada por Bernstein com a burocracia sindical que se sobrepôs ao partido operário. Portanto, Rosa tinha ciência da mudança sociocultural no perfil do mundo do trabalho, mas não acreditava que fosse a cisão a melhor forma de derrotar o reformismo.

A partir de meados de 1916, o espocar de greves operárias em diversos países significou o fim do consenso em torno da carnificina, resgatando a

---

[20] Rosa Luxemburgo, "La crisi della socialdemocrazia. Appendice", em *Scritti politici*, cit., p. 551 [ed. bras.: "A crise da social-democracia", em Isabel Loureiro (org.), *Rosa Luxemburgo*, v. 2, 3. ed., São Paulo, Editora Unesp, 2018, p. 13].

objetiva base social do movimento de refundação, que vinha procurando se articular e diferenciar em pequenas e pouco representativas conferências internacionais, como as de Zimmerwald (setembro de 1915) e Kienthal (abril de 1916), na Suíça, que contaram com a presença de Lênin. O início da guerra havia mudado sua impostação teórica sobre o tema da revolução, pois na nova conjuntura de crise político-militar que envolvia todo o sistema de Estados, o nexo entre revolução socialista no Ocidente e revolução democrático-burguesa no Oriente tendia a se estreitar, de modo que uma revolução burguesa na Rússia, conduzida pelo proletariado, poderia suscitar uma revolução socialista no Ocidente, com ela convergindo e dissolvendo, em perspectiva, a própria dualidade Ocidente/Oriente.

Quando Lênin retornou à Rússia, em abril de 1917, empenhou-se em persuadir a direção de seu partido de que as condições haviam mudado com a guerra e mais ainda com a queda da monarquia absolutista. Não que a revolução burguesa estivesse concluída, pois isso só ocorreria com um mais acentuado desenvolvimento das forças produtivas e uma possível institucionalidade liberal-democrática. A questão era que a revolução burguesa, ao dar vazão às liberdades democráticas e estando sobredeterminada pela aliança militar com o núcleo do Ocidente liberal, só poderia, em caso de vitória militar, garantir para a Rússia uma ocidentalização subalterna, de modo que, nesse sentido, poder-se-ia então dizer que a revolução burguesa estava terminada. Em vez disso, era preciso fazer com que a classe operária russa, aliada internamente aos camponeses pobres e externamente ao "proletariado alemão [que] é o aliado mais fiel e seguro da revolução proletária russa e mundial"[21], segundo imaginava, procedessem à revolução socialista internacional. Em consonância com essa perspectiva, Lênin propôs nas *Tarefas do proletariado na presente revolução*, que o objetivo a ser alcançado imediatamente na Rússia era o de "uma república dos sovietes de deputados operários, braçantes e camponeses em todo o país, de baixo para cima"[22].

A conferência do POSDR(b) de maio de 1917 apoiou as ideias gerais de Lênin sobre o processo revolucionário. Para ele, estavam convivendo conflituosamente na Rússia duas ditaduras numa situação democrática. De um lado, o governo provisório, herdeiro e continuador das instituições estatais monárquicas (burocracia, polícia, Exército), representando a ditadura burguesa, que

---

[21] Vladímir Ilitch Lênin, "Carta de despedida a los obreros suizos", em *Obras escogidas*, v. 6, cit., p. 250.

[22] Idem, "Las tareas del proletariado en la presente revolucion", em ibidem, p. 255.

se sustentava por contar com o apoio de mencheviques e esseristas, almejando, através de reformas sociais e da Assembleia Constituinte, a institucionalização de uma democracia liberal. De outra parte, os sovietes, que representavam uma ditadura proletária que não se impunha porque sua direção política, composta pelos mesmos mencheviques e esseristas, apoiava a ditadura burguesa.

Aos bolcheviques, nessa situação, caberia alcançar a maioria nos sovietes e formar milícias populares, de modo a subtrair a influência das correntes reformistas para tornar viável a tomada do poder. A partir daí seria possível definir a nova ordem jurídica por meio da Assembleia Constituinte, consolidando o programa revolucionário e as novas relações de poder. São precisamente os sovietes o fundamento de um novo Estado democrático que substitui o poder absolutista burocrático pela democracia de base e pela autogestão, no qual legislação e execução se entrelaçam, prenunciando o esvaziamento do poder político no espaço público, assim como a extinção da apropriação privada das coisas e das pessoas.

Durante os meses do verão de 1917, quando o processo revolucionário refluiu momentaneamente, Lênin escreveu sua emblemática e inacabada obra *O Estado e a revolução*[23], na qual expõe a radicalidade da refundação da teoria comunista crítica, mas também, e com mais clareza, as debilidades e insuficiências que a levariam ao precoce esclerosamento e à histórica derrota político-cultural. O objetivo, uma vez mais, é demarcar a cisão diante do pensamento social-reformista, só que dessa vez sem fazer uma análise específica do Estado da época imperialista, que é sanar uma lacuna de não pouca monta.

Outro ponto que debilita a argumentação é a pretensão de restaurar a "verdadeira doutrina" contra as "falsificações" dos "oportunistas", procedendo à exegese dos textos de Marx e Engels. Lênin parte da ideia de que o Estado em geral é uma forma de dominação de classe, mas, no momento que encara a análise histórico-concreta, limita-se às questões suscitadas por Marx e Engels diante do Estado liberal-monárquico e/ou bonapartista francês, ou então da Alemanha feudal-absolutista, casos nos quais o Estado praticamente se confunde com os instrumentos políticos de coerção da classe dominante. Assim, a ação política revolucionária só pode ser concebida como um confronto direto com a máquina estatal, pois o Estado que Lênin tem em vista é aquele da modernidade capitalista em consolidação ou então a monarquia absolutista oriental. Todo o processo de democratização liberal que se segue à Comuna

[23] Idem, *O Estado e a revolução* (trad. Paula Vaz de Almeida, São Paulo, Boitempo, 2017).

de Paris, que materializa a hegemonia liberal numa sociedade civil, é praticamente ignorada, inclusive o conhecido "Prefácio" de 1895 de Engels (ainda que desfigurado).

No afã de estabelecer a congruência internacional da revolução socialista, aparece aqui uma tendência a se diluir as concretas diferenças entre Ocidente e Oriente, que exigiam alianças, ritmos e formas diversas de luta. É a partir desse limite que Lênin deixa de analisar a evolução do Estado no núcleo do Ocidente e se permite descortinar o perfil do projetado Estado-comuna, que na verdade seria um semi-Estado ou um Estado em processo de "adormecimento", tendo por base a experiência da Comuna de Paris e a analogia com os sovietes de Petrogrado. Como o objetivo de Lênin estava limitado ao debate no campo do marxismo, não assume que a teoria do Estado-comuna está contida na tradição cultural *narodnik* da comuna agrária oriental na qual, muito possivelmente, a própria organização do soviete tem sua origem.

Se é assim, *O Estado e a revolução* está já a indicar a aproximação de Lênin com a reivindicação dos camponeses pobres de confisco das terras da nobreza e da burguesia agrária e a partilha geral da terra, de modo que o Estado-comuna russo poderia ser estruturado em torno da comuna agrária, transmudada em soviete de camponeses e de operários, tornando concreta a hipótese de Marx formulada a Vera Zasulitch. Em suma, Lênin pensa a organização do Estado-comuna não como ocidentalização da Rússia pela instauração da república democrática parlamentar, mas como resgate, por meio da ditadura democrática do proletariado e dos camponeses, de formas arcaicas de resistência à difusão do mercado capitalista e do individualismo proprietário.

Mas o que poderia, nessa leitura, eventualmente passar por uma utopia reacionária, é complementado por Lênin por outros textos da mesma época, principalmente "A catástrofe que nos ameaça e como combatê-la" e "Os bolcheviques se sustentarão no poder?", nos quais realça que na base do Estado-comuna estaria, devido ao atraso econômico-social da Rússia e à impossibilidade da imediata passagem ao socialismo, um capitalismo monopolista de Estado tal como o que havia no Ocidente em condições de guerra, e que permitiria, nos quadros da democracia revolucionária, "o controle de toda a vida econômica, da produção e da distribuição dos produtos mais importantes"[24] por parte dos sovietes operários e camponeses.

---

[24] Idem, "La catastrofe que nos amenaza y como combatirla", em *Obras escogidas*, v. 7, cit., p. 183.

Assim, a conquista do poder por parte dos sovietes hegemonizados pelos bolcheviques, com apoio da esquerda esserista, teria transformado a Rússia na ponta de lança política da luta socialista, enquanto a Alemanha, sob o impulso da guerra, a interação dos interesses econômicos dominantes e o Estado estaria levando o capitalismo monopolista de Estado ao ponto de aplainar a vida econômica para o socialismo. A complementação entre Rússia e Alemanha significaria o início da revolução socialista e da dissolução do Ocidente enquanto bloco histórico.

A perspectiva revolucionária estabelecida por Lênin tinha duas condições necessárias que acabaram não ocorrendo: a paz e a difusão vitoriosa da revolução. Quando os liberais russos optaram pelo golpe de Estado, tendo sido derrotados pela frente de partidos representados nos sovietes, por um breve momento vislumbrou-se como possível "o desenvolvimento pacífico da revolução, a eleição pacífica dos deputados do povo, a luta pacífica dos partidos dentro dos sovietes, a confrontação prática dos programas dos diferentes partidos e a passagem pacífica do poder de um partido a outro"[25], desde que mencheviques e esseristas estivessem de acordo com a tomada do poder pelos sovietes. Em caso de isso não ocorrer, como de fato não ocorreu, o conflito social chegaria inevitavelmente à guerra civil entre a aliança operário-camponesa e o conjunto das classes dominantes e seus aliados. Esse conflito, imaginava Lênin, seria rápido, pois sem apoio social, com o Exército em decomposição e a burguesia ocidental dividida por suas próprias contradições e paralisada pela insurgência operária em seu próprio território, o isolamento vitimaria as classes dominantes russas. Os bolcheviques conseguiram retirar a Rússia da guerra e passaram a aguardar a revolução alemã, enquanto enfrentavam a resistência interna à revolução por meio de medidas ditatoriais que incluíram a dissolução da Assembleia Constituinte.

A partir de abril de 1918, selada a "paz", o Estado-comuna começou a se dissolver, à medida que, precisando se defender, foi criada uma polícia política, que órgãos burocráticos de administração foram ressurgindo, que a vitalidade política dos sovietes se enfraquecia, que anarquistas e esquerda esserista retiraram seu apoio, e que a intervenção ocidental armada teve início. A paz e a difusão da revolução para o Ocidente passavam a ser um problema único para a sobrevivência do novo Estado e para a revolução socialista como um todo.

---

[25] Idem, "Las tareas de la revolución", em ibidem, p. 254.

Encontrando-se na prisão, sofrendo da carência de informações sobre os acontecimentos russos e suas motivações imediatas, Rosa Luxemburgo exerceu sua crítica a partir de princípios e de programas, falando de dentro da revolução e reafirmando o caráter socialista e internacional da Revolução Russa. Rosa recorda a antiga divergência sobre a questão das nacionalidades, postando-se sempre contra a palavra de ordem da autodeterminação, insistindo que o território do império russo deveria se confundir com o espaço inicial da revolução socialista, assim como critica a mudança no programa agrário dos bolcheviques e sua adesão à reivindicação da partilha da terra. É sobre o tema da democracia, porém, que a crítica se faz mais incisiva, com Rosa discordando da dissolução da Assembleia Constituinte.

Contestando os argumentos de Lênin e Trótski dando conta da defasagem da composição daquela Assembleia em relação ao momento político, Rosa rebate que se deveria proceder à "imediata convocação de novas eleições para uma nova Constituinte"[26]. E se a instituição fundamental de representação da classe operária passou a ser o soviete, a ativação política permanente das massas, assim como "o controle público é incondicionalmente necessário", a fim de que ocorra "uma total transformação espiritual das massas"[27]. Para Rosa, "a democracia socialista começa junto com a obra de destruição da dominação de classe e de construção do socialismo", que outra coisa não é que a própria ditadura do proletariado, "mas esta ditadura consiste no modo de aplicar a democracia, não em sua abolição"[28].

Desde maio de 1917, a tendência espartaquista esteve organizada no interior do Partido Social-Democrata Independente (USPD, na sigla em alemão), mas, quando o colapso político-militar da monarquia alemã permitiu a implantação da república, a partir da soltura de Rosa Luxemburgo, em novembro de 1918, a Liga de Spartakus passou a se organizar autonomamente como primeiro passo para a cisão e a formação do Partido Comunista da Alemanha (KPD, na sigla em alemão), em convergência com outros grupos de esquerda socialista. A atividade de Rosa e dos espartaquistas estava voltada para a construção de conselhos de operários e soldados e para a ampliação de sua escassa influência

---

26 Rosa Luxemburgo, "La rivoluzione russa", em *Scritti politici*, cit., p. 583 [ed. bras.: *A revolução russa*, trad. e apres. Isabel Loureiro, São Paulo, Fundação Rosa Luxemburgo, 2017, p. 199].

27 Ibidem, p. 590.

28 Ibidem, p. 593.

nesses organismos de massa, que se espalhavam por todas as grandes cidades alemãs sob a hegemonia política do SPD e USPD. Nessas circunstâncias, Rosa, que optara, como perspectiva, por uma república socialista baseada nos conselhos, defendeu a participação do KPD na Assembleia Nacional Constituinte a ser eleita em janeiro de 1919, conforme decisão do congresso dos conselhos de operários e soldados, concluído em 20 de dezembro de 1918.

A compreensão que tinha Rosa da crise e do processo revolucionário pode ser vista no "Discurso sobre o programa", proferido em 1º de janeiro de 1919 no congresso de fundação do KPD. Como Lênin, Rosa também faz uma analogia do tempo presente com a conjuntura revolucionária de 1848, contrapondo-se ao Engels do "Prefácio" de 1895, não pelo que continha de análise do desenvolvimento capitalista e das novas formas de luta socialista, mas pelo que gerou de "oficial" no marxismo de Kautsky e do SPD: a via parlamentar. A crise política gerada pela acumulação capitalista dera à questão socialista uma atualidade inadiável, de modo que "o dilema enfrentado pela humanidade é a queda na anarquia ou a salvação pelo socialismo. Os resultados da guerra mundial põem as classes burguesas na impossibilidade de encontrar uma saída no terreno de sua dominação de classe e do capitalismo"[29].

Menosprezando a capacidade tanto da burguesia quanto da tradição cultural do liberalismo, Rosa enfraquecia a própria perspectiva crítica socialista. Apesar disso, reconhecia que a derrota militar da Alemanha e a mudança de regime político representava apenas o colapso político do imperialismo, mas que o caminho da revolução estava ainda a requerer uma longa trajetória.

Ainda de acordo com suas formulações anteriores, a revolução socialista deveria se desenvolver por um movimento ascendente de greves de massa, que, articulando luta política e luta econômica, luta pelo poder político e luta contra a produção capitalista, ocupasse um renovado espaço público assim como partes do Estado político existente. A revolução surge como um movimento de cerco e ocupação de um poder estatal que deve ser esvaziado. Mais que de um assalto ao poder, trata-se de "solapar o Estado burguês a partir da base, não separando, mas unificando os poderes públicos, a legislação e a administração, colocando-os em toda parte em mãos dos conselhos de operários e soldados", de modo que "a conquista do poder não deve realizar-se de uma só vez, mas progressivamente, encunhando-se no Estado burguês até ocupar-lhe

[29] Rosa Luxemburgo, "Discorso sul programma", em *Scritti politici*, cit., p. 614.

todas as posições, defendendo-as com unhas e dentes", até que os conselhos tenham todo o poder do Estado[30].

A revolução alemã, para Rosa Luxemburgo, estava dialeticamente relacionada com a revolução que se desenvolvia no Oriente russo, mas contava com seu próprio ritmo, pois as tarefas de arrancar a maioria da classe operária da hegemonia reformista, incorporar o proletariado agrícola no processo revolucionário e desestabilizar as principais instituições estatais de repressão, demandava um tempo longo de acumulação de forças e ocupação de espaços, mas que poderia ser encurtado pelos possíveis sucessos dos bolcheviques. A mesma maioria do KPD que recusara a proposta de participação na Assembleia Nacional como uma trincheira de luta, entendia o processo revolucionário com tempos muito curtos, acabando assim por aceitar o confronto – durante o qual pereceram Rosa Luxemburgo e Karl Liebknecht – proposto pelas forças repressivas do Estado e do reformismo social-democrata.

Não apenas a classe operária alemã havia aprendido alguma coisa dos russos, mas também as classes dominantes, que perceberam a necessidade de eliminar ainda no berço as instituições da democracia socialista, a fim de empreender a projetada conclusão do processo de ocidentalização da Alemanha. Até meados de junho de 1919, os conselhos haviam sido esvaziados (mas não extintos), o grupo dirigente espartaquista quase dizimado e o Estado burguês fortalecido.

Apesar das restrições que Rosa continuou mantendo em relação à ideia de fundação de uma nova Internacional, temendo uma indevida padronização da ação política revolucionária, veio à luz em março de 1919 a Internacional Comunista (IC), organizada em torno dos programas do Partido Comunista Russo (bolchevique) – PCR(b) – e da Liga de Spartakus, aglutinando simpatizantes da revolução soviética. A fundação da IC completou a cisão do movimento socialista, culminando a primeira fase do movimento sociocultural de refundação da teoria comunista crítica, que persistiu até 1921, alimentada pela expectativa de vitória em alguma parte do Ocidente. A nova Internacional deu um grande impulso para que setores da classe operária e da intelectualidade de praticamente todo o mundo se organizassem politicamente em partidos comunistas. A semente da refundação da teoria comunista crítica, brotando no movimento do real, da crise do Ocidente e de seu Oriente interno, da resistência anticolonialista, se interseccionou e se diluiu nas mais diversas tradições político-culturais do movimento operário.

---

30 Ibidem, p. 629.

A IC, menos como forma institucional do movimento de refundação, e mais como representação ideológica revolucionária, ao convocar todos os oprimidos da terra contra a dominação das classes dominantes do Ocidente, expressa um humanismo de uma universalidade inaudita na modernidade, englobando e unificando todo o gênero humano num mesmo projeto de emancipação. Esse projeto buscava unir os outros negativos internos e externos do Ocidente com o fito de superar todas as formas historicamente acumuladas de exploração e exclusão humanas. O outro interno por excelência da modernidade capitalista do Ocidente em crise é a classe operária industrial, a única camada social capaz de se apropriar e de difundir a ciência, a técnica e a alta cultura acumulada nos séculos, por meio da realização do socialismo.

A luta da classe operária pela emancipação do trabalho deveria estar articulada com a emancipação feminina e com a luta pela autonomia cultural dos povos envolvidos na expansão do Ocidente. Para o sucesso do processo revolucionário desencadeado na Rússia era essencial sua difusão para a Alemanha, região mais industrializada da Europa continental, com a consequente passagem do papel de condutor para as mãos da classe operária alemã. Mas era também decisiva a incorporação da China, como país oriental mais importante e oprimido pelo conjunto do Ocidente, de maneira a se colocar em xeque a dualidade Ocidente/Oriente, característica da história da expansão do Ocidente e suas representações.

A mera invocação, cheia de simbologia, feita no I Congresso da Internacional Comunista, tornou-se uma acirrada discussão no congresso seguinte realizado em julho de 1920, que se definiu também por acentuar a necessidade da cisão, de maneira a garantir, através da formação de partidos comunistas, a autonomia orgânica e ideológica do movimento operário e camponês diante das concepções nacional-liberais das classes dirigentes dos países sob tutela do Ocidente. A intervenção de Lênin no II Congresso da Internacional Comunista englobou a questão do Oriente dentro de uma mais ampla questão nacional e colonial. O mundo estaria de fato dividido entre nações oprimidas e nações opressoras. O problema estava na realização de revoluções democrático-burguesas nas nações oprimidas. Seriam democrático-burguesas, pois a maioria das nações oprimidas eram basicamente semifeudais e camponesas e deveriam se contrapor ao imperialismo. A burguesia poderia participar do movimento nacional desde que assumisse um efetivo papel anti-imperialista. Como havia já movimentos reformistas também na área colonial, segundo Lênin, "deve-se falar de movimento nacional revolucionário em vez de movimento 'democrático burguês'"[31].

Segundo pensava Lênin, as nações oprimidas, uma vez libertadas da dominação imperialista, poderiam se organizar na forma de conselhos e transitar para o socialismo. Talvez Lênin pensasse mais nos povos do Oriente interno à Rússia revolucionária, mas que essa situação pudesse se espalhar para outras regiões. Para Lênin, então,

> Se compreende perfeitamente que os camponeses, colocados em uma dependência semifeudal, podem assimilar muito bem a ideia da organização soviética e são capazes de pô-la em prática. É evidente assim que as massas oprimidas – exploradas não só pelo capital mercantil, mas também pelos senhores feudais e por um Estado que se assenta sobre bases feudais – podem aplicar assim mesmo essa arma, esse tipo e organização, nas condições em que se encontram.[32]

Logo, "é errôneo supor que a fase capitalista de desenvolvimento seja inevitável para os povos atrasados"[33]. Tudo indica que Lênin fazia sérias concessões aos representantes dos países asiáticos, presentes no II Congresso da Internacional Comunista. De todo modo a visão de que a relação entre a revolução proletária no Ocidente e a revolução anticolonial, em particular no Oriente, que Lênin trazia consigo desde os desdobramentos da revolução russa de 1905, estava confirmada.

Como a questão do Oriente dizia respeito imediatamente à Revolução Russa, que teve que encarar a multiplicidade de povos de origem turco-oriental dentro do território do ex-império tsarista, e como a comoção revolucionária se espalhava por toda a fronteira (Turquia, Pérsia, Índia, China), decidiu-se reunir em Baku, no Azerbaijão, alguns meses depois, um congresso para o qual afluíram, em meio a quase 2 mil delegados, intelectuais de diversas origens culturais que se aproximavam do socialismo pela porta de entrada do bolchevismo.

Alguns desses intelectuais, como o coreano Syngman Rhee e o indiano N. R. Roy, perceberam que a luta contra a dominação do Ocidente era

---

[31] Vladímir Ilitch Lênin, "Informe de la comissión para los problemas nacional y colonial, 20 de julho", em *Obras escogidas*, v. 11, cit., p. 193

[32] Ibidem, p. 195.

[33] Ibidem, p. 196.

indissociável da luta contra a milenar opressão de suas próprias classes dirigentes, fazendo com que perscrutassem um socialismo agrário articulado com a revolução do proletariado industrial do Ocidente. A ideia de que o feudalismo era o modo de produção predominante no Oriente impediu que se pensasse a comuna agrária como base desse socialismo que deveria confluir com o Ocidente em desconstrução, embora se partisse da reivindicação camponesa de partilha da terra[34].

Firmemente atado à ideia de que a revolução se difundiria para o Ocidente germânico, a principal preocupação de Lênin estava na preservação do poder, vencendo a guerra civil e a agressão externa, para o que surgia como indispensável a manutenção da aliança operário-camponesa e a minoração dos efeitos sociais devastadores da doença e da fome, obrigando os bolcheviques a privilegiar o momento da coerção em detrimento da direção política fundada no consenso. A repartição das terras e o quase imediato início da guerra civil, que impediu o controle político do processo, só fez agravar a tensão social no campo, com a burguesia agrária estimulando a carestia e se beneficiando da situação. A política econômica de emergência implantada praticamente aboliu as relações mercantis, reduzindo as trocas apenas à relação indivíduo produtor/Estado. Numa situação que aos camponeses poderia parecer que os agentes do Estado absolutista haviam retornado encarnados nos bolcheviques, a aliança operário-camponesa apenas não se rompeu porque a alternativa era o retorno dos latifundiários.

Por outro lado, para manter o funcionamento das fábricas e suprir o campo, ainda que precariamente, Lênin preconizou a introdução do sistema taylorista de organização do trabalho e a direção unipessoal das unidades produtivas[35]. Essas iniciativas se justificavam porque a base material da revolução socialista, apenas iniciada na Rússia, era um projetado capitalismo monopolista estatal, sob direção política do proletariado industrial. Lênin tinha ciência, no entanto, de que o Estado-comuna, a democracia revolucionária, estava sendo seriamente comprometida com a militarização e o esvaziamento da atividade autônoma das massas, expressada na burocratização da vida pública. Esperava, porém,

---

34 "Tesis adicionales sobre los problemas nacional y colonial", em *Los cuatro primeros congressos de la Internacional Comunista* (Buenos Aires, Pasado y Presente, 1973), p. 151-60.

35 Vladímir Ilitch Lênin, "Las tareas inmediatas del poder soviético", em *Obras escogidas*, v. 8, cit., p. 90-129.

que, com a vitória do proletariado alemão, as instituições democráticas se reavivassem na Rússia.

As dificuldades que o KPD encontrou para se afirmar após a morte de Rosa Luxemburgo e de seus companheiros mais próximos, e a presença de uma forte ala extremista, além da persistente hegemonia reformista no movimento operário, inviabilizaram a revolução na Alemanha e em todo o Ocidente, enquanto os bolcheviques se mantiveram no poder num país devastado e isolado. Tem início então a segunda fase do movimento de refundação da teoria comunista crítica, uma fase de recuo, já que o movimento sociocultural que lhe dava respaldo perdia substância e não conseguia apresentar-se como alternativa global à ordem social do Ocidente em crise.

A derrota da revolução socialista internacional e a segunda fase da refundação

A Nova Política Econômica (NEP) aprovada no X Congresso do PCR(b), em março de 1921, uma vez mais, buscava cimentar a aliança operário-camponesa, esgarçada durante o período anterior de defesa armada da revolução, como base de sustentação social do poder estatal, com Lênin e o partido bolchevique, não sem alguma pretensão, persistindo em falar em nome do "proletariado consciente". A identidade, sempre tendencial, entre partido e classe de fato ocorreu a partir do momento que os bolcheviques conquistaram a maioria nos sovietes. Acontece que esse proletariado, sujeito da revolução, se desfez, em parte morto na defesa do poder popular, e em parte transferido para atividades burocrático-administrativas, de modo que, em 1921, com o parque industrial destruído, não havia classe operária propriamente dita. O PCR(b) falava então em nome de um sujeito quase ausente que deveria ser (re)construído em sua forma e consciência, não podendo a ditadura democrática do proletariado e dos camponeses pobres ser então mais que a ditadura do partido e do aparato administrativo com apoio da massa camponesa.

Com a derrota da revolução socialista no núcleo alargado do Ocidente voltava então a se colocar a questão da ocidentalização da Rússia, e não mais a da superação da antinomia histórica e ideológica Ocidente/Oriente. Só que, pelo fato de estar no poder um partido dotado de um projeto histórico socialista, essa ocidentalização ocorreria por um processo ativo autocentrado e não passivo e subalterno, como seria o caso de um processo conduzido por um bloco sociopolítico liberal-burguês. Essa ocidentalização ativa visava à construção de um capitalismo monopolista estatal na indústria, na finança e na administração, à presença de empresas de capital misto, à incorporação da técnica e da cultura do Ocidente. Assim seria possível a gradativa formação de uma nova classe operária, a mecanização do campo e a geral elevação do padrão cultural, demandando de outra parte o estabelecimento de relações comerciais e culturais com as burguesias imperialistas.

Enquanto isso, deveria ser deixado aos camponeses o encargo de construção de uma economia baseada na pequena produção mercantil, até que a mecanização e uma nova cultura permitissem o cultivo coletivo em grande escala. Esse tema foi explicitamente abordado por Lênin na abertura do XI Congresso do PCR(b), em março de 1922, quando enfatizou a diferença entre o capitalismo de Estado existente sob poder burguês e aquele outro, cujo desafio de construir estava posto, sob poder proletário. Insistiu para que não se buscassem fórmulas nos textos marxistas ou na história do movimento socialista, já que se tratava de algo inteiramente novo, mas também não pôde se aprofundar, nem o mínimo necessário, para que questão e o projeto ficassem mais bem delineados, pois as respostas viriam da experiência[36].

Pouco antes do congresso, Lênin chamava atenção para a situação de vassalagem a que estava reduzida a Alemanha no contexto europeu e também que o Oriente, graças à guerra imperialista de 1914-1918, entrava também numa condição efervescente, de maneira que "todo o mundo passa agora a um movimento que deve originar a revolução socialista mundial". No entanto, "o desenlace da luta depende, em última instância do fato de que a Rússia, a Índia, a China etc. constituem a maioria gigantesca da população"[37]. Em suma, Lênin observava uma dialética entre o Ocidente imperialista, com suas contradições, e o Oriente, que começava a se levantar ao modo de uma revolução anticolonial. A Rússia deveria sobreviver e avançar nesse cenário, do qual a guerra não estava excluída.

A percepção do esgotamento do processo de democratização socialista tinha vindo à tona com o projeto leniniano da NEP e a proposta de uma nova política, formulada inicialmente por Paul Levi e Karl Radek, sobreviventes do grupo dirigente do KPD formado em torno de Rosa Luxemburgo. Tratava-se

---

[36] Idem, "Informe político del CC del PCR(b)", apresentado no XI Congresso do partido em 27 mar. 1922, em *Obras escogidas*, v. 12, cit., p. 290-2.

[37] Idem, "Mas vale poco y bueno", em ibidem, p. 408-9.

agora de dar fim à política de cisão e confronto com o reformismo, buscando formas novas de unidade da classe operária e de luta socialista. Essa política, que posteriormente seria consagrada com a chamada de frente única por um governo operário, foi aprovada no III Congresso da IC, em junho-julho de 1921, tendo que enfrentar fortíssima oposição justamente do KPD, que acabava de excluir Paul Levi de suas fileiras, mas também do Partido Comunista da Itália (PCI), por sentir que se estava insinuando o equívoco de sua própria existência, e do Partido Comunista da França (PCF), que surgia como força majoritária do movimento operário francês. As resistências foram formalmente superadas no IV Congresso da IC, em dezembro de 1922, realizado logo após a ascensão do fascismo na Itália.

A nova política de frente única e o objetivo do governo operário resgatavam, sem que isso fosse reconhecido, a concepção de Rosa Luxemburgo, sempre preocupada com a unidade do movimento de massas, em cujo interior deveria ser disputada a hegemonia político-cultural, o que exigiria a presença de um partido comunista de massas. Essa política admitia objetivos intermediários e possibilidades inéditas para os comunistas, que poderiam, dependendo da conjuntura, sustentar um governo liberal-democrático, apoiar um governo social-reformista ou então fazer parte de um governo operário de unidade socialista, que, ao enfrentar a reação burguesa, poderia induzir a formação de conselhos operários de base. Assim, a disputa com o reformismo dar-se-ia no terreno da democracia liberal que lhe é próprio, colocando-se a questão do antagonismo social à ordem capitalista no cotidiano das massas.

A nova política teve repercussões na questão do Oriente, considerando-se mais de perto a possibilidade de alianças com as burguesias favoráveis à configuração de Estados nacional-liberais. Com o objetivo de debater essa questão, foi realizado um congresso das organizações revolucionárias do Oriente em janeiro de 1922, buscando pontos de contato entre o movimento comunista e os movimentos nacionais de Marrocos, Egito, Turquia, Pérsia, Índia e China, que, em geral, procuravam renegociar a situação de subalternidade diante do núcleo do Ocidente. As condições para a conformação de uma frente única anti-imperialista, incluindo a burguesia ou parte dela, seriam um programa agrário, que liquidasse o latifúndio, e o estabelecimento de uma democracia política que possibilitasse a organização autônoma do proletariado e do campesinato, e a eventual instauração de um governo operário-camponês.

Já não se pensa em um socialismo agrário harmoniosamente ligado ao socialismo vitorioso do Ocidente (cuja ponte seria a Rússia), tratando-se agora de um projeto de ocidentalização revolucionária do Oriente, necessariamente sob as condições do capitalismo. Note-se que a política de frente única reivindicava para o núcleo do Ocidente e suas bordas a formação de um governo operário, enquanto, para o Oriente balcânico e para os demais países, o objetivo era o de um governo operário-camponês.

A política de frente única, como elemento central da segunda fase da refundação da práxis comunista, precisaria de certo tempo para amadurecer, mas as debilidades e limites presentes na primeira fase, principalmente no que se refere à avaliação crítica da liberal-democracia, dificultou e inviabilizou essa progressão teórica. O III Pleno do Comitê Executivo da IC (Ceic), de junho de 1923, antecipando uma tendência depois agravada no V Congresso da IC, em junho-julho de 1924, chamado de "bolchevização", indicava uma "orientalização" da política de frente única, estendendo a palavra de ordem de governo operário-camponês para todos os países. Na sequência de dura polêmica, essa expressão passou a ser entendida por Zinóviev (então presidente da IC) como sinônimo de ditadura proletária, e o reformismo social-democrata lateralmente identificado como aliado ou mesmo tendência do fascismo.

O boicote aberto ou velado à nova política levou o KPD à tentativa insurrecional de outubro de 1923, por cujo fracasso, paradoxalmente, foi responsabilizada a direção de Heinrich Brandler e August Thalheimer, que aplicava com diligência as diretrizes da política de frente única, sabendo tratar-se de uma guerra de posição, que exigia prazos mais longos para surtir efeito. O extremismo presente no Ocidente, e criticado por Lênin, convergia com o esgotamento da refundação no Oriente russo, dando margem a uma nova irrupção positivista, eivada de voluntarismo. Esse esgotamento, antes de mais nada, ocorreu porque o substrato material e o movimento social que lhe davam alicerce – a democratização socialista baseada na classe operária industrial – deixavam de existir. A partir de 1921, e mais seriamente depois da morte de Lênin (1924), o aparelho partidário se autonomizou em relação a uma sociedade amorfa, permitindo o uso instrumental da teoria e do projeto socialista. O remédio possível para esse problema seria o estabelecimento da IC como foco de formulação político-cultural, desenvolvendo a teoria com a finalidade de dar conteúdo à política de frente única. Essa solução, porém, mostrou-se inviável com o predomínio dos comunistas russos, cuja aliança com os extremistas germânicos (liderados por Ernst Thälmann), após o afastamento de Bukhárin, daria origem ao stalinismo.

A luta pelo poder na União Soviética acabou mascarando o fato de que se tratava de desenvolver o capitalismo monopolista estatal, e que, nas condições econômicas e culturais do país, a questão do socialismo estava protelada até que a política de frente única desse fruto no Ocidente. Trótski, que convergira com a posição leniniana em 1917, buscou elementos em sua própria teoria da revolução permanente, formulada em 1905, para se opor à nova política, defendendo a permanência da linha anterior, adequada ao período de ativa democratização socialista, exaurido em 1921, apesar do inicial apoio às propostas da NEP na União Soviética e do governo operário para o Ocidente

Muito esquematicamente, Trótski, preso à ideia de revolução socialista internacional explosiva e imediatamente encadeada em função da crise do Ocidente, diluindo no processo a própria dualidade Ocidente/Oriente, insistia na necessidade da aliança entre a classe operária russa (praticamente liquidada e reduzida ao partido) e a classe operária alemã (sob influxo majoritário do reformismo), que se estenderia à classe operária chinesa. Nessa hipótese, a aliança operário-camponesa no Oriente russo ou mesmo na China era vista como uma relação de apoio e subordinação do campo à cidade. Daí também suas desconfianças em relação a possíveis acordos com movimentos nacional--liberais do Oriente apoiados por camponeses.

Trótski imaginava o proletariado industrial, o outro interno da modernidade, como condutor do processo revolucionário durante todo o período de crise, sem concessões, de modo que a revolução teria caráter imediatamente socialista, na Alemanha, na Rússia ou na China. Assim, na expectativa de uma retomada da revolução no Ocidente, a União Soviética deveria, através da acumulação socialista originária – segundo a formulação de Preobrajiénski –, industrializar o país, reconstruindo a classe operária e recompondo a base social do Partido Comunista, até para que não se ampliasse ainda mais a disparidade técnico-produtiva com o Ocidente, particularmente com os Estados Unidos. Dessa concepção, que identifica classe operária a socialismo, com pontos de contato com o socialismo ocidentalista dos mencheviques, deriva uma estratégia que exige um alto grau de coerção sobre o campesinato e a limitação das relações mercantis.

O ponto de convergência de Trótski com Zinóviev e Kámenev na oposição unificada de 1926 foi a postura contrária à política de frente única. Trótski visualizava na ideia de ditadura democrática não um momento – de indefinida duração – da luta de classes e de fortalecimento da democratização socialista, mas um impossível poder das camadas sociais intermediárias, já que entre a dominação burguesa e a ditadura proletária não haveria possibilidade de uma democracia pequeno-burguesa. Com essa compreensão, governo operário-camponês não poderia ser mais que outro nome da ditadura proletária[38]. A exemplo, porém, do que já houvera feito por ocasião do III Congresso da IC, em 1921, após a definitiva vitória de Stálin na União Soviética e da linha política da "classe contra classe", em 1929, que sem dúvida, ao vislumbrar na social-democracia o inimigo principal, auxiliou a ascensão do nazismo, Trótski voltou a defender a política de frente única operária em chave antifascista[39].

Bukhárin, por outro lado, mudando sua precedente posição política, desde fins de 1923, tendo-se assenhorado do espírito da nova política, procurou desenvolver as últimas indicações de Lênin. Já que no Ocidente a questão da revolução socialista ficaria na dependência do sucesso e do ritmo incerto da frente única operária, no Oriente soviético tratar-se-ia de consolidar a aliança operário-camponesa, única base possível de sustentação do poder revolucionário. Bukhárin reconhece que a dualidade Ocidente/Oriente fora reproposta pela realidade e que o ritmo do processo de ocidentalização deveria estar subordinado à manutenção do consenso social.

O estímulo à formação de grandes cooperativas e a elevação cultural dos camponeses seriam aspectos desse processo que também contemplava a inevitabilidade da formação de uma burguesia agrária. Segundo essa hipótese teórica, a aliança operário-camponesa deveria se estender até a China, onde, em caso de vitoriosa a revolução, seria o eixo de sustentação de uma ditadura democrática. Tratar-se-ia, nesse caso, de um Estado democrático pequeno-burguês por estar baseado massivamente na pequena produção mercantil e não porque fundado no poder de camadas sociais intermediárias (como supunha Trótski). Nesse processo, é de pequena relevância a questão da aliança política com a burguesia contra a dominação imperialista, que poderia ocorrer ou não[40].

A estratégia de Bukhárin de levar a política de frente única, com a NEP e a aliança operário-camponesa, até suas últimas consequências na União Soviética, tornou-se impossível por dois motivos. Antes de mais nada, essa política econômica e a ordem social que ela gestava era a de um capitalismo

---

[38] Leon Trótski, *A revolução permanente* (trad. Mário Pedrosa, São Paulo, Ciências Humanas, 1979).

[39] Idem, *Revolução e contrarrevolução na Alemanha* (trad. Mário Pedrosa, São Paulo, Ciências Humanas, 1979).

[40] Nikolai Bukhárin, *Le vie della rivoluzione: 1925-1936* (Roma, Riuniti, 1980).

monopolista estatal que precisava de uma institucionalidade democrática que desse vazão aos conflitos sociais inerentes a essa forma social – entre cidade e campo, entre as camadas agrárias, entre proletariado industrial e Estado –, questão cuja centralidade não podia reconhecer. Depois, ao não reconhecer essa realidade, Bukhárin não pôde formar uma área política autônoma que se diferenciasse do absurdo teórico e manipulatório da fórmula de Stálin do "socialismo num só país", forjado no enfrentamento com Trótski.

Uma possível – e parcial – explicação para o fracasso de Bukhárin, cujas ideias contavam com significativo apoio político, está na limitada capacidade teórica e política de formular a segunda fase da refundação da práxis comunista. São captadas as linhas mestras do desenvolvimento capitalista pós-guerra, quando o capitalismo monopolista estatal deixa de ser principalmente induzido por necessidades político-militares, passando a originar-se de alterações na base técnico-produtiva, que inclui uma nova organização do trabalho na fábrica, permitindo que grandes complexos econômicos ditem a direção política do Estado. Mas a questão, para a qual Bukhárin não consegue resposta, estava em como formular, a partir dessa nova realidade, uma positiva política comunista para a classe operária do Ocidente, que tivesse a frente única como ponto de partida, não se restringindo a uma postura meramente defensiva diante da "racionalização" capitalista.

A falha não estaria na dissociação entre a análise da evolução técnico-econômica do capitalismo e a ação política revolucionária, na não colocação da questão da condução político-cultural do processo de transformação? Não estaria Bukhárin elidindo a questão da subjetividade antagônica e cedendo à intrusão positivista, que mais uma vez levaria o movimento socialista à subalternidade? Em tal caso, o espaço oriental da refundação estava esgotado e aberto o caminho para a revolução passiva do Oriente: o stalinismo ou, na verdade, o socialismo de Estado.

Com uma análise meramente contemplativa dos modos de acumulação capitalista na crise do bloco histórico, a política de frente única e o próprio movimento de refundação da teoria comunista crítica, que a IC almejava materializar, esvaiu-se no zigue-zague tático, discutindo-se futilmente se a frente única deveria ser apenas pela "base" ou também pelo "alto", ou ainda, como mera manobra tática, se deveria ser esquecida em favor da luta de "classe contra classe", de qualquer maneira com o objetivo permanente de "desmascarar" os sociais-democratas. No caso específico da Alemanha, o resultado foi que a classe operária em processo de redefinição de seu perfil e de sua atividade produtiva, pela organização científica do trabalho, em sua maioria ficou com o reformismo social-democrata, enquanto os comunistas, não conseguindo disputar a hegemonia, passaram a representar os subempregados e os imediatamente ameaçados pelas mudanças.

O fio condutor do movimento de refundação da teoria comunista crítica, fincado em sua segunda fase no aprofundamento teórico da política de frente única, com imensa dificuldade prática, foi sustentado por György Lukács e Antonio Gramsci. Esse esforço, em ambos os casos, foi realizado num ambiente de derrota do movimento operário e de resistência à ditadura oligárquica de Horthy na Hungria de Lukács, e à ditadura fascista de Mussolini na Itália de Gramsci, os quais tiveram ainda que enfrentar uma longa luta interna que dilacerava os partidos comunistas de seus países.

Lukács aderira ao comunismo em fins de 1918, estimulado pela ideia de comunidade presente na cultura sociológica e literária do Oriente interno, marcadamente Dostoiévski, mas teve na obra de Rosa Luxemburgo sua via de ingresso[41]. Derrotada a revolução socialista na Hungria, Lukács manteve-se na vertente extremista do movimento comunista, da qual, para se afastar, sentiu necessidade de romper com a obra de Rosa (cujo nome já era indevidamente associado ao extremismo) e aproximar-se, de modo até certo ponto laudatório, da obra de Lênin.

Esse processo foi iniciado nos últimos ensaios que vieram a compor *História e consciência de classe*, redigidos após o fracasso da "ação de março" de 1921 na Alemanha e o III Congresso da IC, e através de um texto biográfico sobre Lênin publicado em 1924[42]. Essa guinada teórica incidiu na disputa política no partido húngaro e sobre a linha a ser adotada. Lukács postou-se ao lado de Landler contra Bela-Kun, o preferido de Zinóviev, esforçando-se na elaboração da nova política de frente única, ao mesmo tempo que se dedicava ao estudo da dialética. Esses dois aspectos de sua atividade são indissociáveis naquelas condições de dificuldade do movimento de refundação da teoria comunista, ameaçado pela intrusão positivista e por uma política inoperante, incapaz de previsão e efetiva ação teórico-prática.

---

41 Andrew Arato e Paul Breines, *El joven Lukács y los origenes del marxismo occidental* (México, Fondo de Cultura Económica, 1986).

42 György Lukács, *Historia y consciencia de classe* (Barcelona, Grijalbo, 1975) [ed. bras.: *História e consciência de classe: estudos sobre a dialética marxista*, trad. Rodnei Nascimento, São Paulo, Martins Fontes, 2018] e *Lênin: um estudo sobre a unidade de seu pensamento* (trad. Rubens Enderle, São Paulo, Boitempo, 2012).

No momento que Zinóviev defendia a sinonímia entre o governo operário--camponês e a ditadura proletária, Lukács percebia na luta por uma república democrática uma forma de agregar forças sociopolíticas tendo em vista o perigo de restauração monárquica na Hungria. Ao mesmo tempo, criticava um dos mais prestigiosos líderes do PCR(b) e da IC, considerando que

> a filosofia de base de Bukhárin está em completa harmonia com o materialismo contemplativo, que, em lugar de fazer uma crítica materialista histórica das ciências naturais e seus métodos, *v.g.*, ao revelar sua qualidade de produtos de desenvolvimento capitalista, estende estes métodos ao estudo da sociedade, sem titubear, acriticamente, a-historicamente e antidialeticamente.[43]

A morte de Landler deixou a cargo de Lukács o documento de abertura para o II Congresso do Partido Comunista da Hungria (KPU, na sigla em alemão), realizado em 1929, e que ficou conhecido como "Teses de Blum". Nesse texto apresenta uma elaboração da política de frente única que transcende a mera postura defensiva, indicando um horizonte para a negação da ordem burguesa. Lukács defende a instauração de uma democracia burguesa "como campo de batalha mais útil ao proletariado"[44], para que os conflitos de interesse possam se explicitar ao máximo, assumindo a forma de uma ditadura democrática. Esta, para Lukács, "como completa realização da democracia burguesa é, no sentido exato do termo, um campo de batalha totalmente decisivo entre a burguesia e o proletariado"[45], quando a ditadura é encarada como dimensão necessária do próprio processo democrático.

Na situação histórica em questão, a ditadura democrática entra em choque com a dominação econômico-social da burguesia, sendo mesmo incompatível com ela, e "embora em seu conteúdo concreto imediato não vá além da sociedade burguesa, é uma forma dialética de transição para a revolução do proletariado – ou de contrarrevolução", de modo que "a ditadura democrática, portanto, só pode ser entendida como a via concreta através da qual a revolução burguesa se desdobra em revolução do proletariado". A questão

---

[43] Idem, "Tecnologia e relações sociais", em Antônio Roberto Bertelli (org.), *Bukhárin: teórico marxista* (Belo Horizonte, Oficina de Livros, 1989), p. 50.

[44] György Lukács, "Teses de Blum (extratos)", em José Chasin (org.), *Temas de Ciências Humanas*, v. 7 (São Paulo, Ciências Humanas, 1980), p. 20.

[45] Ibidem, p. 21.

que se coloca então é de qual será a classe a se fortalecer com o processo democrático, a de "qual classe será desorganizada em seu poder pela democracia", significando que a direção sociopolítica da democracia deve ser encarada como uma disputa em aberto (assim como fora o processo revolucionário na Rússia de 1917), na qual as massas operárias visam, antes que tudo, ao fortalecimento de sua ação autônoma[46].

Dentro dessas observações de caráter geral e de modo a esclarecer as dificuldades apresentadas pelas alterações no capitalismo imperialista de pós-guerra, Lukács nota que "a América, não só economicamente, mas também politicamente, é um ideal da atual burguesia dominante"[47] em toda a Europa. Diante da crise do núcleo original do poder político do Ocidente e de sua contraparte oriental, com a irrupção revolucionária de uma subjetividade antagônica, a burguesia europeia projeta sua recomposição espelhando-se na forma social do extremo Ocidente setentrional, onde se forjou uma democracia na qual o movimento operário não se coloca como sujeito coletivo dotado de subjetividade própria. E esse ideal de americanização é auxiliado pelo reformismo social-democrata, que se aproxima do Estado.

Nas condições da crise, com a possibilidade de novas guerras, o conflito social aberto é intolerável para as classes dominantes, pois que coloca em risco a ordem social. Assim, quando o movimento sindical e político da classe operária insiste na contestação, torna-se necessária sua destruição pela violência fascista. Lukács vislumbra a evolução do regime húngaro adentrando uma fase de "desenvolvimento ocidental"[48], tentando conformar uma institucionalidade liberal, quem sabe com a restauração da monarquia, segundo o modelo inglês, com o Estado ocupando-se da mediação dos conflitos sociais (dentro de um projeto de ocidentalização passiva, portanto). Assim, "a luta pela ditadura democrática deve [...] ser desenvolvida pelos operários em conexão com a luta contra o fascismo e a mediação estatal dos conflitos" e "a luta pelos direitos civis burgueses deve ser ligada às exigências cotidianas dos operários"[49]. O governo operário-camponês seria a consubstanciação da ditadura democrática, mas, para que se realizasse essa aliança sociopolítica, antes seria necessária uma mudança no programa agrário estabelecido em

---

[46] Ibidem, p. 21-2.

[47] Ibidem, p. 23.

[48] Ibidem, p. 27.

[49] Ibidem, p. 28.

1919 (no congresso de fundação do KPU), alterando a proposta de nacionalização da terra para a de partilha da terra.

Essa análise de Lukács foi reprovada pela IC, enfim sob o jugo da ditadura stalinista, e para evitar a expulsão, que pouco antes havia vitimado Brandler e Thalheimer no KPD, optou por capitular, passando a dedicar-se, a partir de 1930 e até o final da guerra antifascista, apenas a seus estudos filosóficos e literários. Brandler e Thalheimer, após terem sido responsabilizados pela fracassada insurreição de 1923, foram excluídos da direção do KPD e obrigados em seguida a emigrar para Moscou, onde continuaram a refletir sobre a política de frente única como linha estratégica. Aproximaram-se de Bukhárin durante o longo trabalho de redação do Programa da IC, cuja comissão, formada em 1922, deveria apresentar sua conclusão no VI Congresso mundial. Nos desdobramentos desse congresso, foram expulsos da IC e do KPD, já no caminho que logo depois resultaria na ditadura stalinista, tendo decidido resistir organizando uma oposição externa à direção de Thälmann. O Partido Comunista da Alemanha (Oposição) –KPD-o, na sigla em alemão –, por eles fundado, tinha sua plataforma baseada na ideia do governo operário-camponês e no controle operário da produção, relacionando – na esteira de Rosa Luxemburgo – a atividade cotidiana das massas com o objetivo socialista.

A oposição do Partido Socialista Italiano (PSI) à guerra e a declarada simpatia pela Revolução Russa, culminada na temporária adesão à IC, tornou mais complexa e tortuosa a rota de Gramsci em direção à cisão política com o reformismo e o encontro com a vertente da refundação. Gramsci, que se afastara do neoidealismo liberal-democrata de Benedetto Croce por sua simpatia pela guerra, vinha apostando na renovação do PSI, até que as decisões do II Congresso da IC (julho de 1920), sintetizadas nas 21 condições de ingresso, e a ofensiva de agosto-setembro do movimento operário italiano, fizeram-no mudar de posição. A ocupação das fábricas, dirigida pelos conselhos operários e orientada pela ideia de autogoverno e autogestão da produção, à qual se acoplou o grupo organizado em torno do periódico *L'Ordine Nuovo*, fizeram-no optar pela fundação do PCI, passando então a defender decididamente a cisão teórica e orgânica. A esse ponto, Gramsci não mais acreditava que o PSI e a Confederação Geral do Trabalho (CGL, sigla em italiano) pudessem cumprir um papel revolucionário decisivo.

Até quando a questão era a cisão com o reformismo e também com os maximalistas, Gramsci submeteu-se à direção de Amadeo Bordiga. Mas, quando o regime fascista se impôs, foi necessário o enfrentamento com a linha extremista de Bordiga, utilizando os instrumentos da política de frente única, a qual seria precisamente Gramsci a desenvolver até as consequências possíveis. A luta contra o extremismo e pela maioria no PCI exigia de Gramsci o apoio da Comissão Executiva da IC (Ceic), mas, se num primeiro momento essa opção aproximou-o de Lênin, em seguida foi um elemento de limitação de sua própria elaboração, tendo em vista a necessidade de assimilar as conclusões do V Congresso da IC (julho de 1924), que condicionaram a formulação da política de frente única também na Itália.

As teses do III Congresso do PCI, realizado em janeiro de 1926, reafirmam que o proletariado industrial e agrícola, em aliança com os camponeses do sul e das ilhas, constituem as forças motrizes da revolução socialista na Itália. Indicam a frente única por um governo operário-camponês como fórmula transitória de agitação entre as massas atrasadas, tendo em vista a formação de comitês operários e camponeses e a consecução de objetivos intermediários, "mas [que] não corresponde a uma fase real do desenvolvimento histórico"[50]. A luta contra o fascismo e a revolução socialista não são vistas como dois momentos estanques, estando, pelo contrário, fundidos num único movimento, constituído por um sem-número de objetivos e soluções aproximativas, que dependem da iniciativa política fincada nas contradições do capitalismo italiano.

Na tentativa de concretizar essa orientação, Gramsci pedia, em reunião de agosto da direção partidária, "que se coloquem os problemas concretos da vida nacional e opere sobre a base das forças populares, assim como estão historicamente determinadas", procurando atrair para os comitês operários e camponeses "o máximo de representação das diversas correntes políticas de esquerda"[51]. Na prática, estava sugerindo que a frente única se realiza com os estratos políticos intermediários dos partidos antifascistas, rompendo assim com o falso dilema da frente única apenas pela "base" ou também com as direções dos partidos reformistas.

Foi, porém, no inacabado texto sobre *Alguns temas da questão meridional*, redigido com o propósito de aprofundar as questões apresentadas e não resolvidas pelo congresso de Lyon e seus desdobramentos, que Gramsci trouxe um

---

50 Antonio Gramsci, "La situazione italiana e i compiti del PCI", em *Scritti politici*, v. 3 (Roma, Riuniti, 1973), p. 305 [ed. bras.: *Escritos políticos*, org. Carlos Nelson Coutinho, Rio de Janeiro, Civilização Brasileira, 2004, p. 366].

51 Antonio Gramsci citado em Miloš Hájek, *Storia dell'Internazionale Comunista: 1921-1935* (Roma, Riuniti, 1975), p. 136.

elemento novo para a teoria comunista e para a política de frente única: a questão dos intelectuais. Esse argumento foi colocado na tentativa de expor a particularidade da questão agrária na Itália e captar o fundamento da aliança operário-camponesa dentro do território do Estado nacional. Essa particularidade é encontrável na questão meridional, com os camponeses submetidos ao latifúndio, e na questão vaticana, vale dizer, a proeminência político-cultural da Igreja católica, reproduzida pelos intelectuais da pequena e média burguesia agrária (padres, professores, médicos). São os grandes intelectuais meridionais de cultura euro-ocidental (Benedetto Croce, Giustino Fortunato) que articulam esse bloco agrário, não só ao bloco industrial do Norte, composto pela burguesia e pela classe operária subalternizada pelo reformismo, e que conta com "um novo tipo de intelectual: o organizador técnico, o especialista de ciência aplicada"[52], mas também ao bloco histórico do Ocidente como um todo, através de sua filosofia universalista abstrata.

A fim de desagregar esse setor do bloco histórico do Ocidente é preciso, pela política de frente única, subtrair da influência do reformismo e "vencer certos egoísmos que subsistem na classe operária"[53], além de organizar autonomamente o proletariado agrícola e os camponeses pobres. Mas para que, em função anticapitalista, se organize esse novo bloco social operário-camponês, nacional-popular, é preciso – e aqui está a novidade de Gramsci – desagregar e substituir o bloco intelectual que dá consistência e "racionalidade" a esse Ocidente passivo que é o Estado nacional e o capitalismo italiano. A ação de uma nova intelectualidade revolucionária, organizada no Partido Comunista, construtora de uma nova hegemonia, é decisiva para que o proletariado industrial construa um sistema de alianças sociais e se eleve a classe dirigente e dominante.

Após a prisão de Gramsci, a política de frente única sofreu uma série de fracassos (da China à Inglaterra) que facilitaram seu abandono e a emergência da fórmula do "socialfascismo" e da política de "classe contra classe", que apregoava a imediata revolução socialista, cavalo de batalha que abriu o caminho para o stalinismo. A capitulação política de Bukhárin, de Lukács, de Togliatti e a marginalização, prisão ou exílio de todos os opositores da nova orientação, reduziu o movimento de refundação comunista às reflexões de Gramsci, detido num cárcere fascista, dissociado do movimento operário e com o PCI (assim como toda a IC) submetido ao stalinismo. Confinado na

52 Antonio Gramsci, "Alcuni temi della questione meridionale", em *Scritti politici*, cit., p. 258.

53 Ibidem, p. 251.

Áustria, entre a ascensão fulgurante do nazifascismo e a consolidação do stalinismo, o marxismo de Otto Bauer e Max Adler, até por sua postura ambígua diante do reformismo, também não pôde oferecer uma alternativa ao movimento operário.

Entre 1929 e 1935, o período de cárcere em que, mesmo com interrupções, conseguiu ser produtivo, Gramsci pôde observar a retomada da crise do Ocidente, com a grande crise econômico-social de 1929, a instauração do stalinismo na União Soviética, do nazismo na Alemanha, o *New Deal* nos Estados Unidos e o apogeu do fascismo na Itália. A própria debilidade do pensamento crítico comunista ao enfrentar essa realidade fê-lo perceber que o Ocidente em crise, mais que para a revolução socialista, se encaminhava para formas de recomposição do bloco histórico por meio de uma série de revoluções passivas. Nos *Quaderni del carcere*, Gramsci (re)elaborou, através de análises fragmentárias e um universo categorial assistemático, um roteiro, ou uma grande hipótese teórica, de compreensão da modernidade capitalista do Ocidente e sua crise, do ângulo das formas de dominação e representação do poder. O objetivo, mais que sanar uma lacuna teórica da tradição marxista, era combater o economicismo fatalista que derivava da intrusão positivista, em todas suas variáveis, reformista ou extremista, que dificultava a compreensão da crise do Ocidente e a busca de uma via de saída revolucionária que implicasse sua dissolução enquanto forma de domínio.

O estudo de Gramsci é voltado à compreensão da estabilidade do núcleo original do Ocidente, antes de mais nada da França de tradição revolucionária jacobina, diante da crise e da irrupção da revolução socialista desde o Oriente. Para ele, na esteira do último Engels, a democratização liberal no Ocidente após a Comuna de Paris tornara inviável a tática política de "guerra manobrada" que predominara no período de consolidação da modernidade (ou das revoluções burguesas originais e ativas). Mesmo com a crise geral do Ocidente e a explosão da guerra em 1914, a hegemonia civil e cultural do nacional-liberalismo era muito forte para manter o movimento operário na subalternidade e tornar inimaginável um confronto direto de uma minoria revolucionária jacobina contra a ordem social. As revoluções burguesas e a difusão do individualismo proprietário desdobraram na prática a vida social nas esferas pública e privada, tal qual a indicação da teoria liberal. Mais ainda, o Estado político (burocracia, Exército, polícia e representação), em sua falsa universalidade, se desdobrou e projetou num conjunto de aparelhos privados de hegemonia, encarregados da reprodução da ordem sociocultural do Ocidente e de seu fundamento moderno que é a acumulação do capital.

Como o movimento operário, o outro negativo dessa ordem, não conseguiu se apropriar de uma teoria comunista crítica da modernidade, sujeitando-se então à subalternidade, a crise do Ocidente em seu núcleo original não ocorreu como crise revolucionária, mas apenas como crise do liberalismo. Nessa análise, pode-se observar que Gramsci percebia melhor que outros a força histórica e teórica do liberalismo, bastante para fazer frente à crise do Ocidente, evitando a revolução, e que para enfrentá-lo fazia-se mister um longo período de luta civil e cultural, de modo a se construir uma nova subjetividade antagônica e uma nova hegemonia materializada em instituições públicas. Essa leitura é mais realista, mas não muito diferente, daquela de Lênin, que não esperava de imediato uma revolução no núcleo anglo-francês do Ocidente e supunha que ela derivasse do impacto de uma vitoriosa revolução socialista russo-alemã.

Não resta qualquer dúvida de que Gramsci estivesse de acordo com a análise, a linha política e os objetivos estabelecidos por Lênin em relação ao Oriente russo, assim como com a expectativa de difusão da revolução no sentido Oriente/Ocidente, por meio de uma rápida guerra de movimento que durou de março de 1917 a março de 1921. Se, para Gramsci, é bastante claro que no núcleo do Ocidente a política revolucionária posta em prática numa "guerra de movimento" não teria nenhuma chance diante da força da hegemonia liberal-democrática, e no Oriente russo, em função da ausência de uma sociedade civil, a "guerra de movimento" mostrou-se eficaz, a questão que fica por esclarecer é qual a correta linha política que deveria ter sido estabelecida no Ocidente passivo e incompleto, aquele produto das revoluções burguesas passivas do século XIX, Alemanha e Itália.

Característica desse Ocidente passivo era a persistência de relações sociais e instituições pré-modernas, aspectos do absolutismo oriental, no caso alemão, e de um Estado liberal excludente, com forte presença político-cultural da Igreja, na Itália. Como, nesses casos, a sociedade civil de configuração liberal-burguesa era relativamente frágil e subordinada ao poder político-estatal, num particular momento da crise que perpassava o conjunto do Ocidente e que assistia a uma irrupção revolucionária socialista vinda do Oriente interno, a "guerra de movimento" se justificava, desde que se encontrasse presente um partido revolucionário que tivesse preparado o proletariado industrial para esse momento. O ponto é que o movimento operário socialista se fez ele mesmo, por meio do reformismo, o fautor da ocidentalização completa e da realização da liberal-democracia, não percebendo que o desmantelamento do bloco agrário do Mezzogiorno, da Prússia, ou dos novos Estados do Oriente interno forjados em Versalhes, que garantiam a incompletude do Ocidente, só podia ser feito pela ação de uma aliança dos sujeitos sociais subalternos do próprio Ocidente, a classe operária e os trabalhadores braçais do campo, e não com uma aliança com a burguesia liberal.

No Ocidente passivo, a questão central para o movimento de refundação comunista não estava, em princípio, no equívoco da "guerra de movimento" no momento de eclosão da crise, mas na impossibilidade de o movimento operário, sobposto à hegemonia liberal-democrática na forma de reformismo, costurar uma aliança com o proletariado agrícola e outras camadas sociais urbanas, imbuídas do individualismo proprietário. Se o caso é esse, as observações críticas de Gramsci contra Rosa Luxemburgo são puramente instrumentais, voltadas contra o extremismo (com o qual o nome de Rosa era indevidamente associado) que perseverava na IC, e que via a situação revolucionária emergir diretamente da crise econômico-social[54].

Como foi visto, a análise de Rosa privilegiava os aspectos político-militares da crise do Ocidente, não fazendo derivar a ação revolucionária de uma possível catástrofe econômica. Mas, como a crise da dominação burguesa está associada à crise da acumulação capitalista, Rosa insistia que a perspectiva socialista deveria ser forjada cotidianamente na luta contra o capital e contra o poder político (por que não dizer numa "guerra de posição"?) que permitisse, num momento adequado de crise, a passagem para a "guerra de movimento". Nessa visão dialética da relação "guerra de posição/guerra de movimento", não estaria Rosa, em seus últimos momentos, propugnando uma volta à tática da "guerra de posição" ao defender a participação do KPD na Assembleia Nacional e a ocupação de espaços no Estado burguês?

Na Itália, a classe operária, conduzida pelo grupo do *L'Ordine Nuovo*, colocou em prática a tática da "guerra de movimento", confrontando-se diretamente com a burguesia, ao ocupar as fábricas, mas acabou sendo derrotada porque os conselhos de fábrica emergiram num momento descendente da revolução internacional e não conseguiram colocar a questão da conquista do poder político-estatal por ter a aliança com os camponeses do sul permanecido pouco mais

---

[54] Antonio Gramsci, *Quaderni del cárcere* (org. Valentino Gerratana, Turim, Einaudi, 1975), p. 1.613 [ed. bras.: *Cadernos do cárcere*, trad. Carlos Nelson Coutinho e Luiz Sérgio Henriques, Rio de Janeiro, Civilização Brasileira, 1999-2002, 6 v.].

que uma frase programática. De qualquer maneira, desde princípios de 1921, no conjunto do Ocidente, inclusive na Rússia soviética, com a NEP, havia se passado para uma fase de "guerra de posição", da qual a política de frente única era a expressão.

Nos *Quaderni del carcere*, na medida em que contestava a nova intrusão positivista na teoria marxista, Gramsci procurou dar um conteúdo não economicista e que superasse a visão meramente defensiva da política de frente única e da ideia de governo operário-camponês, propondo uma aliança das forças republicanas antifascistas convergindo para uma Assembleia Constituinte articulada aos comitês operários e camponeses. O resultado, é óbvio, não seria a imediata instauração da ditadura proletária e do socialismo, mas de uma situação similar àquela que Lukács havia descrito como de ditadura democrática. Isso no momento que a NEP havia sido abandonada na União Soviética e a política de frente única trocada, na IC, pela linha ofensiva de "classe contra classe".

Gramsci centrou na questão da hegemonia político-cultural a fórmula política da frente única, de maneira que estivesse num patamar de inserção no movimento de refundação comunista, e que preservasse como paradigma a luta ideológica contra o reformismo e o resgate da subjetividade antagônica à ordem do capital. Foi precisamente a hegemonia político-cultural do nacional-liberalismo e do positivismo científico no seio da sociedade civil do bloco histórico do Ocidente e sua capacidade de difusão para áreas territoriais periféricas e para camadas sociais oprimidas que impediu que a crise e a guerra civil significassem a dissolução dessa forma social fundada na inferiorização e exclusão do outro interno e externo.

Nas condições da modernidade deve-se considerar "que a supremacia de um grupo social se manifesta em duas maneiras, como 'domínio' e como 'direção intelectual e moral'. Um grupo social é dominante dos grupos adversários que tende a 'liquidar' ou a submeter mesmo com a força armada e é dirigente dos grupos afins ou aliados"[55].

É precisamente a hegemonia que cimenta e garante a unidade e o movimento do bloco histórico baseado na acumulação do capital e na cisão entre a esfera pública e a esfera civil privada. A objeção que poderia ser feita a Gramsci, de reconhecer a cisão entre o público e o privado operado pela modernidade e pela teoria jurídica do liberalismo, teria seu fundamento caso concebesse a

[55] Ibidem, p. 2.010.

sociedade civil como fundamentalmente única e homogênea, como aparelhos privados de hegemonia que poderiam estar em mãos de quaisquer indivíduos ou grupos. Em vez disso, Gramsci propugna a construção de outra sociedade civil, por ação de sujeitos coletivos emersos da subalternidade que, ao elaborar uma nova esfera pública, possibilitam uma comunidade real dos homens, já que seu objetivo é a compreensão crítica da crise do Ocidente, projetando sua desconstrução enquanto bloco histórico, forma de dominação e cisão humanas. Isso não nega, porém e de maneira evidente, que espaços políticos possam e devam ser ocupados no interior da própria sociedade civil burguesa, com o fito de debilitá-la em sua ação hegemônica. Ademais, para Gramsci, a separação entre sociedade civil e sociedade política é de caráter metodológico apenas. Para o liberalismo, há uma distinção orgânica entre sociedade civil e Estado, "mas como, na realidade efetiva, sociedade civil e Estado se identificam, é para se fixar que também o liberalismo [como política econômica] é uma 'regulamentação' de caráter estatal, introduzido e mantido por via legislativa e coercitiva: é um fato de vontade consciente dos próprios fins e não expressão espontânea, automática do fato econômico"[56].

A crise do Ocidente é uma crise da hegemonia liberal burguesa, mas a crítica comunista não conta com suficiente força material para constituir-se em alternativa imediata ao bloco histórico: deriva daí a necessidade da política de frente única e a "guerra de posição" como ponto de partida para a construção de uma nova hegemonia que corporifique uma subjetividade antagônica. Se é verdade que "as histórias particulares vivem só no quadro da história universal"[57], o elemento político-cultural nacional-popular deve ser visto apenas como um momento da "guerra de posição" que visa à desconstrução do bloco histórico do Ocidente na corrente da história universal, por possibilitar a unificação e elevação do "senso comum" cultural das classes subalternas em seu confronto com a cultura hegemônica.

Assim, dentro do terreno nacional, deve-se subtrair a classe operária da influência do reformismo e ocupar espaços no interior da sociedade civil crescentemente estatizada com a crise do liberalismo, procurando criar espaços públicos de ação político-cultural autônoma das camadas subalternas. Por essa via se processa a construção de sujeitos sociopolíticos ativos e autônomos e a edificação de uma nova cultura universal, a partir do subalterno do Ocidente,

---

[56] Ibidem, p. 1.590.

[57] Ibidem, p. 2.343.

que dilui o viés nacional-popular de onde emergira, no caudal da diversidade cultural da humanidade que se encontra na alteridade.

Essa formulação, que se opõe ao economicismo fatalista, coloca num primeiro plano a questão da vontade subjetiva e dos intelectuais que dão sentido à hegemonia, organizando a sociedade civil. Para Gramsci, os intelectuais orgânicos da classe operária devem se opor política e culturalmente aos intelectuais orgânicos da burguesia (técnicos, cientistas, gerentes de produção) e desagregar os intelectuais tradicionais (religiosos, professores, médicos, advogados) a fim de construir uma nova hegemonia que resulte na elevação da classe operária ao papel de classe dirigente de um novo bloco histórico. Os intelectuais orgânicos da classe operária devem estar coletivamente organizados numa forma-partido, um Moderno Príncipe, que concentre a vontade transformadora e seja agente de construção de uma nova sociedade civil pública e fautor de uma reforma moral e intelectual. É o Moderno Príncipe, agindo no terreno nacional, o ator decisivo da "guerra de posição" travada contra o bloco histórico do Ocidente. Este deverá ser substituído, no processo, por uma "sociedade regulada" que terá "como fim do Estado o seu próprio fim, o seu próprio desaparecimento, a reabsorção da sociedade política na sociedade civil" e "o elemento Estado coerção pode ser imaginado exaurindo-se à medida que se afirmam elementos sempre mais conspícuos de sociedade regulada (ou Estado ético ou sociedade civil)"[58].

De tal maneira, para Gramsci, a nova sociedade civil, enquanto espaço público que reabsorve o poder político coercitivo, ao torná-lo supérfluo, funda um novo Estado que supera a cisão público/privado promovida pela modernidade capitalista. Mas, para que se chegue a essa

> fase na qual o Estado será igual ao governo, e o Estado se identificará com a sociedade civil, se deverá passar por uma fase de Estado guarda-noturno, isto é, por uma organização coercitiva que tutelará o desenvolvimento dos elementos de sociedade regulada em contínuo incremento, e, portanto, reduzindo gradativamente suas intervenções autoritárias e coercitivas.[59]

Essa concepção de Estado anticapitalista está muito próxima daquele Estado-comuna a que Lênin procurou dar forma no Oriente através de uma

[58] Ibidem, p. 764.

[59] Idem.

rápida "guerra de movimento". Mas para Gramsci, ao que tudo indica, no Ocidente, a "guerra de movimento" é coisa do passado e não se pode supor uma possível vitória das forças antagônicas que não seja pela "guerra de posição". Uma vez que a "guerra manobrada" não conseguiu suplantar um bloco histórico em crise de hegemonia, a "guerra de posição" faz-se inevitável, pois as classes dominantes sentem a necessidade de "uma inaudita concentração de hegemonia e, portanto, uma forma de governo mais 'intervencionista', que mais abertamente assuma a ofensiva contra os opositores e organize permanentemente a 'impossibilidade' de desagregação interna: controles de todo tipo, políticos, administrativos etc."[60]

Nessa acepção, a vitória na "guerra de posição" só é possível após um período de assédio recíproco, mas quando ocorre é definitiva. Será que Gramsci acreditava que a derrota do fascismo ocorreria sem um momento decisivo de "afundamento" do regime, que culminasse a "guerra de posição" com um movimento insurrecional associado ao colapso político-militar? Mesmo uma longa "guerra de posição" entre o bloco histórico do Ocidente em crise de hegemonia e as forças antagônicas não poderia culminar numa crise disruptiva que permitisse a conjunção dialética de "guerra de posição" e "guerra de movimento"?

Ao absolutizar, pelo menos na aparência, a "guerra de posição" para o Ocidente e afirmar a irrevogabilidade do resultado do confronto, não estaria Gramsci se arriscando a entrar na "gaiola de aço" weberiana e sucumbindo ao "pessimismo da razão" ao se defrontar com a inevitabilidade das revoluções passivas? Não parece ser o caso, pois o próprio Gramsci reconhece o perigo do "derrotismo histórico" ao refutar a "teoria da revolução passiva como programa" e adotá-la apenas "como critério de interpretação na ausência de outros elementos ativos em modo dominante"[61], ou seja, apenas nas circunstâncias históricas em que não está presente uma forte atividade sociocultural antagônica.

Superado o impacto da "guerra manobrada" posta em prática, entre 1917 e 1921, por uma parte do proletariado industrial e por forças socialistas antagônicas, as classes dirigentes do Ocidente, a partir de 1921, começaram a desenvolver, por meio da "guerra de posição", e fazendo uso dos recursos coercitivos da hegemonia, um multifacetado processo de revolução passiva, que viria a possibilitar a recomposição da ordem e da dualidade Ocidente/

---

[60] Ibidem, p. 802.

[61] Ibidem, p. 1.827.

Oriente. A noção de revolução passiva foi inicialmente utilizada por Gramsci para analisar o "Risorgimento" italiano (forma particular de revolução burguesa na Itália) no quadro do Ocidente dominado pela Revolução Francesa e seus desdobramentos. O conceito, elaborado a partir das observações de Cuoco sobre a revolução napolitana de 1799, e de Quinet sobre a restauração francesa (1815-1830), foi utilizado para explicar a emergência da modernidade a partir do interior mesmo da velha ordem que, sob pressão das classes subalternas que permanecem enquanto tais, se reorganiza para evitar a revolução. Assim, para Gramsci,

> a "revolução-restauração" de Quinet ou a "revolução passiva" de Cuoco expressariam o fato histórico da ausência de iniciativa popular no correr da história italiana, e o fato de que o "progresso" se verificaria como reação das classes dominantes à subversividade esporádica e inorgânica das massas populares com "restaurações" que acolhem alguma parte das exigências populares, daí "restaurações progressivas" ou "revoluções-restaurações" ou ainda "revoluções passivas".[62]

Posteriormente, a revolução passiva passou a ser utilizada como categoria explicativa dos conflitos de hegemonia no interior do bloco histórico da modernidade, atuados através de "guerra de posição", "e de toda época complexa de transformações históricas"[63], permitindo entabular uma hipótese explicativa geral de recomposição do Ocidente em crise. Gramsci, porém, lançou apenas algumas pistas para a compreensão dessa época de revolução passiva que brotava da derrota do movimento operário socialista e da persistência da crise da hegemonia liberal. Suas características gerais são a estatização de parte dos aparelhos privados de hegemonia, ampliação e fortalecimento do aparelho coercitivo e reorganização produtiva, de modo a garantir a submissão da classe operária. A revolução passiva apareceu como necessária:

> 1) porque grandes massas, precedentemente passivas, entraram em movimento, mas num movimento caótico e desordenado, sem direção, sem uma precisa vontade política coletiva; 2) porque classes médias que na guerra haviam tido funções de comando e de responsabilidade, disso foram privadas com a paz, ficando

[62] Ibidem, p. 957.

[63] Ibidem, p. 1.827.

> desocupadas, logo após haverem feito uma aprendizagem de comando etc.; 3) porque as forças antagonistas foram incapazes de organizar em seu proveito esta desordem de fato.[64]

Antes da prisão, Gramsci enfatizava a função repressiva antioperária do fascismo e a incapacidade de a burguesia industrial submeter o sindicalismo e toda a organização autônoma das massas sem o auxílio da pequena e média burguesia agrária. Foi nos *Quaderni del carcere* que amadureceu a ideia do fascismo como "a forma da revolução passiva do século XX"[65], perguntando-se: "Estamos num período de 'restauração-revolução' a ser consertado permanentemente, organizado ideologicamente, exaltado liricamente?"[66]. O fascismo aparece para a Europa como representante prático e ideológico da "guerra de posição" e da revolução passiva. Para Gramsci, no fascismo

> haveria uma revolução passiva no fato de que, pela intervenção legislativa do Estado e através da organização corporativa, na estrutura econômica do país seriam introduzidas modificações mais ou menos profundas para acentuar o elemento "plano de produção", seriam acentuadas a socialização e a cooperação da produção sem por isso tocar (ou limitando-se só a regular e controlar) a apropriação individual ou de grupo do lucro.[67]

Embora alguns ideólogos do fascismo (como Massimo Fovel) concebessem "o 'corporativismo' como a premissa para a introdução na Itália dos sistemas americanos mais avançados no modo de produzir e trabalhar"[68] em oposição aos elementos sociais semifeudais e parasitários, na análise de Gramsci, em verdade, "o endereço corporativo tem funcionado para sustentar posições periclitantes de classes médias, não para eliminá-las e está sempre mais se transformando, para os interesses constituídos que surgem sobre a velha base, numa máquina de conservação do existente assim como é, e não uma mola de propulsão"[69].

---

64 Ibidem, p. 912-3.

65 Ibidem, p. 1.089.

66 Ibidem, p. 1.209.

67 Ibidem, p. 2.153.

68 Ibidem, p. 1.228.

69 Ibidem, p. 2.157.

Isso porque, se bem que o fascismo possa criar condições formais para a reestruturação técnico-econômica, sem que a classe operária possa se opor ou pretender a condução do processo, não pode mais que realizar uma "limpeza econômica" nos quadros do velho industrialismo. O fascismo contraria um pressuposto básico do americanismo, que é a existência de um Estado liberal, "não no sentido de liberalismo alfandegário ou de efetiva liberdade política, mas no sentido mais fundamental da livre iniciativa e do individualismo econômico que chega com meios próprios, como 'sociedade civil', pelo próprio desenvolvimento histórico, ao regime da concentração industrial e do monopólio"[70].

Em relação à França (o que é válido para o núcleo do Ocidente como um todo), Gramsci observa que "a hegemonia burguesa é muito forte e tem muitas reservas"[71]. A crise se manifestou no declínio dos partidos liberal-democráticos e da legitimidade do governo parlamentar, mas o aparato coercitivo ampliou-se e o nacionalismo preservou o consenso social. No entanto, o conjunto das classes dirigentes do Ocidente olhava para os Estados Unidos com cada vez maior interesse, em função de sua capacidade de ampliar a produção industrial, mantendo o controle da classe operária sem precisar utilizar massivamente os instrumentos coercitivos do Estado. No que se refere aos Estados Unidos e ao chamado americanismo, "trata-se de um prolongamento orgânico e de uma intensificação da civilização europeia, que só assumiu uma nova epiderme no clima americano"[72]. O problema que se coloca é se efetivamente o americanismo pode "constituir uma época histórica [...] um desenvolvimento gradual do tipo [...] das revoluções passivas"[73], marcando "a passagem do velho individualismo econômico à economia programática"[74], e, ainda mais, "se a América, com o peso implacável de sua produção econômica (ou seja, indiretamente) constringirá ou está constringindo a Europa a uma transformação de seu eixo econômico-social demasiado antiquado [...] e forçando o nascimento de uma nova civilização"[75].

---

70 Idem.

71 Ibidem, p. 1.640.

72 Ibidem, p. 2.180.

73 Ibidem, p. 2.140.

74 Ibidem, p. 2.139.

75 Ibidem, p. 2.178-9.

Nesse caso, o americanismo seria a forma da revolução passiva capaz de, ao se difundir, recompor todo o bloco histórico do Ocidente, eventualmente se sobrepondo a outras formas, como o fascismo. A diferença fundamental entre o fascismo e o americanismo está em que o primeiro, na análise de Gramsci, preserva e recicla aspectos de "Oriente" presentes na formação social italiana, enquanto o segundo aprofunda e radicaliza o Ocidente, contando assim com um potencial maior de universalização e de construção hegemônica. A particularidade e o potencial do americanismo está, portanto, no fato de que nos Estados Unidos "não existem classes numerosas sem uma função essencial no mundo produtivo, ou seja, classes absolutamente parasitárias"[76], como é o caso da Europa.

Com a existência de propícias condições preliminares, ao americanismo

> foi relativamente fácil racionalizar a produção e o trabalho, combinando habilmente a força (destruição do sindicalismo operário de base territorial) com a persuasão (altos salários, benefícios sociais diversos, propaganda ideológica e política habilíssima) e conseguindo basear toda a vida do país na produção. A hegemonia nasce da fábrica e não tem necessidade de mais que uma quantidade mínima de intermediários profissionais da política e da ideologia.[77]

Trata-se deveras de uma revolução passiva que se desenvolve primordialmente no campo da produção e dos aparelhos privados de hegemonia (entre os quais, com o fordismo, se inclui e privilegia a empresa), que reciclam e reativam a ética puritana do trabalho. A própria sociedade civil acaba exigindo a intervenção legislativa coercitiva do Estado, sugerindo a formação de uma ideologia estatal, baseada no puritanismo e apresentada como verdadeiro americanismo. Gramsci observa que, nesse processo, "as forças subalternas, que deverão ser 'manipuladas' e racionalizadas segundo os novos fins, resistem necessariamente. Mas resistem também alguns setores das forças dominantes, ou ao menos aliadas das forças dominantes"[78].

Como a luta, porém, é travada com as armas da tradição sindical que defende a propriedade corporativa do trabalho qualificado, vê-se impedida a colocação da questão fundamental da hegemonia no processo de

[76] Ibidem, p. 2.141.

[77] Ibidem, p. 2.145-6.

[78] Ibidem, p. 2.139.

reestruturação do processo produtivo. Destarte, a maior vitória dessa forma de revolução passiva é a recriação científica da subalternidade, centrada num "tipo novo de trabalhador e de homem" destituído de subjetividade antagônica. A recomposição do outro inferior como "gorilas amestrados" (como queria Henry Ford) gera, em um apenas aparente paradoxo, um tipo superior de trabalhador para o capital, já que mais produtivo, implicando isso, porém, que "haverá inelutavelmente uma seleção forçada, uma parte da velha classe trabalhadora será desapiedadamente eliminada do mundo do trabalho e talvez do mundo *tout-court*"[79].

Essa nova classe operária, pelos altos salários e pela possibilidade de possuir alguns bens, é passível de ser subsumida ao individualismo proprietário, originando um individualismo de massa. Assim, a lógica produtivista da acumulação e do consumo reproduz e reinventa a subalternidade duplicando-a ao promover a cisão entre o trabalhador disciplinado pelo taylorismo e pela ética do trabalho e o subocupado, que vive sem horário e entregue aos vícios do álcool e da sexualidade desenfreada (entre os quais deveriam estar concentrados negros e judeus, na ótica de Henry Ford). Essa duplicação do outro interno bloqueia a formação de uma subjetividade social antagônica, criando uma dialética de cooptação e marginalização.

A derrota da democratização socialista e a recomposição do bloco histórico do Ocidente por meio da revolução passiva, não só redefine o subalterno, mas recoloca a dualidade Ocidente/Oriente e o correlato tema do outro externo. Gramsci tinha nítida a percepção de que

> Leste e Oeste são construções arbitrárias, convencionais, ou seja, históricas, pois que fora da história real cada ponto da terra é leste e oeste ao mesmo tempo. Isso pode ser visto claramente no fato de que esses termos se cristalizaram, não do ponto de vista de um hipotético e melancólico homem em geral, mas do ponto de vista das classes cultas europeias, que, por meio de sua hegemonia, os fizeram serem aceitos por toda parte.[80]

Mas Gramsci também tem consciência de que a dualidade Ocidente/Oriente tem um valor analítico da diversidade das formas sociais concretas, historicamente definidas e que se interpenetram, definindo gradações. Em contraste

---

[79] Ibidem, p. 2.165.

[80] Ibidem, p. 1.419.

com o Ocidente intensificado que são os Estados Unidos, chama atenção, por exemplo, para aspectos de atraso "oriental" da Itália, com sua modernidade produto de revoluções passivas, que possibilita a sobrevivência de camadas sociais parasitárias, particularmente no sul, fenômeno que no Oriente, "em forma pior ainda existe na Índia e na China, o que explica a estagnação histórica desses países e sua impotência político-militar"[81].

Observando a diversidade na forma social entre o Oriente russo e o Ocidente, a fim de deduzir a necessidade de variações na política comunista, Gramsci anotava que, "no Oriente, o Estado era tudo e a sociedade civil era primitiva e gelatinosa; no Ocidente, entre Estado e sociedade civil havia uma relação equilibrada: a um abalo do Estado, imediatamente se percebia uma robusta estrutura da sociedade civil"[82].

Mas a análise e a definição das gradações entre Ocidente e Oriente deveria ser feita concretamente, pois "a proporção varia de Estado para Estado"[83]. A derrota da revolução no Ocidente e seu isolamento no Oriente russo, colocava em pauta não só a necessidade da política de frente única e a "guerra de posição" para se confrontar com a revolução passiva desencadeada no Ocidente, mas também a questão da ocidentalização da União Soviética sob a forma de capitalismo monopolista estatal, ao mesmo tempo que se deveria manter o antagonismo sociocultural em relação ao bloco histórico do Ocidente.

De resto, Gramsci, após o catastrófico desenlace da "guerra manobrada" posta em prática pelos comunistas chineses e o relativo sucesso da "guerra de posição" do ghandismo na Índia, entendia que a questão da revolução passiva havia se difundido também para a retaguarda do Ocidente, embora acentuasse que a questão da "hegemonia civil" não se colocava "para os países atrasados e para as colônias, onde ainda vigoram as formas que alhures estão superadas e ficaram anacrônicas"[84]. Em todo caso, o centro da questão permanecia sendo a União Soviética, onde a NEP era expressão da política de frente única e da "guerra de posição", assim como a forma específica de luta pela preservação e materialização da hegemonia conseguida em 1917. Tratava-se, então, de erigir uma rede autônoma de organizações públicas, uma sociedade civil que desse substância à democracia socialista. A questão teórica e cultural era

[81] Ibidem, p. 2.145.

[82] Ibidem, p. 866.

[83] Idem.

[84] Ibidem, p. 1.567.

primordial para que se mantivesse a subjetividade antagônica, pois, se prevalecesse apenas a questão da ocidentalização da base produtiva, a União Soviética concorreria para definir uma forma oriental de revolução passiva, privilegiando a coerção e a concentração do poder político.

Nas críticas a Trótski e a Bukhárin, Gramsci vislumbrava o esgotamento da refundação da teoria comunista em novo eclipse da crítica dialética, percebendo que, embora tivessem projetos diferenciados para a União Soviética, ambos se aproximavam da vala comum do economicismo naturalista, do qual não poderia emergir uma hegemonia socialista. A insistência de Trótski na permanência do movimento desencadeado em 1917 indicaria a incompreensão da necessidade dialética de "uma mutação da guerra manobrada, aplicada vitoriosamente no Oriente em 1917, a guerra de posição que era a única possível no Ocidente"[85], assim como da adoção e aprofundamento da política de frente única. Em relação a Bukhárin, Gramsci, convergindo com a opinião de Lukács, critica seu materialismo metafísico, cujo fundamento filosófico "pode ser chamado de um aristotelismo positivista, uma adaptação da lógica formal aos métodos das ciências físicas e naturais"[86].

Com a agravada situação de luta pelo poder na União Soviética, em carta de outubro de 1926, endereçada ao Comitê Central do PCR(b)[87], Gramsci manifestava sua preocupação diante da possibilidade de "verificar-se e aprofundar-se uma cisão no grupo central leninista", cuja virulenta disputa acabava por fazer "perder de vista os aspectos internacionais das próprias questões russas" e que "os deveres de militantes russos podem e devem ser realizados apenas no quadro dos interesses do proletariado internacional". Além de observar que as questões russas deslizavam para o leito estritamente nacional, Gramsci chamava atenção para a questão de a capacidade dirigente do proletariado ser realizável apenas quando "liberado de todo resíduo de corporativismo reformista ou sindicalista", caminho exatamente para o qual, segundo entendia, a plataforma da oposição unificada de Trótski e Zinóviev apontava.

Em vista disso, não restava a Gramsci outra opção senão apoiar a maioria de Bukhárin e Stálin, de continuidade da NEP e da aliança operário-camponesa, embora a contaminação economicista e o nacionalismo acabassem por debilitar a política de frente única e a construção hegemônica, vindo a provocar sua ruína.

---

85 Ibidem, p. 866.

86 Ibidem, p. 1.402-3.

87 Antonio Gramsci, *Scritti politici*, v. 3, cit., p. 232-8.

Havendo a maioria do PCR(b) "extrapolado da vitória", marginalizando a oposição, como temia Gramsci, ela própria dividiu-se após a realização do VI Congresso da IC, acabando por sepultar a cambaleante política de frente única na União Soviética e na IC. A vitória da nova maioria formada em torno de Stálin e Mólotov afastou o grupo de "direita" de Bukhárin, retomando, em grande medida, o programa da oposição unificada, agora recoberto pelo nacionalismo, dando então início à industrialização acelerada e à "coletivização" forçada da terra.

Esse o resultado do esgotamento da refundação comunista no Oriente russo e, por derivação, da incapacidade de se elaborar uma força hegemônica organizada num embrião de bloco histórico, capaz de propulsionar o antagonismo social no núcleo do Ocidente e no Oriente externo. Assim, a União Soviética refluiu para uma "fase de primitivismo econômico-corporativo de Estado" no qual

> o conteúdo da hegemonia política do novo grupo social que fundou o Estado deve ser predominantemente de ordem econômica [...]. Os elementos de supraestrutura não podem mais que serem escassos e seu caráter será de previsão e de luta, mas com elementos "de plano" ainda escassos: o plano cultural será sobretudo negativo, de crítica do passado, tendendo a fazer esquecer e a destruir.[88]

Com uma política cultural orientada por uma visão produtivista, que não admite o tempo livre, incapaz de estabelecer uma força hegemônica emersa da autonomia das massas, a revolução socialista transmudou-se, com o stalinismo (de fato um socialismo de Estado), numa revolução passiva que, recompondo o Oriente e sua subalternidade, contribuiu para a recomposição de todo o bloco histórico do Ocidente. As condições pessoais de Gramsci – encarcerado pelo fascismo, com pouca informação e isolado de seus companheiros de partido – não permitiram que fosse explicitada e desenvolvida essa embrionária ideia.

O esgotamento do movimento de refundação comunista teve por decorrência o desdobramento da própria teoria socialista em Ocidente/Oriente. Embora essa tendência estivesse já presente na segunda fase do movimento de refundação, consolidou-se mesmo nos anos 1930, como elemento cultural constitutivo das revoluções passivas. Um marxismo oriental conformou-se como ideologia de Estado da camada burocrática do stalinismo – um

---

[88] Idem, *Quaderni del carcere*, cit., p. 1.053.

positivismo economicista com invólucro hegeliano – que teve na IC e nos partidos comunistas o principal meio de difusão. Tal ideologia interseccionou-se em graus variados de sucesso e inserção sociocultural no movimento operário de praticamente todos os países do mundo.

Embora continuassem se referindo à cultura socialista marxista, os partidos reformistas do movimento operário, desde 1914 pelo menos, haviam reconhecido sua identidade com o Ocidente, renunciando, portanto, a qualquer antagonismo social, embora até os anos 1950 tenham mantido o discurso do objetivo histórico de superação do capitalismo, ao mesmo tempo que defendiam a "economia de mercado". A intelectualidade que preservou uma concepção teórica crítica em relação à modernidade capitalista viu-se obrigada a isolar-se do movimento social e a diluir-se no universo cultural do Ocidente, inclusive no que diz respeito à incorporação de horizontes teóricos dissociados da ontologia social marxiana.

Essa tendência de um marxismo ocidental expressou-se plenamente a partir de 1930, quando Max Horkheimer assumiu a direção do Instituto de Pesquisa Social de Frankfurt, transferido para os Estados Unidos em 1934, mudando sua orientação para preocupações mais "filosóficas" e próximas das instituições culturais consolidadas, de modo que esses intelectuais tiveram que adequar sua atividade teórica aos cânones da ordem social vigente[89]. Apesar da radicalidade crítica da obra de Adorno ou de Marcuse, o fato é que também eles foram parte de uma verdadeira "Idade Média" do movimento e da teoria comunista, que teve sua "escolástica" e suas "heresias", com a linguagem bifurcada para os doutos e para os simples, e, por conseguinte, sua inépcia para a transformação revolucionária da realidade.

O definitivo esgotamento do movimento de refundação com Gramsci no cárcere de Turi, ocorreu não só pela enormidade das forças político-culturais que teve que enfrentar, mas também por uma série de debilidades intrínsecas que tiveram desdobramentos – alguns trágicos – para a crítica da modernidade capitalista. Esteve longe de se realizarem as tarefas que Gramsci apontara para a cultura socialista crítica: "A criação de uma nova cultura integral, que tenha o caráter de massa da Reforma protestante e do Iluminismo francês e tenha o caráter de classicidade da cultura grega e do Renascimento italiano,

---

89 Perry Anderson, *Considerações sobre o marxismo ocidental/Nas trilhas do materialismo histórico* (trad. Fábio Fernandes, São Paulo, Boitempo, 2019).

que [...] sintetize [...] a política e a filosofia em uma unidade dialética intrínseca a um grupo social não só francês ou alemão, mas europeu e mundial"[90].

Mas, pelo contrário, ainda segundo Gramsci, "por razões 'didáticas', o marxismo se confundiu com uma forma de cultura um pouco superior à mentalidade popular, mas inadequada para combater as ideologias das classes cultas, enquanto o marxismo original era a própria superação da mais alta manifestação cultural do seu tempo, a filosofia clássica alemã"[91].

Essa observação, feita com intento crítico em relação à intrusão positivista e neokantista no marxismo, aparece como válida até mesmo para explicar a derrota da refundação, ganhando nova atualidade a partir dos anos 1930.

Antes de mais nada, os frequentes apelos à "autoridade" de Marx e Engels no debate com o reformismo delimitaram a novidade e a inventividade da teoria, reproduzindo algumas insuficiências do comunismo crítico do século XIX. A abordagem de Marx sobre os limites da acumulação e do mercado capitalista levou à crença de que sua superação implicaria a superação do mercado em geral. A conclusão sobre a extinção do mercado está analogicamente associada à questão da extinção do Estado. Tais ideias foram formuladas por Marx no calor do debate com o anarquismo na época da Associação Internacional dos Trabalhadores (AIT) e retomadas por Lênin quando do processo revolucionário na Rússia, que contava com um significativo peso do anarquismo e do ideário *narodnik*. A fórmula de um poder revolucionário que se apropria do conjunto dos meios de produção e promove a extinção do mercado e do Estado num prazo relativamente curto, criando uma organização social baseada no plano, nunca foi mais do que uma ideia tanto nebulosa quanto ilusória.

É sobre esse alicerce teórico que Lênin pensa o capitalismo monopolista de Estado como "antessala" do socialismo e da própria extinção do Estado. A mera apropriação do Estado alemão, tal como se encontrava em 1918, pelas forças revolucionárias, poderia significar a passagem por essa "antessala", bastando que o poder mudasse de mãos, desde que efetivamente o socialismo emergisse, como supunha Lênin e toda a tradição socialista, da socialização da produção. Mas, se do capitalismo monopolista estatal deveriam restar apenas os elementos de plano, não havia sentido em se refletir sobre a ereção de uma nova institucionalidade jurídica que definisse a forma da democracia socialista e os termos

[90] Antonio Gramsci, *Quaderni del carcere*, cit., p. 1.233.

[91] Ibidem, p. 422-3.

da construção da hegemonia. É certo que – e essa observação serve apenas de atenuante – a preocupação central de Lênin era com o processo revolucionário de democratização sociopolítica que levaria o proletariado industrial ao poder, não tendo tido tempo de se ocupar com a questão das instituições, que tomada aprioristicamente não passaria de um exercício abstrato, pois, mesmo após o fim da guerra civil e de intervenção imperialista, a preocupação maior era a da minoração da miséria.

A análise da crise, centrada na questão do imperialismo, incorreu num equívoco bastante sério. Tanto Rosa quanto Lênin julgaram que a crise do Ocidente, gestada na era imperialista, era irreversível, surgindo a revolução socialista, promovida pelas classes subalternas, como solução plausível diante da iminência da barbárie da guerra. Rosa estava equivocada ao julgar que a acumulação do capital se avizinhava de seus limites históricos, atingido quando todos os homens e todas as coisas estivessem incluídas no mercado capitalista, assim como Lênin havia se equivocado ao julgar que o capitalismo monopolista tendia para a mais ou menos rápida estagnação. Por caminhos nem sempre coincidentes, a conclusão era que ao outro interno do Ocidente, a classe operária, e ao outro externo, os povos dominados, particularmente do Oriente, não restava mais que a irrupção revolucionária. Essa ideia de "crise final" e "fase suprema" arraigou-se no movimento comunista e dificultou a percepção da recomposição do Ocidente através de uma era de revolução passiva, na qual os comunistas também acabariam por emergir como agentes subalternos.

Para Rosa, as zonas de maior tensão eram precisamente aquelas de "fronteira" e "transição" entre as formas sociais orientais arcaicas e a forma capitalista madura do Ocidente, e sua concepção de outro externo apropriado (culturas e natureza) não permitia supor a existência de burguesias revolucionárias, expectativa falsa que Lênin chegou a alimentar, já que as burguesias do Oriente ou do extremo Ocidente subalterno só poderiam ser, no século XX, atores privilegiados de revoluções passivas. Os teóricos da refundação do movimento comunista não perceberam a importância que a comuna agrária oriental, como outro negativo do Ocidente, poderia assumir no processo revolucionário, nas regiões do Oriente russo e do Oriente externo, nos quais o individualismo proprietário havia penetrado de maneira muito tênue. Tratar-se-ia de utilizar – como sugerira Marx – o arcaico na luta revolucionária, uma forma pré-moderna contra a modernidade capitalista.

A concepção da crise como derradeira, em parte deriva da subestimação da capacidade de recomposição hegemônica do liberalismo. A constatação da superação da fase concorrencial do capitalismo, que pressupunha a concorrência de indivíduos livres no mercado, levou à falsa conclusão do esgotamento do liberalismo como cultura e institucionalidade. Diante disso, deixou-se de travar o confronto ideológico com o liberalismo da crise, que estabeleceu as diretrizes para a recomposição do Ocidente e de sua hegemonia, após o final da Guerra dos Trinta Anos, amparando-se no tema da cidadania, da democracia e do pluralismo. Da mesma maneira subestimou-se a vitalidade do reformismo social-democrata, tão grande, a servir de ator decisivo de uma variante de revolução passiva no núcleo do Ocidente.

Com isso deixou-se de aprofundar e enfatizar a fundamental diferença de impostação existente entre a teoria liberal e a teoria comunista crítica em relação à questão da democracia, facilitando a derrota cultural. Enquanto a primeira se ocupa de buscar, de um ponto de vista operacional e ético, a forma melhor de composição da ordem sociocultural do Ocidente, opondo-se à emergência autônoma do subalterno, a outra persegue uma via de saída e superação da ordem a partir de suas intrínsecas contradições e pela ação antagônica dos seres sociais subalternos.

Os partidos comunistas do Ocidente foram instrumentos decisivos na luta antifascista e na criação de democracias liberais com direitos sociais na sequência do fim da Guerra dos Trinta Anos do século XX e na fase da chamada Guerra Fria. Não foram capazes, no entanto, de erigir uma nova hegemonia. Partidos mais sólidos como o PCF e o PCI construíram organizações importantes, que agruparam massas operárias e populares significativas, educadas em certo marxismo, que as levava a crer no futuro socialista. Esses partidos não foram capazes, no entanto, de definir uma estratégia que as levasse a esse objetivo. Partidos como o português, espanhol e grego se viram obrigados a lutar na clandestinidade por muito tempo diante da persistência do fascismo em seus países, até os anos 1970. Pode-se talvez dizer que, nessa época das revoluções passivas, o marxismo se desenvolveu ao modo de marxismos "nacionais", como na França, na Inglaterra, na Itália, e mesmo na Europa oriental, na Polônia, na Hungria, na Iugoslávia, com alguma propriedade.

De modo muito semelhante, os partidos comunistas do Ocidente meridional subalterno, a América Latina, lutaram contra ditaduras oligárquicas ou pela democratização de regimes liberais. Alguns lampejos de desenvolvimento teórico do marxismo apareceram (como o caso de Mariátegui), mas, de maneira geral, o esforço ficou limitado a alguma forma de tradução do marxismo gerado na União Soviética, com alguma influência de França e Itália.

O elemento distintivo do que Gramsci chamou de "época de revoluções passivas" foi, no entanto, a luta contra o colonialismo. Nessa luta também emergiram revoluções passivas importantes, como no Brasil, no México, na África do Sul, na Índia, outras mais. Todavia, historicamente mais decisivas foram as revoluções nacional-populares da Ásia oriental, do Oriente externo, em particular da China e Vietnã. O processo revolucionário chinês, em especial por conta do empenho de Mao Zedong, foi capaz de gerar uma teoria revolucionária com capacidade de se difundir por grande parte do mundo, incluindo a Europa. A concepção de guerra popular prolongada e de cerco da cidade pelo campo, de um exército popular acoplado ao partido foram os elementos que levaram a revolução à vitória e à instauração da Nova Democracia ou Ditadura da Democracia Popular.

Ainda que tenha mantido sempre a declarada fidelidade à formulação do marxismo como estruturado no Oriente interno ao Ocidente, ou seja, o marxismo-leninismo enquanto ideologia do Estado soviético, Mao desenvolveu seu pensamento com uso da tradição cultural chinesa, em particular com o pensamento de Lao-Tsé. A experiência da revolução cultural tinha o objetivo de promover uma reforma intelectual e moral de grande profundidade e muito rapidamente, mas sem que o desenvolvimento das forças produtivas pudesse acompanhar. Por um caminho diferente, que concebia um socialismo agrário, a experiência era a de construção de um socialismo de Estado, como antes havia ocorrido na União Soviética. A derrota dessa experiência, de toda maneira coincide com a fim da "época das revoluções passivas".

As revoluções passivas com hegemonia dos Estados Unidos

A expectativa das classes dirigentes do ampliado núcleo do Ocidente de que a crise do bloco histórico se resolvesse com a parcial assimilação e difusão do americanismo, mantendo-se as políticas econômicas monetaristas, esvaiu-se em 1929. A crise da acumulação capitalista teve início na agricultura americana e passou para todos os setores da economia e regiões do globo, implicando o agravamento da crise do bloco histórico do Ocidente e o início de uma nova fase da Guerra dos Trinta Anos. Houve então, como percebera Gramsci, a necessidade de uma inusitada concentração de hegemonia, tendo em vista o início de uma época de revoluções passivas como forma de recomposição do bloco histórico.

A institucionalização, em 1911, de uma Taylor Society, com o objetivo de difundir os princípios da organização científica do trabalho, e a instalação da cadeia de montagem automática na fábrica de automóveis de Henry Ford em 1914, fez crer que a difusão do americanismo, pelo mercado ou pela guerra, finalmente imporia a razão científica ao mundo da produção. À repressão ao movimento operário e socialista seguiu-se o enfraquecimento da Federação Americana do Trabalho (AFL, na sigla em inglês), com a organização de sindicatos próprios de grandes empresas, de modo a facilitar o controle da classe operária. Quando a crise eclodiu em 1929, o presidente Hoover recusou-se a promover alterações nessa revolução passiva da sociedade civil, pois, segundo supunha, uma intervenção política no mercado capitalista teria o significado de atacar a própria essência do americanismo.

A multiplicação exponencial da desocupação e o espocar de greves, à revelia das direções sindicais, vindo mesmo a dar vida a uma nova organização, a Confederação das Organizações Industriais (CIO, na sigla em inglês), obrigou a emanação de uma legislação social mais permanente, para além das medidas emergenciais, visando à proteção do mercado e da propriedade privada capitalista, que permearam o início, em 1933, da administração Franklin D. Roosevelt e do *New Deal*. Além do estreitamento de relações políticas entre governo e grande empresa, percebeu-se a necessidade de oferecer assistência social a trabalhadores desocupados e anciãos, superando-se a tradição que assinalava tais tarefas à sociedade civil e ao poder local. A política de assistência social e a ampliação do Estado nacional facilitaram a incorporação à ordem de camadas da pequena e média burguesia do Sul, da pequena burguesia negra, dos judeus e da Igreja católica, essencialmente cimentada em torno do acordo corporativo entre a grande empresa e os sindicatos, com largo respaldo da intelectualidade.

Essa revolução/restauração reorganizou e ampliou substancialmente o consenso social interno que culminou no conflito militar com Alemanha e Japão, permitindo a realização de um capitalismo orientado pelos grandes monopólios e já militarizado. O confronto com o outro externo ameaçador preservou a subalternidade consensual da classe operária, sem que os princípios fundamentais do individualismo proprietário e do americanismo fossem contestados, antes fortalecendo a candidatura do extremo Ocidente setentrional à condução do império universal. Um passo estratégico de grande importância nessa direção foi o estabelecimento de uma política mais consensual e menos truculenta para a América meridional, buscando ocupar os espaços deixados pelo recuo britânico e impedir o ingresso de Alemanha e Japão nos interstícios das revoluções burguesas que começavam a tomar forma nessa região, ou mesmo a possível emergência de alternativas nacional-populares à crise da dominação liberal-oligárquica[92].

O relativo declínio do núcleo original do Ocidente deixou claro que a recomposição do bloco histórico da modernidade capitalista só poderia ocorrer ao redor dos Estados Unidos. Os problemas da liberal-democracia inglesa agravaram-se na década de 1930 sob o impacto da crise capitalista, mas a solidez institucional garantiu a travessia, sob condução majoritária dos conservadores, que não puderam deixar de concordar com algumas medidas de assistência social por parte do Estado e que iam ao encontro da tradição cultural do solidarismo fabiano presente no movimento operário e no Labour Party. A capitulação da França diante da Alemanha, em 1940, empurrou a Inglaterra para a órbita dos Estados Unidos, selando uma aliança liberal-ocidental contra o nazifascismo.

A crise do Estado liberal francês foi mais profunda, mas nenhuma das vias de saída que se apresentaram conseguiu se impor. A paralisia do mecanismo parlamentar e a acesa conflitualidade social inviabilizou uma autorreforma do regime liberal-representativo, a divisão entre os grupos fascistas e a falta de apoio agrário impediram uma saída estatal-corporativa, assim como a não consolidação da frente popular – que não ultrapassou a postura tática defensiva – impossibilitou a alternativa nacional-popular. Ao fim, as classes dirigentes da França viram-se divididas entre a inserção no projeto liberal anglo-americano ou no projeto germânico de "renascimento" do Ocidente, em função do qual, desde fevereiro de 1939, haviam já iniciado a construção de campos de concentração para indesejáveis.

O fascismo italiano configurou-se plenamente como revolução passiva nos desdobramentos da crise capitalista de 1929. O regime originado do fracasso do processo de democratização que se seguiu à crise do Estado liberal-monárquico, procedeu à fascistização das instituições – esvaziando seus conteúdos – e desmantelou as organizações sociais antagônicas. Preservando e atraindo a monarquia e o Exército, o fascismo promoveu um acordo com a Igreja (facilitado pela convergência ideológica em torno do projeto corporativo), ampliando assim sua base de consenso sociopolítico. Com o desmantelamento das oposições – liberais, católicos e marxistas –, o Partido Nacional Fascista pôde manter firme o poder político.

---

92 Peter N. Carroll e David W. Noble, *Storia sociale degli Stati Uniti* (Roma, Riuniti, 1981), cap. 14.

O mais importante, porém, na definição da forma da revolução passiva, foi a estatização dos organismos coletivos da sociedade civil por meio do corporativismo. Marginalizados os sindicatos autônomos, desde 1925 a burguesia aceitou o monopólio dos sindicatos fascistas para a inserção da classe operária no mercado de trabalho, cujo estatuto foi definido em 1927 pela Carta del Lavoro, facilitando a imposição do taylorismo nas fábricas. A crise econômica exigiu a direta intervenção do Estado na economia, criando as condições para a corporativização do conjunto do ciclo produtivo, incluindo as camadas proprietárias que se entrelaçavam com a burocracia estatal. A conquista da Etiópia permitiu que Mussolini proclamasse, em 1936, o objetivo do império que, no horizonte, deveria abarcar as margens dos mares Mediterrâneo e Vermelho. A intervenção militar na Espanha e a aliança com a Alemanha estavam circunscritas nesse desenho estratégico[93].

A possibilidade de o corporativismo estatal vir a se constituir em forma de revolução passiva capaz de se difundir pelo Ocidente, ganhou novo impulso em 1933, com a instauração da ditadura nazista na Alemanha. As instituições da república liberal-democrática, com suporte sociocultural sempre estreito, ruíram diante do impacto da crise econômico-social de 1929-1933. As condições materiais das classes subalternas permaneciam inferiores àquelas de 1913, ao mesmo tempo que o processo de "racionalização" da produção ampliava as grandes fábricas e também o número de microempresas, redefinindo o perfil do mundo do trabalho e mantendo uma mão de obra flutuante.

Os operários sindicalizados das grandes e micro empresas locais tendiam a se identificar com o SPD ou com o Centro Católico, enquanto a camada social estruturalmente desocupada e os jovens metropolitanos, excluídos politicamente das fábricas, se aproximavam do KPD, o que provocou – reforçada por graves divergências ideológicas – uma guerra civil no seio das classes subalternas, estimulada ainda por uma assistência social seletiva, oferecida pela burocracia estatal: fracassava, assim, o projeto social-democrata de oferecer cidadania à classe operária. Essa fratura, presente desde o nascedouro da república, foi acirrada desde 1º de maio de 1929, quando a polícia do governo social-democrata reprimiu manifestações públicas dos comunistas, acabando por facilitar a vitória dos nazistas na guerra de posição que se travava pelo controle dos espaços públicos urbanos[94].

---

93 Giampiero Carocci, *Storia del fascismo* (Milão, Garzanti, 1972).

94 Sergio Bologna, *Nazismo e classe operaia: 1933-1993* (Milão, Stampanova, 1994).

Com a ascensão ao governo de Hitler e do Partido Nacional Socialista dos Trabalhadores Alemães (NSDAP, na sigla em alemão), em janeiro de 1933, tem imediato início a construção de um novo Estado. Enquanto se promovia a reforma da polícia e se organizava a polícia política (Gestapo), era desencadeado o ataque contra as organizações sindicais autônomas que, sem resistência, capitularam em pouco tempo, da mesma maneira que foram desmantelados os previamente derrotados partidos operários. Com a autodissolução dos partidos liberais e católico, e a confluência dos grupos conservadores, em julho de 1933 o NSDAP foi declarado partido único. No processo de fusão entre partido e Estado promoveu-se uma ampla reforma da burocracia e a centralização dos poderes. A aliança com o Exército exigiu que a SS, a tropa partidária de elite, e a Gestapo, dessem fim à SA, a outra formação paramilitar do nazismo, que contava com veleidades antiburguesas. Por sua vez, a aliança com o grande capital foi selada num conselho nacional de economia, dirigido paritariamente por representantes do partido e das grandes empresas monopolistas.

A organização da Frente do Trabalho Alemão (DAF, na sigla em alemão) foi a forma encontrada para submeter a classe operária ao corporativismo estatal, facilitando o controle da força de trabalho pelos grandes proprietários no ciclo produtivo do capital. Por meio do uso extremado da violência política, em pouco mais de um ano estava definida a nova institucionalidade nazista, cuja fonte do direito alocou-se em Hitler, a personificação do Führer. O objetivo de destruir a sociedade civil, particularmente as instituições do movimento operário, havia sido atingido, solução aceita pela burguesia, mesmo com a decorrente limitação do direito de propriedade e das liberdades civis. A desocupação massiva foi combatida aumentando a exclusão das mulheres do mercado de trabalho e na utilização de trabalho forçado na construção de obras públicas (com pouco disfarçados fins militares). Estimulou-se a concentração e a produtividade industrial, através de uma adaptação do taylorismo, prorrogando-se a jornada de trabalho. O regime conseguiu, no entanto, a relativa adesão daquela fração da classe operária de maior qualificação e envolvida na indústria bélica de ponta[95].

O nazismo conseguiu condensar um contraditório caldo de cultura antissocialista, antiliberal e antirrevolucionária, que permeava a reflexão alemã sobre

---

[95] Enzo Collotti, *La Germania nazista* (Turim, Einaudi, 1962), cap. 3-6 [ed. port.: *A Alemanha nazi*, trad. J. Santos Chambino, Lisboa, Europa América, 1965].

a crise do Ocidente. A crítica reacionária da modernidade encontrou na "raça" um substituto para a "nobreza" do Ocidente feudal que havia sido deslocada pelos valores liberal-burgueses e pelo socialismo. O nazismo pretendeu oferecer uma saída para a crise, confrontando-se com todos os outros negativos gestados na trajetória do Ocidente, tendo obtido com isso a cumplicidade da Igreja de Roma, a instituição que primeiro forjara o projeto de império universal. Para resolver a crise social, a mulher foi reconduzida à esfera privada e à função de geradora da "raça", a "heresia" comunista foi conduzida aos campos de concentração, deficientes físicos e mentais eliminados, os judeus deportados e depois exterminados, o trabalhador pobre destituído de subjetividade coletiva e conduzido ao trabalho forçado, ao mesmo tempo que se confrontava a natureza pelas grandes obras e pela política sanitária, enquanto outros povos surgiam como objeto de conquista e usufruto.

A Alemanha nazista apresentava um projeto imperial de purificação e salvação do Ocidente, justificada pelo pretenso frescor juvenil e proximidade cultural das origens greco-clássicas. Somente a Alemanha poderia dar um novo vigor ao Ocidente, já que França e Inglaterra representavam a decrepitude, contaminados que tinham sido pelo liberalismo e pelo convívio com povos não europeus[96]. Submetido o movimento operário socialista e contornada a crise, o poder nazista incorporou a Áustria, aproximou-se de Japão e Itália e garantiu a vitória clerical-fascista na Espanha, podendo a partir de então ocupar-se da escravização do outro externo. O Oriente russo era visto como uma ameaça por concentrar povos eslavos, ciganos e a maioria dos judeus, considerados estranhos ao Ocidente e em grande parte organizados sob o poder bolchevique. A eliminação dos judeus tornou-se prioridade, em 1942, mais por sua disseminação socioeconômica e pela influência cultural no interior da Alemanha do que por seu número, já bastante reduzido. A refundação do Ocidente exigia uma "eugenia" interna, indissociável da destruição do Oriente ameaçador e subumano.

O corporativismo estatal, mais conhecido pelo genérico nome de fascismo, surgiu como resposta para as tensões sociais geradas pela difusão do individualismo proprietário e de massa, em meio à crise da hegemonia liberal, depois da derrota da democratização socialista. Expandiu-se no decorrer dos anos 1930 por vários países, como forma de revolução passiva capaz de impedir a maturação de alternativas nacional-populares, possíveis pela organização

---

[96] Domenico Losurdo, *La comunità, la morte, l'Occidente* (Turim, Bollati Boringhieri, 1991).

autônoma das classes subalternas. Embora absorvendo o taylorismo no processo produtivo, o corporativismo estatal apresentou-se como alternativa ao americanismo para a resolução da crise em países como a Itália e a Alemanha, incorporados à modernidade por meio de uma precedente revolução passiva, assim como também serviu de via de ingresso limitado na modernidade capitalista para áreas do Ocidente subalterno (Portugal, Espanha, Brasil, México, Argentina) e do Oriente interno (Hungria, Polônia, Lituânia, Romênia).

O peso das camadas sociais tradicionais e a difusão da cultura política liberal, assim como a pressão das classes subalternas, delimitaram essa forma de revolução passiva de modo a configurar uma enorme variedade política institucional que, com frequência, precisou até mesmo derrotar movimentos fascistas em nome da "tradição" ou da "nação" ameaçada (casos de Brasil e Romênia, por exemplo). A significativa exceção ficou por conta da Espanha, que, a partir de 1931, assistiu a um processo de revolução democrática, truncada pela rebelião das classes dominantes castelhanas militarmente apoiadas pelas potências fascistas, num conflito que durou de 1936 a 1939 e que foi um capítulo de grande importância na Guerra dos Trinta Anos do século XX. O colapso político-militar da aliança nazifascista, em 1945, impediu que essa forma se consolidasse em países de segunda onda de revolução passiva (Alemanha e Itália), mas foi bem-sucedida, ainda que injetada de liberalismo ou pelo resgate do liberalismo oligárquico e pelo influxo do vitorioso império americano, nas regiões de primeira revolução passiva, tendo dado origem a um capitalismo monopolista subalterno na península Ibérica e nos países mais importantes da Ibero-América.

Na União Soviética, o stalinismo, ou socialismo de Estado, surgiu como forma específica de revolução passiva do Oriente, subproduto do fracasso de diferentes projetos: do primeiro estágio da ocidentalização passiva, desencadeada após 1905 e inviabilizada pela crise global do bloco histórico do Ocidente; da revolução popular socialista de 1917-1921, que, ao ficar limitada a territórios do antigo Estado feudal-absolutista russo, reproduziu a dualidade Ocidente/Oriente; da ocidentalização revolucionária intentada nos anos 1920, pela construção de um capitalismo monopolista de Estado sob direção do Partido Comunista. A sobreposição desses sucessivos fracassos com o impacto da retomada da crise do bloco histórico do Ocidente no final da década de 1920 ofereceu as condições para o desencadeamento da revolução/restauração no Oriente russo.

A vitória do grupo staliniano na luta interna do PCUS implicou a eliminação tanto da burguesia agrária quanto do pequeno campesinato comunal, promovendo a abolição das relações mercantis e concentrando a força de trabalho em fazendas coletivas e estatais, em uma forma de restauração da servidão a fim de preparar a mecanização da produção agrícola e criar excedente a ser desviado para as zonas urbano-industriais. O resultado foi a ruptura da cambaleante aliança operário-camponesa, pois, enquanto os camponeses encaravam a entusiasmada juventude comunista, que se dirigia ao campo para realizar o "socialismo", como aos antigos burocratas cobradores de impostos do Estado feudal-absolutista, a industrialização acelerada concentrava e ampliava o número de operários fabris em grandes empreendimentos, ao mesmo tempo que lhes retirava qualquer resquício de autonomia e poder no processo produtivo e no Estado.

A direção única de fábrica, implantada desde 1918 por Lênin, permaneceu pelo período da NEP, mas seu poder era limitado pela assessoria técnica qualificada e principalmente pela célula do partido e pelo sindicato. A partir de 1929, a célula e o sindicato foram integrados na administração e responsabilizados pela produção, deixando então de exercer o controle político da direção fabril e de promotor da democracia industrial. A nova função do sindicato era a de controlar a disciplina do trabalho e estimular a produção, tendo sido, em 1935, abolida até mesmo a contratação coletiva. A monocracia na fábrica, porém, estava já consolidada quando passou às mãos do diretor o poder de demitir e punir, através do controle da alimentação e habitação dos trabalhadores, aqueles que se desviassem da disciplina fabril, cujas faltas foram identificadas à sabotagem e incluídas no código penal.

O poder político dos administradores ligados ao partido, com derivados benefícios econômicos, e o crescimento de uma camada social de funcionários intermediários pouco capacitados, mas que controlavam o cotidiano fabril, designou o novo proletariado, forjado em parte com foragidos da "coletivização", como estrato inferior da vida social urbana. Os intelectuais técnicos e culturais não comunistas que vinham prestando serviço ao Estado soviético foram vítimas da repressão e os primeiros a serem internados em campos de trabalho forçado, o que implicou o rebaixamento do padrão técnico da produção, obrigada a incorporar os "práticos"[97]. Mas o fato é que esses campos de trabalho forçado, povoados por seres sociais ideologicamente inferiorizados

---

[97] Moshe Lewin, *Storia sociale dello stalinismo* (Turim, Einaudi, 1988), p. 271-94.

por hipoteticamente resistir à instauração da "nova ordem", tiveram um papel econômico de monta na produção do excedente a ser investido na indústria e no sustento da burocracia estatal.

A autonomia relativa entre Estado, partido e sindicato que subsistia no período da NEP, extinguiu-se no stalinismo, quando prevaleceu a tendência à fusão num único poder político-administrativo. À medida que se restringia o debate político, o poder decisório se concentrava no vértice do partido ao mesmo tempo que este crescia e se consolidava na classe operária. Esse paradoxo aparente se deslinda a partir do momento que se observa que o partido deixara de ser instrumento do poder político da classe operária para ser instrumento de controle, disciplinamento e educação do mundo do trabalho, tendo em vista a acumulação "coletiva" do capital. O stalinismo promove a completa estatização de uma sociedade civil construída segundo seus desígnios, onde partido, sindicato, soviete, escola, imprensa etc., sob o controle onisciente da polícia política, encontram-se ligados ao mundo da produção, com o objetivo manifesto de convergir para o ideal do Estado-plano, como único propulsor da acumulação e gestor das coisas.

Surgido no contexto da Guerra dos Trinta Anos, o stalinismo é uma ordem social militarizada que exige uma significativa força armada e uma política externa ativa, combinando diplomacia, espionagem e a própria Internacional Comunista. A camada burocrática que se formou é composta por interesses conflitantes originados da crescente desigualdade e da sedimentação de grupos profissionais e sociais com prestígio e renda diferenciados, interseccionados com a organização partidária. Dividia-se, de modo geral, entre aqueles que privilegiam a técnica do poder e do plano e os que se preocupam com a questão do consenso, tendo em vista o risco de desagregação da ordem social. Com o discreto suporte dos velhos bolcheviques a essa segunda tendência, conseguiu-se uma situação de compromisso, entre 1934 e 1936, que implicou a suspensão da guerra anticamponesa e da pressão política policial sobre a classe operária. A IC, por sua vez, adquiriu uma temporária autonomia, que permitiu, pressionada pela gravidade da ofensiva fascista, a retomada da política de frente única sob a forma de frentes populares, contemplando ao mesmo tempo o interesse soviético de aproximação com a França.

Durante esse período, o número de inscritos no partido foi diminuindo devido à depuração, e visto que nem a eficácia produtiva nem o consenso social aumentavam, entre os anos 1937 e 1938 desencadeou-se impiedosa repressão, conduzida pela polícia política, contra o próprio partido, atingindo todas as instâncias diretivas e as forças armadas. A partir de então, eliminado o antigo grupo dirigente bolchevique, um novo partido começou a ser construído com aqueles que participaram na guerra anticamponesa, da corrida pela produção industrial e por arrivistas sociais, entre os quais grande número de funcionários e pequenos intelectuais.

Esse partido, feito à imagem do secretário-geral, que encarnava, de acordo com o papel a ser desempenhado, Ivan IV (o consolidador da "terceira Roma"), Pedro I (o modernizador do Estado e da economia) ou Lênin (o revolucionário internacionalista), acreditava estar conduzindo a História e a construção do "homem novo", na medida em que procedia à "edificação socialista", tendo o "marxismo-leninismo" como guia infalível. Uma implacável ditadura deveria ser imposta àqueles que se opusessem a esse projeto de dimensão universal, que tinha na União Soviética apenas seu marco inicial. O trabalhador absenteísta, o reivindicador de melhores condições de vida e trabalho, o opositor político ideológico, eram todos tratados como "sabotadores" e "traidores" da grande obra fáustica em andamento, manietada por "contrarrevolucionários" de diversos matizes, entre os quais tinham particular destaque os "trotskistas", associados ao "imperialismo".

O stalinismo constitui uma forma de revolução passiva específica do Oriente, por pretender não a ocidentalização subalterna, mas por indicar no socialismo de Estado uma via da modernidade que resgata aspectos do feudalismo oriental e promove a acumulação de capital de forma anticapitalista. Nessa forma de revolução passiva, a sociedade civil é criatura de um Estado que impede o desdobramento das dimensões pública e privada da vida social, como na modernidade capitalista do Ocidente, pois que se constitui em *lócus* de generalização da propriedade privada coletiva, realizando aquilo que Marx chamava de "comunismo tosco". O Estado não se configura como poder público da coletividade, mas como poder político da camada burocrática, que recusa a propriedade privada individual e bloqueia a emergência de uma sociedade civil autônoma que poderia dar origem tanto a interesses individuais privados como a uma esfera pública efetivamente socialista.

O Estado, enquanto poder político-burocrático que cria e se sobrepõe à sociedade civil, é também elemento propulsor da acumulação não capitalista do capital e de distribuição da riqueza social, gerindo assim a desigualdade. Esse Estado feudal-absolutista revolucionariamente restaurado no socialismo estatal, aloca e reduz a força de trabalho ao regime de salário, enquanto o outro social negativo da ordem é conduzido ao trabalho forçado, num moderno resgate da servidão feudal de Estado. O produtivismo gerador de coisas que movimenta essa ordem "que por toda a parte nega a *personalidade* do homem – é precisamente apenas a expressão consequente da propriedade privada, que por sua vez é esta negação"[98]. Assim é que o socialismo de Estado generaliza a propriedade privada como forma específica de imposição do trabalho perpétuo que distingue a modernidade.

A última fase da Guerra dos Trinta Anos, de 1941 a 1945, colocou em confronto aberto essas três formas de revolução passiva e seus subjacentes projetos de império universal. Nessa disputa triangular, o Ocidente liberal anglo-americano aliou-se ao Oriente feudal-socialista porque tratava-se de decidir, prioritariamente, contra a aliança nipo-germânica, a sobrevivência do núcleo original do Ocidente e o controle do Oriente externo. A derrota da aliança fascista, em 1945, impossibilitou a consolidação do corporativismo estatal como forma de revolução passiva em segundo estágio, mas reabriu a possibilidade da configuração de alternativas nacional-populares, particularmente na região do Oriente interno, dominada por blocos agrários e anexadas ao império alemão.

A convergente ação do Exército soviético em progressão, com a insurgência popular armada, a partir de fins de 1944, criou condições para a realização de revoluções nacional-populares, tendo a aliança operário-camponesa como força motriz. Embora numa enorme diversidade de situações, Albânia, Iugoslávia, Bulgária, Romênia, Hungria, Checoslováquia e Polônia empreenderam a institucionalização de repúblicas democráticas (às quais se juntaria em 1949 a República Democrática Alemã). Tratava-se de, realizada uma radical reforma agrária, desenvolver um capitalismo monopolista estatal a partir de um planejamento central socialmente controlado, com bancos e setor de bens de capital estatizados e voltados para o fortalecimento do mercado interno, investindo-se na mecanização do campo e na formação de cooperativas agrícolas. Parecia enfim se realizar a ditadura democrática, teoricamente formulada por Lukács e outros, e agora rebatizada por Dimitrov com o nome de democracia popular.

Esses novos regimes eram dirigidos por frentes nacional-populares pluripartidárias (com exceção de Albânia e Iugoslávia) de amplitude variável, legitimadas pela presença de oposições liberal-conservadoras. O conteúdo

[98] Karl Marx, *Manuscritos econômico-filosóficos* (trad., apres. e notas Jesus Ranieri, São Paulo, Boitempo, 2004), p. 104.

econômico-político desses Estados dependia do peso da burguesia industrial, da atitude tomada diante da ocupação nazista e de sua ascendência sobre o campesinato, assim como da capacidade da classe operária e seus partidos de estabelecerem uma aliança estável com o campesinato e camadas médias urbanas. Nessa forma política, através da elevação cultural e da ativação política das classes subalternas, a hegemonia estaria em disputa com as burguesias no próprio processo de construção da sociedade civil.

A alternativa nacional-popular mostrou-se possível também na Itália e França, embora a hegemonia burguesa permanecesse indiscutível nessa região do Ocidente – ainda que à custa da concessão de largos direitos sociais e econômicos – devido ao peso sociocultural da Igreja, num caso, e da tradição nacional-jacobina da burguesia no outro. Nem PCI, nem PCF, em função de seus limites político-culturais e de sua adequação à política internacional da União Soviética (apesar da dissolução formal da IC em 1943), conseguiram entabular uma estratégia política que articulasse resistência nacional-popular antifascista armada e revolução socialista internacional.

Embora essa constelação de democracias populares, instauradas no antigo Oriente interno subalterno, ameaçasse também o stalinismo como forma específica de revolução passiva do Oriente, os Estados Unidos foram os primeiros a darem-se conta do perigo que representava para o projeto de reconstrução do império universal do Ocidente a partir do americanismo. Enquanto a União Soviética mantinha-se na expectativa de ajuda econômica, os Estados Unidos decidiram por romper, em 1947, em todos os níveis, a aliança antifascista, forçando a definição de "partidos americanos". A saída forçada da esquerda social-democrata e comunista dos governos de coalizão da França e Itália, dos trabalhistas do governo inglês, a formação da Alemanha Ocidental (RFA) e a intervenção na guerra civil grega, definiram os conteúdos e contornos do império do Ocidente. A Organização do Tratado do Atlântico Norte (Otan) e o rosário de bases militares americanas espalhadas por todo o mundo constituíram a nova força militar imperial.

Nos Estados Unidos, a partir dos anos 1950, o americanismo-fordismo consolidou-se sob a condução das grandes corporações industriais que estabeleciam os termos do emprego, salário, assistência social, produção e consumo de massa, junto aos sindicatos e ao Estado, tendo a sua disposição não só o mercado interno, mas o enorme potencial do mercado do império, pronto a absorver seus produtos e assimilar o individualismo proprietário. Os outros internos negativos continuaram a ser, com muita ênfase, os afro-americanos, vítimas do racismo, e os "comunistas", identificados com o império soviético do Oriente. Além dos *pogroms* contra os negros, desencadeados por iniciativa da própria sociedade civil, o Estado promoveu ampla depuração do serviço público e construiu campos de concentração para prisioneiros políticos, enquanto a produção cultural passou a ser controlada.

As dificuldades começaram a aparecer na década seguinte, culminando na derrota final da guerra imperial contra os povos da Indochina. A contraparte interna apresentou-se na organização de movimentos socioculturais de reivindicação, de negros, indígenas, mulheres, jovens, que raramente ultrapassaram os parâmetros da liberal-democracia e da ordem do Ocidente, mas indicavam sinais de esgotamento dessa forma de revolução passiva. Os problemas decorrentes da efervescência cultural contestatária e a persistente crise na esfera público-estatal desencadeada com o assassinato de John Kennedy em 1963 e que se prolongou, pelo menos, até a renúncia de Richard Nixon em 1974, cujo pano de fundo estava na persistente crise fiscal e monetária. Tornou-se então imprescindível uma rearticulação das relações entre Estado e sociedade civil e entre os componentes do império, com a decorrente redefinição da questão do outro social excluído e negativo, objetivo alcançado apenas nos anos 1980 com a política dita neoliberal[99].

A recomposição imperial em torno do extremo Ocidente setentrional, após o término da Guerra dos Trinta Anos (1914-1945), permitirá a difusão do americanismo-fordismo para o núcleo original do Ocidente onde defrontou-se com uma tradição de embates socioculturais que produziram uma arraigada institucionalidade, originando uma variante de revolução passiva. Esta implicou a retomada da democratização liberal, tendo o corporativismo societário por fundamento, conformada em torno do partido e do sindicato operário e das instituições liberal-representativas da burguesia e do Estado. Pressupõe a aceitação da subalternidade por parte do movimento operário dentro da modernidade capitalista em troca da preservação da institucionalidade liberal-democrática, que permite a expressão de reivindicações sociais corporativas e a negociação normativa de conflitos, com o reconhecimento de direitos sociais elementares. A convergência entre liberal-democracia e reformismo social-democrata, recompondo a hegemonia burguesa, foi possível com a implantação da política econômica keynesiana, que, utilizando a capacidade produtiva ociosa, pressiona pela expansão do mercado e cria

---

[99] Peter N. Carroll e David W. Noble, *Storia sociale degli Stati Uniti*, cit., cap. 16 e 17.

uma relação entre emprego, investimento e consumo. Tal política se acopla ainda perfeitamente com a difusão do fordismo.

Ao Estado, em tal caso, cabe colocar em prática políticas públicas que evitem uma excessiva concentração da riqueza, que implicaria a erosão do consenso social, empenhando-se na assistência social. É exigida a estatização parcial de setores da sociedade civil (educação e saúde) e de setores da economia que perderam a rentabilidade (construção civil e transportes). A subalternidade da classe operária é garantida pelo mecanismo reprodutivo do capital dentro da fábrica taylorizada e pela aceitação cultural do individualismo proprietário, baseada na apropriação induzida de bens de consumo de massa. A ida de partidos social-democratas ao governo fortaleceu o poder de negociação dos sindicatos e do mundo do trabalho, mas as normas da democracia liberal exigiram da social-democracia a extensão do consenso eleitoral, fazendo com que deixasse de ser um partido operário reformista para assumir um novo perfil liberal-democrático, completando assim seu longo trajeto de homologação à ordem do capital[100].

O estatuto implícito dessa forma de revolução passiva exigia o isolamento dos partidos comunistas, vistos como intrusão do Oriente despótico socialista, por manter o discurso de contestação da ordem social e uma relação político-cultural mais ou menos estreita com a União Soviética, embora tivessem já se conformado em elemento constitutivo da revolução passiva ao conceberem, a partir de 1956, as chamadas “vias nacionais”. Assim é que, diante de um reformismo social sem reformas substantivas e uma oposição comunista incapaz de gestar uma subjetividade antagônica à revolução passiva no Ocidente e no Oriente, a cultura liberal-democrática pôde, a partir de fins dos anos 1950, mostrar toda sua recomposta força hegemônica por meio de uma elaborada teoria da democracia como função do Estado e forma de absorção da conflitualidade da acumulação capitalista. A crise fiscal do Estado e das políticas keynesianas ameaçam, porém, jogar no vácuo boa parte dessa reflexão de estampa neokantista, abrindo caminho para formulações liberais que desdenham do tema da democracia e têm um fundo ideológico conservador.

O recomposto bloco histórico do Ocidente incorporou, sem maiores problemas, as forças sociais que haviam respaldado o corporativismo estatal e o projeto imperial dual nipo-germânico, assim como os regimes corporativistas

---

[100] Adam Przeworski, *Capitalismo e social-democracia* (trad. Laura Teixeira Motta, São Paulo, Companhia das Letras, 1989), cap. 6.

liberalizados, que configuravam uma revolução passiva de primeira geração, como os referidos casos da península Ibérica e da Ibero-América. A revolução passiva no Oriente, como forma de inclusão na modernidade capitalista, até mesmo avançando algumas pretensões autonomistas, obteve sucesso na Índia e na África do Sul, através da preservação da estratificação social por castas, num caso, e da institucionalização da segregação étnica, no outro. Os anos 1950 assistiram ainda à resistência das antigas potências coloniais à formação de Estados nacional-liberais (rigorosamente antidemocráticos) em seus domínios, e que era o objetivo dos Estados Unidos, política anteriormente testada na China, com a reivindicação de autonomia política e mercado aberto. Qualquer tentativa, entretanto, de defesa do mercado e da soberania que implicasse reformas sociais de alguma monta, seria objeto de imediata objeção imperial.

Essa ampla zona subalterna tinha seu atraso socioeconômico atribuído pela cultura hegemônica liberal e positivista a uma modernidade incompleta, ou então a uma inferioridade intrínseca, de origem étnica, manifesta na resistência à incorporação ao império do Ocidente e aceitação de seu evangelho liberal, zênite de cultura e civilização e prefiguração do futuro da humanidade, universalizável pelo "desenvolvimento" e pela sobreposição ao império despótico do Oriente comunista. Preponderava uma visão racional científica que acabava indiciando os povos não brancos por recusarem ou absorverem a modernidade de maneira mimética, visão incorporada pelas classes dirigentes e por uma intelectualidade que despendeu muita energia lamentando e tentando explicar a não realização do paradigma da liberal-democracia nas zonas subalternas do Ocidente.

A União Soviética, que saíra exaurida da Guerra dos Trinta Anos, aguardava ajuda e investimentos do Ocidente na obra de reconstrução, enquanto o prestígio angariado na vitória permitia o fortalecimento internacional dos comunistas e a maturação de alternativas nacional-populares aliadas. A decisão americana de fechar as fronteiras do império ocidental e provocar o recuo ou até mesmo o estrangulamento da União Soviética, assim como a mobilização social implícita aos novos regimes democráticos, obrigou também a definição das fronteiras do império do Oriente, que estavam, aliás, pressupostas desde a Conferência de Ialta, em 1945. O esforço de reconstrução no isolamento e sob ameaça de ataque nuclear, reproduziu as condições sociais presentes nos anos 1930 que permitiram a superexploração da força de trabalho nas fábricas e nos campos de concentração.

Entre 1947 e 1949, em simetria com a recomposição imperial do Ocidente, o stalinismo, como forma específica de revolução passiva, expandiu-se pela Europa oriental, sobrepondo-se à alternativa nacional-popular. A primeira medida foi a formação do Comitê Informativo Comunista (Kominform) no segundo semestre de 1947, que agregava os partidos comunistas no poder na Europa oriental (com exceção da Albânia) mais o PCI e o PCF. Passou-se, em seguida, à dissolução das frentes populares, à fusão forçada de sociais-democratas e comunistas e à perseguição da oposição liberal. Os ensaios de formação de federações entre as democracias populares (Bulgária + Iugoslávia + Albânia e Checoslováquia + Polônia) foram acintosamente obstruídas por Stálin, exatamente por contrariar a lógica do império. A Iugoslávia, que havia realizado uma revolução baseada na aliança operário-camponesa, conduzida pelo Partido Comunista, recusou a homologação ao império do Oriente. Utilizando as divergências políticas nos partidos que compunham o Kominforn, o PCUS impôs seus pontos de vista, tachando de "titoístas" os defensores da autonomia das democracias populares.

Esse processo sufocou a radicalização da alternativa nacional-popular na Checoslováquia, o mais ocidentalizado desses países, em fevereiro de 1948, quando a classe operária ocupou as fábricas e as ruas com apoio discreto do aparato policial. Do mesmo modo que nas outras democracias populares, onde a presença dos comunistas era mais débil, o Partido Comunista ganhou foros de partido do Estado já no primeiro semestre de 1948. Com toda a oposição sendo perseguida, abriu-se rota para a repressão de massa, a estatização da sociedade civil e da economia e a conformação de uma burocracia estatal socialista que implantou uma política de coletivização forçada da terra e de industrialização acelerada, com a consequente superexploração da força de trabalho. A ruptura com a Iugoslávia e a formação da Alemanha Oriental (RDA) em 1949, definiram as fronteiras europeias do império do Oriente e do socialismo de Estado.

A vitória da revolução nacional-popular chinesa, também em 1949, resultado da atuação bem-sucedida da política de frente única e da aliança operário-camponesa, permitiu que se criasse a representação ideológica de um compacto e uniforme "campo socialista". No entanto, por suas próprias dimensões geodemográficas e tradição histórico-cultural, a China preservou sua autonomia em relação à União Soviética, alternando momentos de colaboração e de fricção. A União Soviética apoiou política e militarmente os chamados movimentos de libertação nacional, sempre que se mostrassem hostis ao império do Ocidente, cuja pressão política facilitava aquela aliança em nome do "anti-imperialismo".

Com a morte de Stálin, em 1953, abriu-se um conflito institucional que pretendia fazer o partido retomar o controle do Estado submetido ao extrapoder policial. A sedimentação de interesses sociais setoriais obrigou um rearranjo do poder burocrático a fim de estabelecer prioridades socioeconômicas e relegitimar o papel dirigente do partido, ampliando o consenso social. A denúncia da obra de Stálin no XX Congresso do PCUS (1956) consolidou no poder a burocracia gerada na esteira do extermínio do velho partido bolchevique em 1937-1938.

Essa burocracia estatal, imbuída de uma ideologia socialista, dita "marxista-leninista", conseguiu impor sua hegemonia numa sociedade civil estatizada, restringindo os campos de trabalho, apresentando soluções econômicas e promovendo o crescimento cultural e científico. Já em 1955, foram lançadas as sementes de um mercado oriental, com a criação de um Conselho Econômico de Ajuda Mútua (Comecon) e assinado o acordo militar de Varsóvia, claros indícios de que se pretendia a reorganização do império em bases consensuais, buscando-se a reaproximação com a Iugoslávia e dissolvendo-se o inoperante Kominform.

O que poderia parecer a retomada da democratização socialista, ensejada pelo regime de democracia popular, foi na verdade a consolidação do socialismo de Estado sob hegemonia da camada burocrática, que, além de interesses gerais do Estado, defende interesses materiais específicos, condicionados pela ideologia socialista, que limita a apropriação privada e a transferência por herança da riqueza. Em países onde a força política original dos comunistas era débil, como na Polônia e Hungria, a reestruturação foi mais difícil, dando margem a forte movimentação popular antirregime, que culminou na insurreição de Budapeste, provocando a intervenção militar das forças imperiais. Na Albânia e na Romênia, por motivos opostos, a reestruturação foi imperceptível: num caso, pela sustentação popular original do regime e, no segundo, pelo limitado consenso, que exigiu a continuidade da coerção e o progressivo deslocamento do poder para temas nacionalistas.

Sustentada por uma classe operária relativamente privilegiada, a economia de grandes empresas estatais atingiu seu apogeu na União Soviética nos anos 1960, na função de acumulação não capitalista de capital, enquanto forçavam passagem as relações mercantis, que, vivendo numa zona de sombra da legalidade, imiscuíam-se nos estratos intermediários da burocracia do partido-Estado.

O trabalho servil, embora diminuindo de intensidade, continuou existindo, já que contribuía para a acumulação da riqueza social desigualmente distribuída. A passagem do poder de Nikita Khruschov para Leonid Brejniev foi expressão de um conflito político no interior da camada burocrática, emerso com o temor da perda do monopólio do poder pelo partido, ensejado pela política do primeiro de fortalecer a autonomia de setores ligados à agricultura, em troca do que se passou novamente a priorizar a indústria pesada.

A relativa flexibilização das relações sociopolíticas deu margem à retomada de uma autônoma dialética democrática na Checoslováquia que culminou na "primavera de Praga", mas a ameaça velada de ruptura no interior do império num momento de escalada americana no Vietnã provocou a intervenção militar. De outra parte, a China encaminhava-se, com a chamada "revolução cultural", para uma variante autônoma de stalinismo – o maoísmo – que precisou também fazer uso da repressão massiva e de campos de trabalho forçado. Esse foi o desdobramento e o resultado do fracasso do arranque econômico intentado em fins dos anos 1950 e que havia resultado na morte por fome de algumas dezenas de milhões de pessoas.

Em meados dos anos 1970, a crise de hegemonia da camada burocrática socialista era irreversível. Iniciada pela periferia, onde era mais frágil e mais recente, a crise manifestou-se com o surgimento de uma sociedade civil autônoma respaldada pela economia mercantil e por instituições sociais tradicionais, com destaque para a Igreja católica. A economia socialista estatal, incapaz de incorporar produtividade ao trabalho social, passou a investir mais que nunca na tecnologia militar de ponta, realçando a militarização do império e sua expansão, manifesta na África e no Afeganistão. Ao mesmo tempo que se reativavam os campos de trabalho servil, lotados com "loucos", "alcoólatras" e "dissidentes", a fim de tentar suprir a carência de valores de uso.

Ao contrário da acumulação originária do capital no núcleo original do Ocidente, onde a acumulação privada abriu espaços institucionais no Estado absolutista, compondo-se com a nobreza feudal, no Estado feudal-socialista do Oriente, por sua postura anticapitalista, a acumulação privada só poderia abrir caminho através da irrupção de uma burguesia formada nos subterrâneos, e sem qualquer parâmetro cultural legal que delimitasse sua atividade no mercado forjado na contravenção. O esgotamento do stalinismo como forma de revolução passiva propiciou a perspectiva da ocidentalização, também passiva do Oriente russo, por meio de uma revolução liberal-burguesa sem qualquer conteúdo democrático, já que a outra possibilidade, auspiciada por Lukács em seus últimos anos de vida, de uma reativação da democratização socialista, não se mostrou viável[101].

O antagonismo em relação à dominação imperial conduzida pelos Estados Unidos ocorreu de modo mais efetivo no Oriente. A vitoriosa Revolução Chinesa possibilitou a vitória também da Coreia (mesmo que apenas na região norte da península) e no Vietnã. A luta desses povos serviu de exemplo para muitas outras formas de resistência em outras partes do mundo controladas pelo imperialismo, na África e na América Latina.

[101] György Lukács, *L'Uomo e la democrazia* (Roma, Lucarini, 1987).

EPÍLOGO DO IMPÉRIO UNIVERSAL

Os sintomas de esgotamento dessa época de revolução passiva – definida em fins dos anos 1920 e que havia superado a crise do Ocidente com grande sucesso – estavam manifestos em meados da década de 1970. A crise de realização do capital e a crise fiscal conjugaram-se com fraturas no consenso social, que permitiram a ampliação de espaços político-culturais do movimento operário e popular, com o consequente aumento de pressão sobre o capital e o Estado em vastas zonas do núcleo ampliado do Ocidente, sem que, no entanto, se configurasse uma alternativa social antagônica fundada no conjunto das classes subalternas.

Com forma e intensidade muito diferentes, as instituições de Estados Unidos, Inglaterra, França, Itália, Alemanha e Japão foram afetadas, tendo enfrentado a crise fazendo amplo uso de serviços secretos e métodos extralegais que sugeriam uma crise de hegemonia das classes dirigentes. Como reação, estas passaram a buscar um novo realinhamento, agrupando-se em torno de seus setores sociais mais conservadores, fazendo uso da ideologia do neoliberalismo como elemento aglutinador e ampliando as forças coercitivas do Estado. O neoliberalismo deve ser visto não apenas como uma política econômica, mas como um complexo ideológico com pretensões hegemônicas, que marca essa época histórica de declínio do capitalismo[1].

Essa situação, acoplada ao fortalecimento econômico relativo de Japão e Alemanha, que passavam a prescindir do capital americano, o crescimento econômico-político de alguns Estados nacionais subalternos, como Brasil e

[1] Pierre Dardot e Christian Laval, *A nova razão do mundo: ensaio sobre a sociedade neoliberal* (trad. Mariana Echalar, São Paulo, Boitempo, 2016).

Índia, a emergência da perspectiva socialista no Chile (1973) e em Portugal (1974), a derrota militar dos Estados Unidos na Indochina (1975) e o grande recuo do colonialismo na África, com o fim da dominação lusitana, obrigaram uma geral reestruturação do império do Ocidente, reestruturação que esteve baseada, não só no realinhamento sociopolítico, mas numa renegociação entre seus polos de poder econômico-político, passo necessário para uma agenda mínima tendo em vista a ofensiva vitoriosa contra o Oriente socialista e contra o mundo do trabalho organizado, condição para a geral reordenação da hegemonia do capital.

De início, o Japão foi o principal beneficiário relativo, por contar com uma classe operária com baixíssimo grau de antagonismo, vítima de formas pós-fordistas de gerenciamento do trabalho, e por não estar diretamente envolvido com a questão da defesa militar da ordem imperial. A Alemanha, também aliviada desse encargo, contava, porém, com um movimento operário de tradição social-democrata, ciente dos direitos conquistados, enquanto os Estados Unidos, embora não tendo que enfrentar um movimento operário nacionalmente articulado, sobrecarregado com a tarefa autoimposta de defesa do império, viu agravar-se a crise fiscal[2].

O que se iniciava de fato era a crise estrutural do capital, pois, ainda que persistissem ciclos curtos de ascensão, a tendência geral era agora de declínio da acumulação capitalista. A crise estrutural alcança a totalidade da ordem social burguesa e de seu domínio sobre o planeta e alcança as mais variadas dimensões com particular agudeza a questão da devastação ambiental, a qual está acoplada com a questão energética[3].

A possível solução encontrada para contornar as ameaças à acumulação ampliada do capital, base e motor da modernidade que constitui o império universal do Ocidente, cujo fundamento ideológico é o liberalismo, foi então a tentativa de desencadear uma nova revolução passiva de caráter global, que desse nova densidade à hegemonia liberal-burguesa e elevasse a acumulação do capital a um novo patamar, alterando sua própria materialidade. O empenho do capital em propulsionar uma nova revolução passiva, dessa vez de caráter global e transnacional, mostrou-se uma quimera. A situação era já

---

[2] James O'Connor, *USA: a crise do Estado capitalista* (trad. João Maia, Rio de Janeiro, Paz e Terra, 1977).

[3] István Mészáros, *Para além do capital: rumo a uma teoria da transição* (trad. Sérgio Lessa e Paulo Cezar Castanheira, São Paulo, Boitempo, 2011).

outra, tratava-se agora de uma crise orgânica na qual o capital perde sua capacidade civilizatória e é capaz de gerar apenas barbárie, uma espécie de barbárie tecnológica, considerado o grande avanço científico e técnico que acompanha esse momento histórico, em meio a uma regressão cultural palpável em todas as áreas[4].

No entanto, com o agravamento das contradições existentes na ordem burguesa, a mundialização do capital, que equivale à realização do império universal, fez da humanidade – que até então não passava de uma abstração –, uma realidade concreta[5]. Essa é uma época que se caracteriza pelo reforçamento do setor financeiro, alcançado pela exponencial retomada da especulação, a fim de se obter uma grande massa de capital-dinheiro acumulado a ser então parcialmente orientada para a promoção de uma revolução técnico-científica imediatamente aplicável ao processo de produção, tendo por base a automação e a informatização. Parte significativa desse recurso é investida na indústria bélica, precisamente aquela que oferece retorno maior ao capital. O capital financeiro, que já era o principal polo da acumulação do capital, garante o controle e a gestão dos meios de produção do conhecimento científico, cuja matéria-prima é o saber e a inteligência. O próprio monopólio da informação permite ao capital financeiro radicalizar sua natureza especulativa, transferindo capital-dinheiro de um ponto a outro do globo, promovendo um movimento de valorização alheio ao processo produtivo[6].

O capital financeiro investe também na produção implantando um sistema de máquinas eletrônicas flexíveis e inteligentes que passa a substituir o sistema de máquinas rígidas e repetitivas da produção de massa, deixando em segundo plano assim a direta propriedade dos meios de produção e projetando a propriedade do conhecimento como eixo condutor da acumulação capitalista. A atividade mecânica da fábrica taylorizada empobrece a realização do trabalho, mas propicia laços de solidariedade operária derivados da semelhança nas condições de vida, que ganha expressão organizativa e cultural no sindicato e no partido de massa. A revolução informacional, por seu turno, rompe a solidariedade operária, fragmentando-a em pequenos corporativismos

---

[4] Jorge Beinstein, *Capitalismo senil: a grande crise da economia global* (trad. Ryta Vinagre, Rio de Janeiro, Record, 2001).

[5] Roberto Fineschi, *Un nuovo Marx: filologia e interpretazione dopo la nuova edizione storico-critica (Mega^2)* (Roma, Carocci, 2008), p. 141-2.

[6] François Chesnais, *A mundialização do capital* (trad. Silvana Finzi Foá, São Paulo, Xamã, 1996).

setorizados no mercado, e dissolve o antagonismo social latente, já que na fábrica automatizada o trabalhador é isolado, e seu contato com outros trabalhadores, que cumprem diferentes funções, é feito através do gerenciamento, que concentra o poder na empresa[7].

Essa individualização do trabalho, conectada às novas tecnologias e às novas formas de organização e gerenciamento do trabalho, representa uma ulterior expropriação da subjetividade operária, pois, além da mão, submete a mente. Ao mesmo tempo que o trabalho da fábrica taylorizada é desvalorizado, a revolução tecnológica eleva a produtividade social do trabalho, dotando de saber técnico-científico uma parte da força de trabalho, ligando trabalho produtivo e conhecimento, constituindo em tese aquilo que Marx chamou de classe operária superior. Por outro lado, cria-se uma quantidade crescente de trabalhadores precários de tempo parcial e uma massa enorme de desocupados estruturais.

Com a redefinição do perfil da classe operária, perpetra-se um novo desdobramento e fragmentação do subalterno que permite ao capital desencadear a ofensiva contra os direitos sociais, com a privatização também da saúde e da educação. Estabelecido o objetivo de (re)privatizar a esfera pública de modo a encaminhar soluções para a crise fiscal, ao mesmo tempo se conjura para que aquela parte da força de trabalho que permanece útil para o capital seja reduzida a uma nova forma de "servidão feudal", a partir do momento que seu posto de trabalho e suas garantias sociais devem passar a depender diretamente da tentacular empresa privada[8].

A migração em massa dos desvalidos da África, Ásia e América Latina em direção ao núcleo do Ocidente é produto da nova ofensiva colonialista, que dificulta ou impede que essas regiões se afastem da penúria material e alcancem uma real autonomia. Ao mesmo tempo, suprem a carência de força de trabalho precária e de baixa qualificação – carência em parte devida à queda das taxas de crescimento demográfico – e contribuem para a retirada de direitos dos trabalhadores de Europa e Estados Unidos. A retirada de direitos é uma face da ofensiva contra o mundo do trabalho e também do histórico vínculo entre Estado e nação criado pelas revoluções liberal-burguesas originais.

Parte dessa contrarrevolução liberal-burguesa internacional é o relativo esvaziamento da capacidade decisória e da soberania do Estado nacional em

---

[7] Jean Lojkine, *A revolução informacional* (trad. José Paulo Netto, São Paulo, Cortez, 1995).

[8] Antonio Cantaro, *La modernizzazione neoliberista* (Milão, Franco Angeli, 1990), p. 11-35.

direção a novas instituições supranacionais e a instituições localistas, praticamente imunes a qualquer controle democrático, como o caso notório da União Europeia. O resultado é que as instituições liberal-democráticas gestadas e fortalecidas no contexto do Estado nacional tendem a perder poder em favor de organismos burocráticos internacionais e privados, ligados mais ou menos diretamente aos interesses do grande capital. O Fundo Monetário Internacional (FMI) e o Banco Internacional para Reconstrução e Desenvolvimento (Bird), em grande medida, determinam a política financeira que redefine os espaços de acumulação, sobrepondo-se à soberania estatal, cada vez mais fictícia. O Estado persiste e se fortalece, por outro lado, em seus aspectos repressivos e militares. A militarização como estratégia anticrise do capital se comprovou de novo com o crescimento dos investimentos em armas, dos Estados Unidos em particular, e a expansão da Organização do Tratado do Atlântico Norte (Otan). Não bastasse isso, o deslocamento dos Estados Unidos para o eixo do Pacífico promoveu um aprofundamento dos laços entre os países anglo-americanos (Estados Unidos, Canadá, Grã-Bretanha, Austrália, Nova Zelândia) e os subordinados no Oriente (Japão, Coreia do Sul, Taiwan, Filipinas).

As democracias liberal-burguesas do núcleo do Ocidente tendem, também elas, a entrar em crise. Os sistemas partidários que foram funcionais durante décadas perdem legitimidade progressivamente. Os partidos mais tradicionais se debilitam ou se dividem, enquanto surgem novas forças com base social pouco definida. As políticas de cunho neoliberal mostram como não se coadunam com a democracia, mesmo a de raiz burguesa[9].

Nesse quadro, o governo representativo tem mesmo sua eficácia colocada em dúvida, a fim de que se imponham formas de "democracia plebiscitária" ou de cesarismo, movimento esse facilitado pela crise do sindicato e partido de massa e de toda a cultura socialista. Em extraordinária medida, homologadas a ordem do capital e a alta cultura burguesa, a ideologia gerada pelo movimento operário não consegue mais do que propor débeis variantes de reformismo social-democrata, ou então manter-se recolhida a uma situação de desesperada resistência em focos sempre mais minoritários. O resultado dessas mudanças é o esvaziamento contínuo do sindicato e do partido como instrumentos de

[9] Ellen Meiksins Wood, *Democracia contra capitalismo: a renovação do materialismo histórico* (trad. Paulo Castanheira, São Paulo, Boitempo, 2003).

luta e resistência dos trabalhadores, os quais assistem a uma precarização constante de suas condições de vida e trabalho. Criam-se espaços para o surgimento de movimentos, ideologias e regimes análogos ao fascismo.

Nessas circunstâncias, nem mesmo a teoria liberal da democracia (cujos limites ontológicos procuramos indicar) parece capaz de resistir, ameaçada de cair num vazio, por ter-se configurado no contexto de uma forma estatal nacional que tende a se diluir, e por ter-se, teoricamente, dissociado das bases materiais do poder político. A defesa da difusão universal dos direitos liberais como meio de normatizar a justiça social não parece, assim, ser capaz de realizar a crítica prática do projeto imperial do Ocidente, até porque, em realidade, trata-se de um seu elemento constitutivo que procura apenas aplicar-lhe o verniz humanista liberal.

Tendo abstraído a dinâmica da acumulação do capital que oferece o substrato material do poder político e sua necessidade intrínseca de criar entidades subalternas, a atual concepção liberal-democrática de fundo neocontratualista (e neokantista), com seu ideal de justiça distributiva que no outro socialmente diferente (em vez de, como na práxis socialista, encarar a raiz da liberdade) apenas exercita a tolerância, corre o risco de não passar de uma pouco definida utopia ética. Autores como Norberto Bobbio, John Rawls e Jürgen Habermas tiveram muito sucesso com o colapso da União Soviética, tendo alimentado a ilusão de que um mundo ocidentalizado e orientado pelo humanismo liberal fosse possível[10].

Acoplada ao neoliberalismo e sua sanha egoico-consumista, a revolução técnico-científica, com renovada e ampliada oferta de produtos no mercado mundial, do qual o império socialista do Oriente constituía parte, ainda teve o condão de agravar seriamente a crise de hegemonia da camada burocrática. Ficou patente sua incapacidade em suprir as próprias necessidades internas de consumo, obrigada que estava a confrontar o projeto americano de escudo espacial, investindo pesadamente na indústria bélica, ao mesmo tempo que o planejamento burocrático ultracentralizado mostrava seus limites na incorporação de produtividade ao trabalho social.

---

[10] Norberto Bobbio, *O futuro da democracia: uma defesa das regras do jogo* (trad. Marco Aurélio Nogueira, Rio de Janeiro, Paz e Terra, 1986), John Rawls, *A Theory of Justice* (Oxford, Oxford University Press, 1971) [ed. bras.: *Uma teoria da justiça*, trad. Almiro Pisetta e Lenita M. R. Esteves, São Paulo, Martins Fontes, 2019], e Jürgen Habermas, *Teoria da ação comunicativa* (trad. Luiz Repa, São Paulo, Editora Unesp, 2022, 2 v.).

O governo Gorbatchov (empossado em 1985) foi, inicialmente, uma tentativa de superação da crise de hegemonia através de uma ocidentalização ativa que, induzindo um processo de democratização pelo "alto", incorporasse na ordem institucional as forças sociais "subterrâneas" do mercado, transformando o socialismo de Estado, enfim apenas uma ficção, num capitalismo monopolista estatal que preservasse e reciclasse o poder da burocracia socialista. Essa seria a forma de incorporar a revolução técnico-científica e obter recursos a partir de um desarmamento massivo. A revolução liberal-burguesa, iniciada em 1989 na periferia do império (mais precisamente na Polônia), projetou-se para o interior da União Soviética, eclodindo em 1991 após uma série de concessões da parte governamental e contando com a adesão de frações da burocracia, interessadas em legalizar seus negócios privados. O resultado foi o fim do império do Oriente, culminado na desintegração da União Soviética, e o início de uma ocidentalização passiva (e subalterna) global. A fase que se seguiu foi de uma espantosa regressão da Rússia e de toda a área que havia constituído o "campo socialista" na Europa oriental.

Com o colapso do socialismo de Estado na União Soviética e o bem-sucedido trânsito da China para o capitalismo monopolista estatal, desde 1978 – ainda que ideologicamente entendido como forma de acumulação originária socialista –, apesar da intensa conflitualidade subjacente, a utopia do império liberal universal do Ocidente pareceu preste a se realizar, com a generalização e desterritorialização do capital e do individualismo proprietário. Ao tempo que se completa a ocidentalização do mundo, o capital fica etéreo, desligando-se sempre mais do trabalho produtivo, com o crescimento da especulação financeira e com o crescimento do capital constante, sob forma de automação[11].

A anexação da República Democrática Alemã pela Alemanha Federal, seguida pela completa debacle do socialismo na Europa oriental e União Soviética, propiciou a ocasião para que se criasse a União Europeia. Desde logo, a hegemonia da Alemanha nessa nova organização internacional era evidente, assim como era clara a sanha para açambarcar os escombros das economias das antigas democracias populares, em particular da Polônia. Imaginou-se, em um primeiro momento, que a União Europeia se constituiria em polo imperialista em condições de fazer frente aos Estados Unidos, mas não foi isso que aconteceu. As dificuldades da nova união para estabelecer uma

[11] Pietro Barcellona, *Il capitale come puro spirito: un fantasma si aggira per il mondo* (Roma, Riuniti, 1990).

política econômica e uma política externa comum fizeram com que a subordinação aos Estados Unidos persistisse, em especial por conta da sobrevivência da Otan. Aliás, pelo contrário, a Otan se fortaleceu amplamente com a dissolução da União Soviética e tendeu ainda a se expandir em direção ao leste europeu, em particular depois de 1998, com a incorporação de países que haviam sido "socialistas", do arco de alianças do Pacto de Varsóvia. De outro lado, o Japão, passado o momento muito especial do início da crise estrutural, entrou na fase de quase estagnação permanente, mesmo que preservando o impressionante avanço tecnológico. A tentativa de desestabilizar a China, dentro desse mesmo vendaval, levando-a também à desintegração, fracassou.

Nessa fase de crise estrutural, a noção de propriedade se dilui na apropriação de bens no mercado, num individualismo de massa, e o Estado nacional passa a ser visto apenas como guardião do indivíduo mercantil em estado de natureza, com o sério comprometimento dos laços sociais e das identidades culturais coletivas dos povos. Com o sucesso tardio de escritos de Von Mises, Friederich von Hayek e outros no seio da intelectualidade técnico-empresarial que constitui a ossatura institucional do capital, há um retorno ideológico às origens da modernidade e da teoria liberal (o chamado neoliberalismo), com sua ênfase na questão do mercado e da propriedade privada como raiz da liberdade individual e justificativa da desigualdade social, decorrendo o desprezo pela questão da democracia[12].

É assim que, sob a vitoriosa forma de americanismo (embora tendo deixado para trás a velha ética puritana do trabalho) e com a nova alcunha de globalização, a virtual realização do império liberal universal do Ocidente pareceu colocar um fim na história, quando, do mesmo modo que a Igreja latina e tridentina, não mais se depara com forças antagônicas, quando o "mal" foi posto sob controle e não mais existe a ameaça do "diabo", do "despotismo oriental" ou do "totalitarismo comunista". O fim da história e a realização do império universal do Ocidente sob domínio do capital ocorre com o esgotamento da fronteira, pois já não existem espaços "vazios" (geográficos ou culturais) a serem conquistados, nem compartimentos geopolíticos a serem confrontados após o fim do império "comunista" do Oriente. Com a crise do movimento operário, de sua cultura e suas instituições, com o aparente fim do antagonismo sociocultural, o que se almeja – sem que se dê conta da

[12] Perry Anderson, "O balanço do neoliberalismo", em Emir Sader e Pablo Gentili (orgs.), *Pós-neoliberalismo: as políticas sociais e o Estado democrático* (Rio de Janeiro, Paz e Terra, 1995).

contradição – é a criação de um espaço virtual abstrato comprimido e homogeneizado que se materializa no mercado global do capital, culturalmente competitivo e individualista, embora avance com rapidez o processo de concentração e monopolização da riqueza social[13].

Estaria finalmente ocorrendo a diluição da contradição existente no evolver do processo da modernidade entre o princípio da universalidade do mercado e da liberdade individual e o da nacionalidade e sua vontade particular expressa no Estado. Sempre dentro dessa perspectiva, a Guerra do Iraque, a guerra civil na Iugoslávia e a tensão social existente em várias outras partes do mundo são vistas apenas (não sem boa dose de cinismo) como percalços numa rota inexorável de generalização do individualismo proprietário no mercado global, oportunidade que as armas da Otan falam em nome do universalismo imperial gestado e gerido pelo capital. Observa-se então que, como antecipava o velho Lukács, com todas suas possíveis tonalidades, "aquilo que hoje se usa chamar liberdade é o resultado da vitória indiscutível das forças internas do capitalismo"[14].

Com a reorganização da hegemonia do capital sob a forma socioprodutiva e ideológica da globalização, todos os indícios apontavam para que o fim do século XX assistisse à vitória final da vontade de domínio do Ocidente e de seu multissecular projeto de império universal, sob o comando dos Estados Unidos, o extremo Ocidente. Acontece, porém, que, como foi visto, o Ocidente tem no trabalho produtivo um dos núcleos definidores de sua identidade, assim como não subsiste sem a permanente reinvenção do antípoda subalterno, o que, nas condições históricas da modernidade, significa também a proposição da revolução socialista.

De tal sorte que a redefinição do perfil do mundo do trabalho gerada na revolução informacional, por um lado, cria uma desmedida e crescente massa de marginalizados da vida social excluídos do processo de trabalho regular, contrastando a ordem fundante do Ocidente, desde a regra cisterciense até as ideologias do progresso, passando pela ética puritana de valorização do trabalho. Por outro lado, se estende o latente conflito do capital com o novo trabalhador

---

[13] David Harvey, *A condição pós-moderna: uma pesquisa sobre as origens da mudança cultural* (trad. Adail Ubirajara Sobral e Maria Stela Gonçalves, São Paulo, Loyola, 1994), cap. 17.

[14] György Lukács, *L'uomo e la democrazia* (Roma, Lucarini, 1987), p. 38 [ed. bras.: "O processo de democratização", em *Socialismo e democratização: escritos políticos 1956-1971,* trad. Carlos Nelson Coutinho e José Paulo Netto, Rio de Janeiro, Editora da UFRJ, 2008, p. 94].

intelectualizado, não mais delimitado pelas paredes da fábrica ou pelas fronteiras nacionais, e que define sua identidade universalizante espraiando-se do laboratório ao consumo e por todo o espaço global. Ao mesmo tempo, a mercantilização indefinida da vida e das coisas coloca o domínio universal do Ocidente em confronto visível com os limites ambientais do planeta, que continua existindo como o único outro externo, ameaça e vítima. Incorporada parcialmente ao mercado de trabalho e consumo de massa, a mulher deixa de ser simples propriedade privada do gênero masculino para ser projetada como específico feminino subalterno na esfera pública que o capital engendra[15].

Como somente o núcleo ampliado do Ocidente, e mesmo assim com a marginalização de parte dele, consegue se inserir imediatamente na revolução técnico-científica, o resultado é que o fosso em relação à periferia imperial volta a se ampliar, com largas zonas e setores da economia global do capital mantida na era da produção mecânica e com mercados assediados. Ao redefinir as áreas de acumulação e as áreas de drenagem de recursos desse mundo inteiramente ocidentalizado, o império liberal universal, que é triádico, mas cujo núcleo forte – em confronto com o espaço europeu "alemão" e o espaço asiático "nipônico" – continuam sendo os Estados Unidos, reinventa fragmentos de "Oriente", outros negativos inferiores, agora inevitavelmente internos, que se manifestam como minorias étnicas e religiosas ou comportamentais, além de uma miríade de marginalizados (povos e indivíduos) aos quais só resta a violência indiscriminada.

Um aparato policial repressivo de grandes dimensões é, por decorrência, sempre mais necessário para manter sob intensidade controlada a generalizada guerra civil mundial, expressa e gerada na economia criminosa e ilegal, em particular no tráfico de armas, de detritos industriais e de entorpecentes. E, como nos albores do Ocidente, existe mesmo o risco de o islamismo ser representado como algo tão negativo a ser excluído do falso universalismo criado pelo império liberal. De algum modo é preciso justificar a permanência (e ampliação) da Otan como força militar sem oponente, capaz de destruir o planeta dezenas de vezes, com a obrigação de preservar a ordem do império e impedir a emergência de algum outro polo de poder que se acresça aos já existentes, rompendo um equilíbrio por demais frágil. Ou, mais grave ainda, é preciso se precaver de qualquer possível antagonismo à ordem do mundo ocidentalizado, sempre que as forças do mercado e do saber técnico não sejam

[15] Pietro Barcellona, *Il capitale come puro spírito*, cit.

suficientes, mal se dando conta dos riscos presentes de deslizamento para o caos social e institucional, cuja "solução" poderia ser novamente, e em proporções inéditas, o extermínio do inútil outro.

Desde o começo da crise estrutural do capital – a vértebra do complexo sociocultural do Ocidente desde as revoluções burguesas –, a ofensiva contra o trabalho organizado e contra o império oriental socialista nucleado na União Soviética foi à tona. A militarização acentuada e a ideologia neoliberal foram os instrumentos. A desintegração do império oriental possibilitou que a ofensiva capitalista imperialista avançasse ainda como novas formas de colonialismo. A ideologia do globalismo neoliberal se difundiu por quase todo o mundo, de certo modo até mesmo na China. As formas de resistência que apareceram (mormente na América Latina) não alcançaram mais do que cenários de atenuação do neoliberalismo, formas de reformismo dentro dessa nova fase, ainda que o comunitarismo indígena tenha despontado como possível alternativa.

Com a "morte do comunismo", o principal inimigo do império unipolar que parecia se consolidar passou a ser o islamismo. O combate ao islamismo enquanto força de resistência ao império fez possível continuar a militarização e a consequente invasão de países identificados como hostis, como o Iraque e o Afeganistão, até como meio de cercar o Irã. A entidade sionista é utilizada como força avançada para garantir o acesso ao petróleo e ao gás na região do Oriente Médio ampliado. Em alguns países do antigo mundo socialista que ainda resistiam à acoplagem ao império do Ocidente, foram promovidas intervenções mascaradas como "revoluções coloridas", movimentos sociopolíticos estimulados de fora, em defesa dos interesses dos Estados Unidos e da Otan.

A cena começa a mudar em torno de 2008, quando a Rússia decide intervir na Geórgia em favor da minoria russa e para obstar o ingresso desse país na Otan. Era um basta à sequência de "revoluções coloridas". No entanto, o golpe de Estado claramente favorável à Otan, mais bem-sucedido, foi executado na Ucrânia em 2014, o qual levou à ascensão de forças filonazistas ao poder e o desencadeamento de uma guerra contra a região do Donbass, que culminou na intervenção direta da Rússia, em 2022, mais uma vez em defesa das populações de origem russa presentes no leste da Ucrânia. Essa movimentação logo se transformou de maneira clara numa guerra de procuração da Otan contra a Rússia[16].

---

[16] Germana Leoni von Dohonanyi, *Lo Stato profondo: torneo delle Ombre e jihad nell'epoca dell'inganno universale* (Reggio Emilia, Imprimitur, 2017), e Andrew Korybko, *Guerras híbridas: das revoluções coloridas aos golpes* (trad. Thyago Antunes, São Paulo, Expressão Popular, 2018).

No fim da primeira década do século também ocorria a aproximação econômica e diplomática entre Rússia, China, Índia e Brasil, que, com a posterior adesão da África do Sul, viriam a formar o Brics. Mas a eclosão da crise imobiliária nos Estados Unidos nesse mesmo ano de 2008 foi um marco decisivo: era a crise dentro da crise orgânica do capital. Os Estados foram obrigados a intervir a fim de impedir o colapso do sistema bancário, sempre à custa de recursos antes destinados a programas sociais.

Mais uma vez, a reação do império foi exacerbar o ataque contra as forças do trabalho e contra os povos da periferia. As intervenções se sucederam no mundo árabe, sob a cobertura da "Primavera Árabe". A estratégia era claramente a de destruir Estados existentes, como aconteceu com o Iêmen, Somália, Sudão, Líbia, Iraque e Síria. O objetivo evidente era o fortalecimento de Israel como única potência militar na região. A ofensiva imperial ocorreu também na América Latina contra os governos que procuravam mitigar o neoliberalismo com algumas políticas de assistência social.

A crise orgânica em andamento contou com mais um capítulo doloroso com a eclosão da pandemia do coronavírus em fins de 2019. As perdas humanas e os efeitos paralisantes na vida econômico-social só fizeram agravar as contradições entre as zonas em que o mundo está dividido, especificamente, de novo, entre o Ocidente imperialista e o Oriente em nova ascensão histórica, a China nomeadamente. Desde 2013, a China, tendo ocupado já um enorme espaço no mercado mundial, passou a investir mais no mercado interno, na qualidade da produção, na inovação tecnológica, na indústria de nova geração, na preservação ambiental, mas também no aperfeiçoamento do sistema político, a democracia popular[17].

A ascensão da China como potência, sua inserção no mercado mundial e o arco de alianças que estabeleceu em toda a zona periférica do Ocidente imperialista, incluindo a Rússia, acaba com a ilusão do império universal do Ocidente e propõe a perspectiva de um mundo multipolar, com países e regiões se descolando da dominação imperial. As contradições internas nos Estados Unidos se agravam, assim como se agravam as contradições na União Europeia. O declínio econômico e a crise social se evidenciam e a militarização volta a ser uma aposta. O fracasso das intervenções dos Estados Unidos e seus aliados da Otan no Iraque, Síria, Afeganistão e Ucrânia denotam um recuo estratégico

---

[17] Julio A. Díaz Vázquez, *China: economia y democratización* (La Habana, Editorial de Ciencias Sociales, 2016).

de grande monta no Oriente Médio. A retirada da França de países da África ocidental faz parte desse quadro.

As contradições presentes no cenário contemporâneo trazem grande risco de guerra de grande proporção, mas, além da contradição renovada entre Ocidente e Oriente, há ainda as contradições no seio do Ocidente, internas aos Estados Unidos, dentro da Europa, que podem mesmo levar a um agravamento mortal para todo o Ocidente coletivo e aumentar ainda mais o risco de uma catástrofe militar. As contradições entre o Ocidente e a Rússia têm mostrado mais as contradições dentro da Europa do que um risco para a própria Rússia, a qual tem ampliado a sua presença e influência no mundo, além de ter estabelecido uma aliança profícua com a China (não sem alguns conflitos e divergências). No entanto, a Rússia continua a ser um Oriente interno ao Ocidente, apenas que efetivou uma aliança com o Oriente externo agora muitíssimo fortalecido. Mesmo no Oriente há contradições, por exemplo entre a China e a Índia, apesar de ambas fazerem parte do Brics. Enfim, a conflitualidade entre Estados que conseguiram preservar ou mesmo restaurar seu poder pode levar a humanidade a uma catástrofe inusitada e talvez fatal. Apenas a superação do capitalismo e do próprio capital oferece a possibilidade de a humanidade contornar os riscos a sua sobrevivência enquanto espécie.

Nessa fase da crise orgânica do capital, as contradições estabelecidas entre regiões acabam por serem mais decisivas do que a contradição entre capital e trabalho, considerada a situação de pulverização das classes subalternas e a dissolução da subjetividade antagônica organizada. A catástrofe ambiental que se avizinha pode ter um efeito aglutinador na perspectiva anticapitalista, mas isso é só uma hipótese. O avanço da barbárie parece mais provável no momento de crise aguda do capital e do império que o sustenta, mas o risco que traz é de destruição da humanidade

No entanto, como a quase milenar luta pela realização do império universal do Ocidente (*imperium mundi*) demonstrou, sua dissolução só poderá ser obra de seus antípodas, criados e recriados por sua própria vontade de domínio. É a partir da atividade sociocultural desses seres sociais que poderá ressurgir uma subjetividade coletiva antagônica ao império universal, que impeça a barbárie tecnológica que, ao redor do movimento do capital, recria indefinidamente o subalterno. Diante dessa situação, parece mais que nunca necessária uma nova refundação da práxis comunista, que comporte a crítica radical dessa modernidade capitalista globalizada, estabelecendo a trajetória de sua transposição e da realização de uma outra modernidade e humanidade naquilo que Gramsci chamou de humanismo puro (ou integral), reafirmando a centralidade do homem na condução consciente do processo histórico enquanto ser social que reordena o ambiente.

Deve-se começar pela reinvenção crítica das práticas e dos pensamentos sociais antagônicos derrotados no e pelo Ocidente, para que se possa criar uma nova linguagem em condições de gestar uma nova esfera pública libertária e uma nova cultura que, à vontade de poder do Ocidente e à ideologia que lhe serve de substrato, contraponha uma vontade de comunidade humana que conte com a ciência e a técnica como instrumentos de emancipação. Essa é a condição inicial para que uma comunidade de seres igualmente livres e emancipados no trabalho possa emergir, contra e para fora do Ocidente, particular forma sócio-histórica de opressão humana, enfim mundializada e que, ao concretizar o seu império universal, inicia seu tramonto, já que apenas o próprio espelho, sem a presença do outro a ser conquistado e submetido, pode lhe ser fatal.

Enxerguei naquele rosto de marfim uma expressão de orgulho sombrio, de poder implacável, de terror covarde – de intenso e irremediável desespero. Estaria ele revivendo sua vida, em todos os detalhes, com seus desejos, tentações e entregas naquele supremo momento de conhecimento? Gritou, então, num sussurro, para alguma imagem, alguma visão – gritou duas vezes, um grito que não era mais do que um sopro: O horror! O horror![1]

Vai dizer-lhe: "Podes ficar curado", mas Iahweh mostrou-me que certamente ele morrerá.[2]

Caiu! Caiu Babilônia, a Grande!/ Tornou-se moradia de demônios,/ abrigo de todo tipo de espíritos impuros,/ abrigo de todo tipo de aves impuras e repelentes,/ porque ele embriagou as nações/ com o vinho do furor da sua prostituição; com ela se prostituíram os reis da terra,/ e os mercadores da terra se enriqueceram/ graças ao seu luxo desenfreado.[3]

---

[1] Joseph Conrad, *O coração das trevas* (trad. Albino Poli Jr., Porto Alegre, L&PM, 2010), p. 132-3.

[2] Segundo Livro dos Reis, 8:10, *Bíblia de Jerusalém* (trad. Euclides Martin Balancin et al., São Paulo, Paulinas, 1980), p. 561.

[3] Apocalipse, 18:1-3, *Bíblia de Jerusalém*, cit., p. 2.320-1.

BIBLIOGRAFIA

ABENDROTH, Wolfgang. *A Short History of the European Working Class*. Londres, NLB, 1972.

AGOSTI, Aldo. *La Terza Internazionale*: storia documentaria. Roma, Riuniti, 1974--1979, 6 v.

ALTHUSSER, Louis. *Montesquieu, a política e a história*. Trad. Luz Cary e Luisa Costa, Lisboa, Presença, 1972.

AMENDOLA, Giorgio. *Storia del Partito Comunista Italiano (1921-1943)*. Roma, Riuniti, 1978.

ANDERSON, Benedict. *Nação e consciência nacional*. Trad. Lólio Lourenço de Oliveira, São Paulo, Ática, 1989.

ANDERSON, Perry. *Dall'antichità al feudalesimo*. Trad. Elena Brambilla, Milão, Mondadori, 1978 [ed. bras.: *Passagens da Antiguidade ao feudalismo*. Trad. Renato Prelorentzou, São Paulo, Editora Unesp, 2016].

______. *Lineages of the Absolutist State*. Londres, Verso, 1979 [ed. bras.: *Linhagens do Estado absolutista*. Trad. Renato Prelorentzou, São Paulo, Editora Unesp, 2016].

______. *Considerações sobre o marxismo ocidental/Nas trilhas do materialismo histórico*. Trad. Fábio Fernandes, São Paulo, Boitempo, 2019.

______. *O fim da história*: de Hegel a Fukuyama. Trad. Álvaro Cabral, Rio de Janeiro, Jorge Zahar, 1992.

ANDREUCCI, Franco. La questione coloniale e l'imperialismo. In: HOBSBAWM, Eric (org.). *Storia del marxismo*, v. 2: *Il marxismo nell'età della Seconda Internazionale*. Turim, Einaudi, 1979, p. 868-93 [ed. bras.: A questão colonial e o imperialismo. In: HOBSBAWM, Eric (org.). *História do marxismo*, v. 2: *O marxismo na época da Segunda Internacional*. Trad. Leandro Konder e Carlos Nelson Coutinho, Rio de Janeiro, Paz e Terra, 2010].

ARATO, Andrew; BREINES, Paul. *El joven Lukács y los origenes del marxismo occidental*. México, Fondo de Cultura Económica, 1986.

ARENDT, Hannah. *Da revolução.* Trad. Fernando Dídimo Vieira, São Paulo/Brasília, Ática/Editora da UnB, 1988.

______. *Origens do totalitarismo*: antissemitismo, imperialismo, totalitarismo. Trad. Roberto Raposo, São Paulo, Companhia das Letras, 2013.

ARRIGHI, Giovanni. *O longo século XX*: dinheiro, poder e as origens do nosso tempo. Trad. Vera Ribeiro, Rio de Janeiro/São Paulo, Contraponto/Editora Unesp, 1996.

ASOR ROSA, Alberto. *Fuori dall'Occidente.* Turim, Einaudi, 1992.

BADALONI, Nicola. *Il marxismo di Gramsci*: dal mito alla ricomposizione politica. Turim, Einaudi, 1975.

BARCELLONA, Pietro. *L'Individualismo proprietario.* Turim, Bollati Boringhieri, 1987.

______. *L'Egoismo maturo e la follia del capitale.* Turim, Bollati Boringhieri, 1988.

______. *Il ritorno del legame sociale.* Turim, Bollati Boringhieri, 1990.

______. *Il capitale come puro spírito*: un fantasma si aggira per il mondo. Roma, Riuniti, 1990.

BAUER, Otto. *Tra due guerre mondiali?*: la crisi dell'economia mondiale, della democrazia e del socialismo. Turim, Einaudi, 1979.

______ et al. *Fascismo y capitalismo.* Barcelona, Martinez Roca, 1976.

BEETHAM, David. *Max Weber and the Theory of Modern Politics.* Cambridge, Polity, 1985.

BEINSTEIN, Jorge. *Capitalismo senil*: a grande crise da economia global. Trad. Ryta Vinagre, Rio de Janeiro, Record, 2001.

BENVENUTI, Francesco; PONS, Silvio. *Il sistema di potere dello stalinismo*: partito e stato in URSS (1933-1953). Milão, Franco Angeli, 1988.

BERMAN, Marshall. *Tudo que é sólido desmancha no ar.* Trad. Carlos Felipe Moisés e Ana Maria L. Ioriatti, São Paulo, Companhia das Letras, 1989.

BERTELLI, Antônio Roberto (org.). *Karl Kautsky e o marxismo.* Belo Horizonte, Oficina de Livros, 1988.

______ (org.). *Bukhárin*: teórico marxista. Belo Horizonte, Oficina de Livros, 1989.

BIBLIA de Jerusalém. Trad. Euclides Martin Balancin et al., São Paulo, Paulinas, 1980.

BLACKBURN, Robin (org.). *Depois da queda*: o fracasso do comunismo e o futuro do socialismo. Rio de Janeiro, Paz e Terra, 1992.

BOBBIO, Norberto. *O futuro da democracia*: uma defesa das regras do jogo. Trad. Marco Aurélio Nogueira, Rio de Janeiro, Paz e Terra, 1986.

______. *A teoria das formas de governo.* Trad. Sérgio Bath, Brasília, Editora da UnB, 1988.

______. *Liberalismo e democracia.* Trad. Marco Aurélio Nogueira, São Paulo, Brasiliense, 1988.

______. *Qual socialismo?*: discussão de uma alternativa. Trad. Iza de Salles Freaza, Rio de Janeiro, Paz e Terra, 1988.

BOBBIO, Norberto. *A era dos direitos*. Trad. Carlos Nelson Coutinho, Rio de Janeiro, Elselvier/Campus, 1992.

BOFFA, Giuseppe. *Storia dell'Unione Sovietica*. Milão, Mondadori, 1976, 4 v.

______. *Il fenomeno Stalin nella storia del XX secolo*: le interpretazioni dello stalinismo. Bari, Laterza, 1982.

BOGDÁNOV, Aleksandr. *Estrela vermelha*. Trad. Paula Vaz de Almeida e Ekaterina Vólkova Américo, São Paulo, Boitempo, 2020.

BOLOGNA, Sergio. *Nazismo e classe operaia*: 1933-1993. Milão, Stampanova, 1994.

BOREJSZA, Jerzy. *Il fascismo e l'Europa orientale*: dalla propaganda all'agressione. Bari, Laterza, 1981.

BRZEZINSKI, Zbigniew. *O grande fracasso*: o nascimento e morte do comunismo no século XX. Trad. Antônio Trânsito, Rio de Janeiro, Record, 1989.

BUCI-GLUCKSMAN, Christine. *Gramsci e lo Stato*. Roma, Riuniti, 1976.

BUKHÁRIN, Nikolai. *Le vie della rivoluzione*: 1925-1936. Roma, Riuniti, 1980.

CALLINICOS, Alex. *A vingança da história*: o marxismo e as revoluções do leste europeu. Trad. Ruy Jungmann, Rio de Janeiro, Jorge Zahar, 1992.

CANTARO, Antonio. *La modernizzazione neoliberista*. Milão, Franco Angeli, 1990.

CÁRCEL, Ricardo García. *L'Inquisizione*. Milão, Fenice 2000, 1994.

CAREDDA, Giorgio. *Il fronte popolare in Francia*: 1934-1938. Turim, Einaudi, 1977.

CAROCCI, Giampiero. *Storia del fascismo*. Milão, Garzanti, 1972.

CARR, Edward H. *El ocaso de la Comintern*: 1930-1935. Madri, Alianza, 1986.

CARROLL, Peter N.; NOBLE, David W. *Storia sociale degli Stati Uniti*. Roma, Riuniti, 1981.

CAZZANIGA, Gian Mario; LOSURDO, Domenico; SCHIROLLO, Livio (orgs.). *Tramonto dell'Occidente?* Urbino, Quattro Venti, 1989.

CHARLE, Christophe; VERGER, Jacques. *História das universidades*. Trad. Elcio Fernandes, São Paulo, Editora Unesp, 1996.

CHESNAIS, François. *A mundialização do capital*. Trad. Silvana Finzi Foá, São Paulo, Xamã, 1996.

CHOMSKY, Noam. *Ano 501*: a conquista continua. Trad. Maria Cristina Guimarães, São Paulo, Scritta, 1993.

CILLARIO, Lorenzo et al. *Trasformazione e persistenza*. Milão, Franco Angeli, 1990.

CLAUDIN, Fernando. *La crisis del movimiento comunista*. Paris, Ruedo Ibérico, 1970 [ed. bras.: *A crise do movimento comunista*. Trad. José Paulo Netto, São Paulo, Expressão Popular, 2013].

COHEN, Stephen. *Bukharin*: uma biografia política. Trad. Maria Inês Rolim, Rio de Janeiro, Paz e Terra, 1990.

COHN, Gabriel. *Crítica e resignação*: fundamentos da sociologia de Max Weber. São Paulo, T. A. Queiróz, 1979.

______ (org.). *Weber*: sociologia. Trad. Amélia Cohn e Gabriel Cohn, São Paulo, Ática, 1991.

COLLOTTI, Enzo. *La Germania nazista*. Turim, Einaudi, 1962 [ed. port.: *A Alemanha nazi*. Trad. J. Santos Chambino, Lisboa, Europa América, 1965].

COLLOTTI PISCHEL, Enrica. *La Cina rivoluzionaria*. Roma, Riuniti, 1965.

CONQUEST, Robert. *O grande terror*: os expurgos de Stalin. Rio de Janeiro, Expressão e Cultura, 1970.

CONRAD, Joseph. *O coração das trevas*. Trad. Albino Poli Jr., Porto Alegre, L&PM, 2010.

COUTINHO, Carlos Nelson. *Gramsci*. Porto Alegre, L&PM, 1981.

______. *Marxismo e política*: a dualidade de poderes e outros ensaios. São Paulo, Cortez, 1994.

DARDOT, Pierre; LAVAL, Christian. *A nova razão do mundo*: ensaio sobre a sociedade neoliberal. Trad. Mariana Echalar, São Paulo, Boitempo, 2016.

DE FELICE, Franco et al. *Stato e capitalismo negli anni trenta*. Roma, Riuniti/Istituto Gramsci, 1979.

DELUMEAU, Jean. *História do medo no Ocidente*: 1300-1800. Trad. Maria Lucia Machado, São Paulo, Companhia das Letras, 1990.

DUMONT, Louis. *O individualismo*: uma perspectiva antropológica da ideologia moderna. Trad. Álvaro Cabral, Rio de Janeiro, Rocco, 1985.

DUMONT, René. *Um mundo intolerável*: o liberalismo em questão. Rio de Janeiro, Revan, 1989.

ELLEINSTEIN, Jean. *Storia dell'URSS*. Roma, Riuniti, 1976, 2 v.

______. *The Stalin Phenomenon*. Londres, Lawrence and Wishart, 1976.

ENGELS, Friedrich. Prefácio (6 mar. 1895). In: MARX, Karl. *As lutas de classes na França*: 1848-1850. Trad. Nélio Schneider, São Paulo, Boitempo, 2012.

______. *Anti-Dühring*. Trad. Nélio Schneider, São Paulo, Boitempo, 2015.

______. *A origem da família, da propriedade privada e do Estado*. Trad. Nélio Schneider, São Paulo, Boitempo, 2019.

ENZENSBERGER, Hans Magnus. *Prospettive sulla Guerra Civile*. Turim, Einaudi, 1994 [ed. port.: *Perspectivas da guerra civil*: a grande migração. Lisboa, Relógio d'Água, 1998].

ESPINOSA, Baruch de. Tratado político. In: *Espinosa*. Trad. Moacir de Castro, São Paulo, Abril Cultural, 1974, coleção Os Pensadores.

FALBEL, Nachman. *Heresias medievais*. São Paulo, Perspectiva, 1977.

FEJTÖ, François. *Storia delle democrazie popolari dopo Stalin*. Milão, Bompiante, 1977.

FERNANDES, Rubem César (org.). *Dilemas do socialismo*: a controvérsia entre Marx, Engels e os populistas russos. Rio de Janeiro, Paz e Terra, 1982.

FERRO, Marc. *O Ocidente diante da revolução soviética*: a história e seus mitos. São Paulo, Brasiliense, 1984.

FINESCHI, Roberto. *Un nuovo Marx*: filologia e interpretazione dopo la nuova edizione storico-critica (Mega²). Roma, Carocci, 2008.

FORACCHI, Marialice. *Mannhein*. São Paulo, Ática, 1982.

FORNARO, Pasquale. *Crisi postbellica e rivoluzione*. Milão, Franco Angeli, 1987.

FOUCAULT, Michel. *História da loucura na Idade Clássica*. Trad. José Teixeira Coelho Netto, São Paulo, Perspectiva, 1978.

FRASER, Nancy. *Capitalismo canibal*. Trad. Aline Scátola, São Paulo, Autonomia Literária, 2024.

FROMM, Erich. *O medo à liberdade*. 10. ed., trad. Octavio Alves Velho, Rio de Janeiro, Zahar, 1977.

FUKUYAMA, Francis. *O fim da história e o último homem*. Rio de Janeiro, Rocco, 1992.

FUWA, Tetsuzo. *Stalin and Great-Power Chauvinism*. Tóquio, Japan Press Service, 1983.

GALIMBERTI, Umberto. La ragione del'Occidente e lo sguardo clinico de Nietzsche. In: CAZZANIGA, Gian Mario; LOSURDO, Domenico; SCHIROLLO, Livio (orgs.). *Tramonto dell'Occidente?* Urbino, Quattro Venti, 1989.

GARAUDY, Roger. *O Ocidente é um acidente*: por um diálogo das civilizações. Trad. Virginia Novaes da Mata-Machado, Rio de Janeiro, Forense Universitária, 1983.

GEREMEK, Bronislaw. *Os filhos de Caim*: vagabundos e miseráveis na literatura europeia (1400-1700). Trad. Henryk Siewierski, São Paulo, Companhia das Letras, 1995.

GINZBURG, Carlo. *História noturna*. Trad. Nilson Moulin, São Paulo, Companhia das Letras, 1991.

GOLEBIOWSKI, Janusz W. *Ideologia e táctica da social-democracia contemporânea*. Lisboa, Estampa, 1977.

GRAMSCI, Antonio. *Scritti politici*. Roma, Riuniti, 1973, 3 v. [ed. bras.: *Escritos políticos*. Org. Carlos Nelson Coutinho, Rio de Janeiro, Civilização Brasileira, 2004, 2 v.].

______. *Quaderni del carcere*. Org. Valentino Gerratana, Turim, Einaudi, 1975, 4 v. [ed. bras.: *Cadernos do cárcere*. Trad. Carlos Nelson Coutinho e Luiz Sérgio Henriques, Rio de Janeiro, Civilização Brasileira, 1999-2002, 6 v.].

GROH, Dieter. *La Russia e l'autocoscienza d'Europa*. Turim, Einaudi, 1980.

GROSRICHARD, Alain. *Estrutura do harém*: despotismo asiático no Ocidente clássico. Trad. Lydia H. Caldas, São Paulo, Brasiliense, 1988.

GRUPPI, Luciano. *Il pensiero di Lenin*. Roma, Riuniti, 1970 [ed. bras.: *O pensamento de Lênin*. Trad. Carlos Nelson Coutinho, São Paulo, Graal, 1979].

______. *Il concetto di egemonia in Gramsci*. Roma, Riuniti, 1972 [ed. bras.: *O conceito de hegemonia em Gramsci*. Trad. Carlos Nelson Coutinho, São Paulo, Graal, 1978].

GUERRA, Adriano. *Gli anni del Cominform*. Milão, Mazzotta, 1977.

HABERMAS, Jürgen. *Teoria da ação comunicativa*. Trad. Luiz Repa, São Paulo, Editora Unesp, 2022.

HADDAD, Fernando. *O sistema soviético*: relato de uma polêmica. São Paulo, Scritta, 1992.

HÁJEK, Miloš. *Storia dell'Internazionale Comunista*: 1921-1935. Roma, Riuniti, 1975.

HARDT, Michael; NEGRI, Antonio. *Império*. Trad. Berilo Vargas, Rio de Janeiro, Record, 2001.

HARMAN, Chris. *Zombie Capitalism*: Global Crisis and the Relevance of Marx. Chicago, Haymarket, 2009.

HARVEY, David. *A condição pós-moderna*: uma pesquisa sobre as origens da mudança cultural. Trad. Adail Ubirajara Sobral e Maria Stela Gonçalves, São Paulo, Loyola, 1994.

HAUPT, Georges. *L'Internazionale Socialista della Comuna a Lenin*. Turim, Einaudi, 1978.

HAZARD, Paul. *A crise da consciência europeia*: 1680-1715. Trad. Óscar Lopes, Lisboa, Cosmos, 1948.

HEGEL, Georg Wilhelm Friedrich. *Filosofia da história*. 2. ed., trad. Maria Rodrigues e Hans Harden, Brasília, Editora da UnB, 1999.

HENTSCH, Thierry. *L'Orient imaginaire*: la vision politique occidentale de l'Est méditerranéen. Paris, Minuit, 1988.

HERF, Jeffrey. *O modernismo reacionário*: tecnologia, cultura e política na República de Weimar e no Terceiro Reich. São Paulo, Editora da Unicamp/Ensaio, 1993.

HILFERDING, Rudolf. *O capital financeiro*. Trad. Reinaldo Mestrinel, São Paulo, Nova Cultural, 1985, coleção Os Economistas.

HILL, Christopher. *O eleito de Deus*: Oliver Cromwell e a revolução inglesa. Trad. Carlos Eugenio Marcondes de Moura, São Paulo, Companhia das Letras, 1990.

______. *O mundo de ponta-cabeça*. Trad. Renato Janine Ribeiro, São Paulo, Companhia das Letras, 1991.

HIRSCHMAN, Albert O. *As paixões e os interesses*. Trad. Lúcia Campeio, Rio de Janeiro, Paz e Terra, 1979.

HOBBES, Thomas. *Leviatã, ou, Matéria, forma e poder de um Estado eclesiástico e civil.* Trad. João Paulo Monteiro e Maria Beatriz Nizza da Silva, São Paulo, Abril Cultural, 1974, coleção Os Pensadores.

HOBSBAWM, Eric. *En torno a los origenes de la Revolución Industrial.* México, Siglo XXI, 1971 [ed. bras.: *As origens da Revolução Industrial.* Trad. Percy Galimberti, São Paulo, Global, 1979].

______. *A era das revoluções*: 1789-1848. Trad. Maria Tereza Lopes Teixeira e Marcos Penchel, Rio de Janeiro, Paz e Terra, 1976.

______. *A era do capital*: 1848-1875. Trad. Luciano Costa Neto, Rio de Janeiro, Paz e Terra, 1977.

______. *Nações e nacionalismo desde 1780.* Trad. Maria Célia Paoli e Anna Maria Quirino, Rio de Janeiro, Paz e Terra, 1990.

______. *A era dos impérios*: 1875-1914. Trad. Sieni Maria Campos e Yolanda Steidel de Toledo, Rio de Janeiro, Paz e Terra, 1988.

______ (org.). *Storia del marxismo.* Turim, Einaudi, 1978-1982, 4 v. [ed. bras.: *História do marxismo.* Trad. Leandro Konder e Carlos Nelson Coutinho, Rio de Janeiro, Paz e Terra, 1979-1987, 10 v.].

______; RANGER, Terence (orgs.). *A invenção das tradições.* Trad. Celina Cardim Cavalcante, Rio de Janeiro, Paz e Terra, 1997.

HOBSON, John A. *Imperialism*: A Study. Nova York, Cosimo Classics, 2005 [ed. bras.: *Imperialismo*: um estudo. Florianópolis, EdUFSC, no prelo].

HOLANDA, Sérgio Buarque de. *Visão do paraíso*: os motivos edênicos no descobrimento e colonização do Brasil. São Paulo, Companhia Editora Nacional, 1969.

HOLZ, Hans Heinz. *Sconfita e futuro del socialismo.* Milão, Vangelista, 1994.

HUIZINGA, Johan. *O declínio da Idade Média.* Trad. Augusto Abelaira, São Paulo, Verbo/Edusp, 1978.

______. *Homo ludens.* Trad. João Paulo Monteiro, São Paulo, Perspectiva, 2000.

IANNI, Octávio. *A sociedade global.* Rio de Janeiro, Civilização Brasileira, 1992.

______. *O labirinto latino-americano.* Petrópolis, Vozes, 1993.

INSTITUTO GRAMSCI. *Política e história em Gramsci.* Rio de Janeiro, Civilização Brasileira, 1978.

KANT, Immanuel. *À paz perpétua*: um projeto filosófico. Trad. e pref. Marco Zingano, Porto Alegre, L&PM, 1989.

KAUTSKY, Karl. *A ditadura do proletariado.* São Paulo, Ciências Humanas, 1979.

KONDER, Leandro. *Lukács.* Porto Alegre, L&PM, 1980.

______. *O futuro da filosofia da práxis*: o pensamento de Marx no século XXI. Rio de Janeiro, Paz e Terra, 1992.

KORYBKO, Andrew. *Guerras híbridas*: das revoluções coloridas aos golpes. Trad. Thyago Antunes, São Paulo, Expressão Popular, 2018.

KRANTZ, Frederick (org.). *A outra história*: ideologia e protesto popular nos séculos XVII a XIX. Trad. Ruy Jungmann, Rio de Janeiro, Jorge Zahar, 1990.

KURZ, Robert. *O colapso da modernização*: da derrocada do socialismo de caserna à crise da economia mundial. Trad. Karen Elsabe Barbosa, Rio de Janeiro, Paz e Terra, 1992.

LAMI, Giulia (dir.). *Europa orientale nella tormenta*: verso le rivoluzioni del 1989. Milão, Unicopli, 1990.

LATOUCHE, Serge. *L'Occidentalizzazione del mondo*. Turim, Bollati Boringhieri, 1992 [ed. bras.: *A ocidentalização do mundo*. Trad. Celso Mauro Paciornik, Petrópolis, Vozes, 1996].

LE GOFF, Jacques. *La baja Edad Media*. Trad. Lourdes Ortiz, México, Siglo XXI, 1971, coleção Historia Universal Siglo XXI.

______. *História e memória*. Trad. Bernardo Leitão, Campinas, Editora da Unicamp, 1990.

______. *O nascimento do purgatório*. Trad. Maria Fernanda Gonçalves de Azevedo, Lisboa, Estampa, 1993.

LEMERLE, Paul. *História de Bizâncio*. Trad. Marilene Pinto Michael, São Paulo, Martins Fontes, 1991.

LÊNIN, Vladímir Ilitch. *Obras escogidas*. Moscou, Progresso, 1975, 12 v.

______. *A falência da II Internacional*. Trad. Armando Boito Júnior e Maria Luiza Gonçalves, São Paulo, Kairós, 1979.

______. *O programa agrário*. São Paulo, Ciências Humanas, 1980.

______. *O Estado e a revolução*. Trad. Paula Vaz de Almeida. São Paulo, Boitempo, 2017.

______. *O que fazer?* Trad. Edições Avante!, São Paulo, Boitempo, 2020.

______. *Imperialismo, estágio superior do capitalismo*. Trad. Edições Avante! e Paula Vaz de Almeida, São Paulo, Boitempo, 2021.

______. *Duas táticas da social-democracia na revolução democrática*. Trad. Edições Avante!, São Paulo, Boitempo, 2022.

LEVACK, Brian P. *A caça às bruxas na Europa moderna*. Trad. Ivo Korytowski, Rio de Janeiro, Campus, 1988.

LEWIN, Moshe. *Storia sociale dello stalinismo*. Turim, Einaudi, 1988.

LINHART, Robert. *Lenin, os camponeses, Taylor*. Trad. Daniel Aarão Reis e Lúcia Aarão Reis, Rio de Janeiro, Marco Zero, 1990.

LISSAGARAY, Prosper-Olivier. *História da Comuna de 1871*. 2. ed., Trad. Sieni Maria Campos, São Paulo, Ensaio, 1991.

LOCKE, John. *Segundo tratado sobre o governo civil*. Trad. Anoar Aiex, São Paulo, Abril Cultural, 1973, coleção Os Pensadores.

LOCKE, John. *Ensaio acerca do entendimento humano*. Trad. Anoar Aiex, São Paulo, Abril Cultural, 1973, coleção Os Pensadores.

LOJKINE, Jean. *A revolução informacional*. Trad. José Paulo Netto, São Paulo, Cortez, 1995.

LOSURDO, Domenico. *Hegel, Marx e la tradizione liberale*. Roma, Riuniti, 1988 [ed. bras.: *Hegel, Marx e a tradição liberal*. Trad. Carlos Alberto Fernando Nicola Dastoli, São Paulo, Editora Unesp, 2001].

______. *La comunità, la morte, l'Occidente*. Turim, Bollati Boringhieri, 1991.

______. *Democrazia o bonapartismo*. Turim, Bollati Boringhieri, 1993 [ed. bras.: *Democracia ou bonapartismo*: triunfo e decadência do sufrágio universal. Trad. Luiz Sérgio Henriques, São Paulo, Editora Unesp, 2004].

______. *Controstoria del liberalismo*. Bari, Laterza, 2006 [ed. bras.: *Contra-história do liberalismo*. Trad. Giovanni Semeraro, São Paulo, Ideias e Letras, 2015].

LOUREIRO, Isabel M. *Rosa Luxemburg*: os dilemas da ação revolucionária. São Paulo, Editora Unesp, 1995.

______; VIGEVANI, Tullo (orgs.). *Rosa Luxemburg*: a recusa da alienação. São Paulo, Editora Unesp, 1991.

LÖWY, Michael. *Para uma sociologia dos intelectuais revolucionários*: a evolução política de Lukács (1909-1929). Trad. Heloísa Helena A. Mello, Agostinho F. Martins e Gildo Brandão, São Paulo, Ciências Humanas, 1979.

______. *As aventuras de Karl Marx contra o Barão de Münchhausen*: marxismo e positivismo na sociologia do conhecimento. Trad. Juarez Guimarães e Suzanne Felicie Léwy, São Paulo, Busca Vida, 1987.

LUKÁCS, György. *Lênin*: um estudo sobre a unidade de seu pensamento. Trad. Rubens Enderle, São Paulo, Boitempo, 2012.

______. *Historia y consciencia de classe*. Barcelona, Grijalbo, 1975 [ed. bras.: *História e consciência de classe*: estudos sobre a dialética marxista. Trad. Rodnei Nascimento, São Paulo, Martins Fontes, 2018].

______. Teses de Blum (extratos). In: CHASIN, José (org.). *Temas de Ciências Humanas*, v. 7. São Paulo, Ciências Humanas, 1980.

______. *L'Uomo e la democrazia*. Roma, Lucarini, 1987 [ed. bras.: O processo de democratização. In: *Socialismo e democratização*: escritos políticos 1956-1971. Trad. Carlos Nelson Coutinho e José Paulo Netto, Rio de Janeiro, Editora da UFRJ, 2008.

______. *Prolegomini all'ontologia dell'essere sociale*. Milão, Guerini & Associati, 1990 [ed. bras.: *Prolegômenos para uma ontologia do ser social*: questões de princípios para uma ontologia hoje tornada possível. Trad. Lya Luft e Rodnei Nascimento, São Paulo, Boitempo, 2010].

______. *Greve de massas, partido e sindicatos*. Trad. José Reis, São Paulo, Kairós, 1979.

LUXEMBURGO, Rosa. *Scritti politici*. Roma, Riuniti, 1976.

______. *L'Acumulazione del capitale*. Turim, Einaudi, 1974 [ed. bras.: *A acumulação do capital*. Trad. Luiz Alberto Moniz Bandeira, Rio de Janeiro, Civilização Brasileira, 2021].

______. *Reforma social ou revolução?* Trad. Manuel Augusto Araújo, Lisboa, Estampa, 1970.

______. *A Revolução Russa*. Trad. e apres. Isabel Loureiro. São Paulo, Fundação Rosa Luxemburgo, 2017.

______. A crise da social-democracia. In: LOUREIRO, Isabel (org.). *Rosa Luxemburgo*, v. 2. 3. ed., São Paulo, Editora Unesp, 2018.

MAALOUF, Amin. *As Cruzadas vistas pelos árabes*. Trad. Pauline Alphene, São Paulo, Brasiliense, 1988.

MACPHERSON, Crawford Brough. *A teoria política do individualismo possessivo*: de Hobbes até Locke. Trad. Nelson Dantas, Rio de Janeiro, Paz e Terra, 1979.

MANDEVILLE, Bernard de. *Sággio sulla carità e sulle scuole di carità*. Bari, Laterza, 1974 [ed. bras.: Ensaio sobre a caridade e as escolas de caridade. In: *A fábula das abelhas*: ou vícios privados, benefícios públicos. Trad. Bruno Costa Simões, São Paulo, Editora Unesp, 2017, p. 261-333].

MANNHEIN, Karl. *Ideologia e utopia*. Trad. Emílio Willems, Porto Alegre, Globo, 1956.

______. *Liberdade, poder e planificação democrática*. Trad. Miguel Maillet, São Paulo, Mestre Jou, 1972.

MAQUIAVEL, Nicolau. *O príncipe*. Trad. Lívio Xavier, São Paulo, Abril Cultural, 1973, coleção Os Pensadores.

MARCUSE, Herbert. *Marxismo soviético*: uma análise crítica. Trad. Carlos Weber, Rio de Janeiro, Saga, 1969.

______. *Razão e revolução*: Hegel e o advento da teoria social. Trad. Marília Barroso, Rio de Janeiro, Paz e Terra, 1978.

MARX, Karl. *Formações econômicas pré-capitalistas*. Trad. João Maia, Rio de Janeiro, Paz e Terra, 1975.

______. *Sobre o colonialismo*: coletânea de textos, v. I. Trad. Fernanda Barão, Lisboa, Estampa, 1977.

______. *Manuscritos econômico-filosóficos*. Trad., apres. e notas Jesus Ranieri, São Paulo, Boitempo, 2004.

______. *Crítica da filosofia do direito de Hegel*. Trad. Leonardo de Deus e Rubens Enderle, São Paulo, Boitempo, 2010.

______. *Sobre a questão judaica*. Trad. Nélio Schneider e Wanda Caldeira Brant. São Paulo, Boitempo, 2010.

______. *Grundisse*. Trad. Mario Duayer e Nélio Schneider, São Paulo, Boitempo, 2011.

MARX, Karl. *Crítica ao Programa de Gotha*. Sel., trad. e notas Rubens Enderle, São Paulo, Boitempo, 2012.

______. *As lutas de classes na França*: 1848-1850. Trad. Nélio Schneider, São Paulo, Boitempo, 2012.

______. A Guerra Civil nos Estados Unidos (7 jan. 1861). In: MARX, Karl; ENGELS, Friedrich. *A Guerra Civil nos Estados Unidos*. Trad. Luiz Felipe Osório e Murillo van der Laan, São Paulo, Boitempo, 2022.

______. *O capital*: crítica da economia política, Livro I: O processo de produção do capital. 3. ed., trad. Rubens Enderle, São Paulo, Boitempo, 2023.

______; ENGELS, Friedrich. *Obras escolhidas*. Rio de Janeiro, Vitória, 1956, 3 v.

______; ______. *Manifesto Comunista*. Trad. Álvaro Pina e Ivana Jinkings, São Paulo, Boitempo, 2000.

______; ______. *A ideologia alemã*. Trad. Luciano Cavini Martorano, Nélio Schneider e Rubens Enderle, São Paulo, Boitempo, 2007.

MAYER, Arno J. *Dinâmica da contrarrevolução na Europa, 1870-1956*: uma estrutura analítica. Trad. M. Gonçalves, Rio de Janeiro, Paz e Terra, 1977.

______. *A força da tradição*. Trad. Denise Bottmann, São Paulo, Companhia das Letras, 1990.

MAYER, Jacob P. *Max Weber e a política alemã*. Trad. Ana Cândida Perez, Brasília, Editora da UnB, 1985.

MEDVEDEV, Roy A. *Lo stalinismo*. Milão, Mondadori, 1977.

______. *Tutti gli uomini di Stalin*. Roma, Riuniti, 1985.

______; MEDVEDEV, Zhores A. *Stalin sconosciuto*. Roma, Riuniti, 1980 [ed. bras.: *Um Stálin desconhecido*. Trad. Clovis Marques, Rio de Janeiro, Record, 2006].

MEREU, Italo. *Storia dell'intoleranza in Europa*. Milão, Bompiani, 1995.

MERLO, Grado Giovanni. *Eretici ed eresie medievali*. Bolonha, Il Mulino, 1989.

MÉSZÁROS, István. *Para além do capital*: rumo a uma teoria da transição. Trad. Sérgio Lessa e Paulo Cezar Castanheira, São Paulo, Boitempo, 2011.

MILL, John Stuart. *Considerações sobre o governo representativo*. Trad. Manoel Innocêncio de L. Santos Jr., Brasília, Editora da UnB, 1981.

______. *Sobre a liberdade*. Trad. e pref. Alberto da Rocha Barros, Petrópolis, Vozes, 1991.

MONTESQUIEU, Charles-Louis de Secondat, barão de. *Do espírito das leis*. São Paulo, Abril Cultural, 1973, coleção Os Pensadores.

______. *Cartas persas*. Trad. Renato Janine Ribeiro, São Paulo, Pauliceia, 1991.

______. *Considerações sobre as causas da grandeza dos romanos e de sua decadência*. Trad. Vera Ribeiro, Rio de Janeiro, Contraponto, 2002.

MORSE, Richard M. *O espelho de Próspero*. Trad. Paulo Neves, São Paulo, Companhia das Letras, 1988.

NELLI, René. *Les Cathares*: herésie ou démocratie. Paris, Marabout, 1972.

NETTO, José Paulo (org.). *Lukács*. Trad. Carlos Nelson Coutinho e José Paulo Netto, São Paulo, Ática, 1981, coleção Grandes Cientistas Sociais.

NEUMANN, Franz. *Behemoth*: The Structure and Practice of National Socialism, 1933-1944. Nova York, Harper & How, 1973.

O'CONNOR, James. *USA*: a crise do Estado capitalista. Trad. João Maia, Rio de Janeiro, Paz e Terra, 1977.

O'GORMAN, Edmundo. *A invenção da América*. Trad. Anna Maria Martinez Corrêa, São Paulo, Editora Unesp, 1992.

PANIKKAR, Kavalam Madhava. *A dominação ocidental na Ásia*. Trad. Nemésio Salles, Rio de Janeiro, Saga, 1965.

PILOSU, Mário. *A mulher, a luxúria e a Igreja na Idade Média*. Trad. Maria Dolores Figueira, Lisboa, Estampa, 1995.

PINHEIRO, Paulo Sérgio. *Estratégias da ilusão*. São Paulo, Companhia das Letras, 1991.

POGGIO, Pier Paolo. *Comune contadina e rivoluzione in Russia*. Milão, Jaca, 1976.

POLO, MARCO. *O livro das maravilhas*: a descrição do mundo. Trad. Elói Braga Jr., Porto Alegre, L&PM, 1999.

______. *O livro das maravilhas do mundo*. Lisboa, Raiz, 2010.

PORTELLI, Hugues. *Gramsci e o bloco histórico*. Trad. Angelina Peralva, Rio de Janeiro, Paz e Terra, 1977.

PRADO, Eleuterio. *Capitalismo no século XXI*: ocaso por meio de eventos catastróficos. São Paulo, Cefa, 2023.

PREVE, Costanzo. *L'Eguale libertà*. Milão, Vangelista, 1994.

PROCACCI, Giuliano. *Il partito nell'Unione Sovietica*: 1917-1945. Bari, Laterza, 1974.

PRZEWORSKI, Adam. *Capitalismo e social-democracia*. Trad. Laura Teixeira Motta, São Paulo, Companhia das Letras, 1989.

QUIROGA, Consuelo. *Invasão positivista no marxismo*: manifestações no ensino da Metodologia no Serviço Social. São Paulo, Cortez, 1991.

RAGIONERI, Ernesto. *Il Partito Comunista Italiano e la Terza Internazionale (saggi)*. Turim, Einaudi, 1978.

RANDLES, W. G. L. *De la Tierra plana al globo terrestre*. México, Fondo de Cultura Económica, 1990 [ed. bras.: *Da terra plana ao globo terrestre*. Trad. Maria Carolina F. de Castilho, Campinas, Papirus, 1994].

RAWLS, John. *A Theory of Justice*. Oxford, Oxford University Press, 1971 [ed. bras.: *Uma teoria da justiça*. Trad. Almiro Pisetta e Lenita M. R. Esteves, São Paulo, Martins Fontes, 2019].

REIMAN, Michal. *La nascita dello stalinismo*. Roma, Riuniti, 1980.

ROMANO, Ruggiero; TENENTI, Alberto. *Los fundamentos del mundo moderno*: Edad Media tardia, Renascimiento, Reforma. México, Siglo XXI, 1971.

ROSENBERG, Arthur. *História do bolchevismo*. Trad. Antonio Roberto Bertelli, Belo Horizonte, Oficina de Livros, 1989.

ROUSSEAU, Jean-Jacques. *Do contrato social*. São Paulo, Abril Cultural, 1973, coleção Os Pensadores.

______. *Considerações sobre o governo da Polônia e sua reforma projetada*. Trad. Luiz Roberto Salinas Fortes, São Paulo, Brasiliense, 1982.

SADER, Eder (org.). *Mao Tse-Tung*. Trad. Eder Sader, São Paulo, Ática, 1982, coleção Grandes Cientistas Sociais.

SADER, Emir; GENTILI, Pablo. *Pós-neoliberalismo*: as políticas sociais e o Estado democrático. Rio de Janeiro, Paz e Terra, 1995.

SAID, Edward W. *Orientalismo*: o Oriente como invenção do Ocidente. Trad. Rosaura Eichenberg, São Paulo, Companhia das Letras, 1990.

______. *Cultura e imperialismo*. Trad. Denise Bottmann, São Paulo, Companhia das Letras, 1999.

SAINT-PIERRE, Héctor Luis. *Max Weber*: entre a paixão e a razão. Campinas, Editora da Unicamp, 1991.

SCHLESINGER, Rudolf. *La Internacional Comunista y el problema colonial*. Córdoba, Pasado y Presente, 1974.

SCHUMPETER, Joseph. *Capitalismo, socialismo e democracia*. Trad. Sérgio Góes de Paula, Rio de Janeiro, Zahar, 1984.

SERGE, Victor. *Trotsky*: vida e morte. Trad. Rúbia Prates, São Paulo, Ensaio, 1992.

SKOCPOL, Theda. *Estados e revoluções sociais*: análise comparativa da França, Rússia e China. Trad. Fátima Murta, Lisboa, Presença, 1985.

SOFRI, Gianni. *O modo de produção asiático*: história de uma controvérsia marxista. Trad. Nice Rissone, São Paulo, Paz e Terra, 1977.

TESIS ADICIONALES sobre los problemas nacional y colonial. In: *Los Cuatro Primeros Congressos de la Internacional Comunista*. Buenos Aires, Pasado y Presente, 1973.

THALHEIMER, August et al. *Il fascismo in Germania*. Milão, Jaca, 1977.

THOMAS, Keith. *O homem e o mundo natural*. Trad. João Roberto Martins Filho, São Paulo, Companhia das Letras, 1989.

TOCQUEVILLE, Alexis de. *A democracia na América*. Trad. Neil Ribeiro da Silva, São Paulo, Edusp, 1977.

______. *O Antigo Regime e a Revolução*. Trad. Yvonne Jean, Brasília, Editora da UnB, 1979.

______. *Lembranças de 1848*: as jornadas revolucionárias em Paris. Trad. Modesto Florenzano, São Paulo, Companhia das Letras, 1991.

TOCQUEVILLE, Alexis de; MILL, John Stuart. *Correspondencia*. México, Fondo de Cultura Económica, 1985.

TODD, Emmanuel. *Após o Império*: ensaio sobre a decomposição do sistema americano. Trad. Victor Antunes, Lisboa, Edições 70, 2002.

______. *La sconfitta dell'Occidente*. Roma, Fazi, 2024.

TODOROV, Tzvetan. *A conquista da América*: a questão do outro. Trad. Beatriz Perrone-Moises, São Paulo, Martins Fontes, 1991.

TORRES, João Carlos Brum. *Figuras do Estado moderno*. São Paulo, Brasiliense, 1989.

TOUCHARD, Jean. *História das ideias políticas*, v. 1: *Da Grécia ao fim da Idade Média*. Trad. Mario Braga, Lisboa, Europa-América, 1991.

TOYNBEE, Arnold J. *Estudos de história contemporânea*. 4. ed., trad. Brenno Silveira e Luiz de Sena, São Paulo, Companhia Editora Nacional, 1976.

TRAGTENBERG, Maurício. *Burocracia e ideologia*. São Paulo, Ática, 1974.

TRÓTSKI, Leon. *A revolução permanente*. Trad. Mário Pedrosa, São Paulo, Ciências Humanas, 1979.

______. *Revolução e contrarrevolução na Alemanha*. Trad. Mário Pedrosa, São Paulo, Ciências Humanas, 1979.

TURNER, Frederick. *O espírito ocidental contra a natureza*: mitos, histórias e as terras selvagens. Trad. José Augusto Drummond, Rio de Janeiro, Campus, 1990.

VÁZQUEZ, Julio A. Díaz. *China*: economia y democratización. La Habana, Editorial de Ciencias Sociales, 2016.

VICO, Giambattista. *Ciência nova*. Trad. Sebastião José Roque, São Paulo, Ícone, 2008, coleção Fundamentos de Filosofia.

VON DOHONANYI, Germana Leoni. *Lo Stato profondo*: torneo delle Ombre e jihad nell'epoca dell'inganno universale. Reggio Emilia, Imprimitur, 2017.

WEBER, Max. *Parlamentarismo e governo numa Alemanha reconstruída*. Trad. Maurício Tragtenberg, São Paulo, Abril Cultural, 1974, coleção Os Pensadores.

______. *Ensaios de sociologia*. Trad. Waltensir Dutra, Rio de Janeiro, Zahar, 1977.

______. *Economia e sociedade*, v. 1: *Fundamentos da sociologia compreensiva*. Trad. Regis Barbosa e Karen Elsabe Barbosa, Brasília, Editora da UnB, 1991.

______. *A ética protestante e o "espírito" do capitalismo*. Trad. José Marcos Mariani de Macedo, São Paulo, Companhia das Letras, 2004.

______; DURKHEIN, Émile. *Socialismo*. Trad. Angela Ramalho e Antonia Bandeira, Rio de Janeiro, Relume-Dumará, 1993.

WEBER, Thadeu. *Hegel*: liberdade, Estado e história. Rio de Janeiro, Vozes, 1993.

WEFFORT, Francisco C. (org.). *Os clássicos da política*. São Paulo, Ática, 1991, 2 v.

WITTFOGEL, Karl A. *Il dispotismo orientale*: Il sistema di produzione asiático: dalle origini al suo encontro con il capitalismo occidentale. Milão, PGreco, 2011 [1968], 2 v.

WOLF, Eric R. *Guerras camponesas do século XX*. Trad. Iolanda Toledo, São Paulo, Global, 1984.

WOLFF, Robert P. *A miséria do liberalismo*. Trad. Fátima Murad, São Paulo, Paz e Terra, 1989.

WOOD, Ellen Meiksins. *Democracia contra capitalismo*: a renovação do materialismo histórico. Trad. Paulo Castanheira, São Paulo, Boitempo, 2003.

WOOLF, Stuart J. *Il fascismo in Europa*. Bari, Laterza, 1975.

ZINÓVIEV, Aleksandr. *La caduta dell'"impero del male"*. Milão, Bollati Boringhieri, 1994.

SOBRE O AUTOR

Marcos del Roio nasceu em Bragança Paulista em 1955. É formado em história e ciências sociais pela Faculdade de Filosofia, Letras e Ciências Humanas da Universidade de São Paulo (FFLCH-USP). Fez o mestrado em ciência política no Instituto de Filosofia e Ciências Humanas da Universidade Estadual de Campinas (IFCH-Unicamp) e o doutorado em ciência política na FFLCH-USP. Conta com curso de especialização em política internacional na Facoltà di Scienze Politiche da Università Statale di Milano. Fez estágio pós-doutoral em política internacional nessa mesma instituição (1999) e depois em filosofia do direito na Università degli Studi Roma Tre (2006) e filosofia política na Università di Bologna (2011). É professor titular de ciências políticas na Faculdade de Filosofia e Ciências da Universidade Estadual Paulista (FFC-Unesp; *campus* de Marília), onde pesquisa e orienta principalmente nas áreas de teoria política do socialismo e política operária.

É autor e organizador de diversos livros, entre os quais: *Gramsci e a emancipação do subalterno* (Editora Unesp, 2018), *A classe operária na revolução burguesa: a política de alianças do PCB (1928-1935)* (Oficina de Livros, 1990), *György Lukács e a emancipação humana* (Boitempo/Oficina Universitária, 2013) e *Os prismas de Gramsci* (Boitempo, 2019).

Foto: Wikimedia Commons

Friedrich Engels dois anos antes de sua morte

Publicado em 2025, 130 anos depois da morte de Engels, este livro foi composto em Adobe Garamond Pro, corpo 11/14,3, e impresso em junho, em papel Pólen Natural 80 g/m², pela Rettec, para a Boitempo, com tiragem de 3 mil exemplares.